彩图 1　1969 年的 Jaguar 乘用车

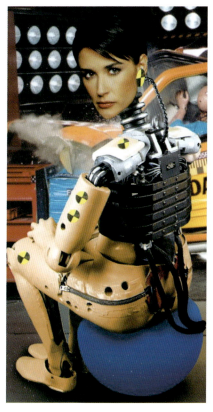

彩图 2　碰撞试验假人（Dummy）

彩图 3　1938 年款 Buick Y.Job（俯视）

彩图 4　红旗元首级 HQE 高级乘用车（V12 型发动机　排量 6.0 L）

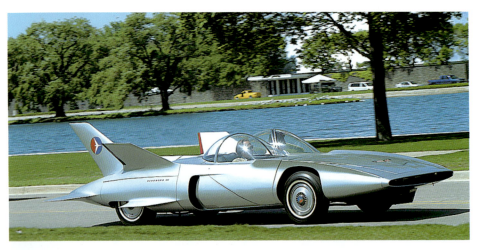

彩图 5　1958 年款 Firebird Ⅲ

彩图 6　制作 1∶1 外部模型（雕琢）

彩图 7　制作 1∶1 外部模型（接近成型）

高等职业技术教育汽车类专业规划教材

汽车文化（第3版）

凌永成 主编

清华大学出版社
北京

内 容 简 介

本书是一本知识性与趣味性结合为一体的汽车基本知识和汽车文化教材,内容涵盖汽车史话、汽车制造商和车界英豪等。本书从汽车基本结构到汽车设计、试验、制造过程,从汽车运动到汽车博览会、汽车博物馆,对现代汽车与汽车文化进行了系统、全面地论述,突出了现代人与汽车密不可分的关系。

本书为高等学校学生学习汽车基本知识、感受并传播和弘扬汽车文化提供了一个很好的平台。对汽车行业的各类人员及具备一定文化知识的汽车爱好者,本书也是一本很好的参考读物。

本书封面贴有清华大学出版社防伪标签,无标签者不得销售。
版权所有,侵权必究。举报:010-62782989,beiqinquan@tup.tsinghua.edu.cn

图书在版编目 CIP 数据

汽车文化/凌永成主编. —3 版. —北京:清华大学出版社,2017(2024.8重印)
(高等职业技术教育汽车类专业规划教材)
ISBN 978-7-302-46254-5

Ⅰ.①汽… Ⅱ.①凌… Ⅲ.①汽车-文化-高等职业教育-教材 Ⅳ.①U46-05

中国版本图书馆CIP数据核字(2017)第 010068 号

责任编辑:张 弛
封面设计:傅瑞学
责任校对:李 梅
责任印制:杨 艳

出版发行:清华大学出版社	地　　址:北京清华大学学研大厦 A 座
https://www.tup.com.cn	邮　　编:100084
社　总　机:010-83470000	邮　　购:010-62786544
投稿与读者服务:010-62776969,c-service@tup.tsinghua.edu.cn	
质　量　反　馈:010-62772015,zhiliang@tup.tsinghua.edu.cn	

印 装 者:三河市龙大印装有限公司
经　　销:全国新华书店
开　　本:185mm×260mm　　印　张:16.25　　插 页:1　　字　数:400 千字
版　　次:2011 年 10 月第 2 版　 2017 年 1 月第 3 版　　印　次:2024 年 8 月第 8 次印刷
定　　价:46.00元

产品编号:073520-03

随着国民经济的持续健康发展，汽车逐步进入普通家庭，中国人对汽车的兴趣与日俱增。外语、计算机技术和汽车驾驶技术已经成为现代人必须掌握的三种基本技能，也是现代人的标志。

在这种形势下，高等学校的大学生对现代汽车与汽车文化表现出浓厚的兴趣，渴望对现代汽车与汽车文化有一个概貌性的了解。

正是考虑非汽车专业学生扩大知识面和汽车类专业学生提前接触专业知识的需要，开阔在校大学生的视野，丰富校园文化生活，普及汽车基本知识，传播和弘扬汽车文化，编者于2008年推出《汽车文化》教材，得到广大读者的热情支持。为紧跟汽车工业的持续发展，并考虑汽车产业布局的调整和更新，又于2011年推出了《汽车文化（第2版）》教材。

本书是在第2版的基础上，根据高职高专汽车类专业的教育目标、培养方案及课程教学大纲的要求撰写的。

本书是一本知识性与趣味性结合为一体的汽车基本知识和汽车文化教材，内容涵盖汽车史话、汽车制造商和车界英豪等。本书从汽车的基本结构到汽车设计、试验、制造过程，从汽车运动到汽车博览会、汽车博物馆，对现代汽车与汽车文化进行了系统、全面地论述，突出了现代人与汽车密不可分的关系。

本书为高职高专汽车类专业学生学习汽车基本知识、感受并传播和弘扬汽车文化提供了一个很好的平台。需要指出的是，虽然本书是为在校大学生撰写的教材，由于全书内容翔实、语言流畅、图文并茂、可读性强，对于汽车行业的各类人员及具备一定文化知识的汽车爱好者也是一本很好的参考读物。

本书由沈阳大学凌永成主编。具体写作分工如下，第1、第2章由沈阳大学凌永成编写，第3、第4章由沈阳大学李雪飞编写，第5、第6章由上海工商职业技术学院袁春华编写，第7、第8章由沈阳工学院戚基艳编写，第9章由沈阳大学曹师今编写。

沈阳理工大学赵海波教授作为主审，对全书进行了认真地审阅，提出了许多宝贵意见，使本书结构更为严谨，在此深表感谢！

在编写过程中，我们参考借鉴了大量的图书和网络资料，并得到了许多专家和同行的大力支持，在此一并致谢。

由于时间仓促，作者水平有限，书中难免有疏漏和不足之处，敬请广大读者不吝指正，以便再版时修订。

为方便选用本书作为教材的任课教师授课，我们还制作了与本书配套的电子课件。有需要的教师可通过登录清华大学出版社网站（www.tup.com.cn）免费下载或致信凌永成邮箱lyc903115@163.com 索取，作者也会无偿提供。

凌永成
2016 年 12 月

第2版 前言

汽车发明至今已经走过了100多年的发展历程,人们对汽车的认识也经历了由交通运输工具到生活必需品的转变。而且,随着越来越多的汽车进入普通家庭,使得中国百姓对汽车的兴趣与日俱增,汽车文化方兴未艾。

为开阔在校大学生的知识视野,丰富校园文化生活,普及汽车基本知识,传播和弘扬汽车文化,我们在2008年编撰了《汽车文化》一书。

本书是在第1版的基础上根据教育部关于高职高专汽车运用与维修专业教育目标和人才培养方案及课程教学大纲的要求撰写的。

《汽车文化(第2版)》是一本将知识性与趣味性结合为一体的有关汽车基本知识和汽车文化的教材。全书较为系统地阐述了汽车发展历程、汽车的分类与性能、汽车基本构造、汽车品牌、汽车运动、安全行车知识等知识,对汽车的设计、试验与生产过程以及汽车展览会、汽车博物馆、汽车名人、汽车网络文化等也作了充分的介绍。

本书为高等学校学生学习汽车基本知识,感受并传播和弘扬汽车文化提供了一个很好的平台。需要指出的是,虽然本书是为在校大学生准备的教材,但全书内容翔实、语言流畅、图文并茂、可读性强,对汽车行业的各类人员及广大汽车爱好者来说,本书也是一本很好的参考读物。

本书由凌永成、李美华主编,董旭、王冠五为副主编。参加编写工作的还有李雪飞、赵炬、沈越、孟宪臣、曹师今、韩瑞华、厉承玉、周大军、李明杰、于非非、王彦光、崔永刚、赵海波、王凤兰、叶旭明、王树遒等同志。

沈阳大学黄晓云教授作为主审,对全书进行了认真的审阅,并提出了许多宝贵意见,使本书结构更为严谨,在此深表感谢!

在编著本书过程中,我们参考借鉴了大量的图书和网络资料,并得到了许多专家和同行的大力支持,在此一并致谢。

由于时间仓促,作者水平有限,书中难免有疏漏和不足之处,敬请广大读者不吝指正,以便再版时修订。

为方便选用本书作为教材的任课教师授课,我们还制作了与本书配套的电子课件。有需要的教师可致信凌永成邮箱lyc903115@sohu.com索取,作者会无偿提供。

凌永成
2011年8月

目 录

第1章 秉烛品茗夜谈车——汽车史话 1

1.1 汽车——改变世界的机器 1
1.2 汽车的产生与发展 3
1.2.1 愿望与设想时期 3
1.2.2 汽车早期探索时期 4
1.2.3 近代汽车的诞生与技术发展 6
1.3 汽车工业的发展 19
1.3.1 汽车工业的形成 19
1.3.2 汽车工业的全面发展 20
1.3.3 德国汽车工业的发展 21
1.3.4 日本汽车工业的发展 23
1.4 我国汽车工业简史 24
1.4.1 无汽车工业时期 24
1.4.2 起步阶段 26
1.4.3 合资合作阶段 29
1.4.4 快速发展阶段 29
1.4.5 成绩与不足 30
复习思考题 32

第2章 百年车坛竞风流——汽车制造商巡礼 33

2.1 德国汽车公司 33
2.1.1 奥迪汽车公司 33
2.1.2 宝马汽车公司 34
2.1.3 大众汽车公司 35
2.1.4 戴姆勒-奔驰汽车公司 37
2.1.5 保时捷研究设计发展股份公司 40
2.2 美国汽车公司 41
2.2.1 福特汽车公司 41
2.2.2 通用汽车公司 42
2.2.3 克莱斯勒汽车公司 43

2.3 瑞典汽车公司 ··· 44
　　2.3.1 沃尔沃汽车公司 ··· 44
　　2.3.2 萨博·斯堪尼业有限公司 ··· 45
2.4 法国汽车公司 ··· 46
　　2.4.1 标致—雪铁龙集团 ··· 46
　　2.4.2 雷诺汽车公司 ··· 47
2.5 意大利汽车公司 ··· 48
　　2.5.1 菲亚特汽车公司 ··· 48
　　2.5.2 阿尔法·罗密欧汽车公司 ··· 49
　　2.5.3 蓝旗亚汽车公司 ··· 50
　　2.5.4 法拉利汽车公司 ··· 51
　　2.5.5 兰伯基尼汽车公司 ··· 52
2.6 英国汽车公司 ··· 52
　　2.6.1 劳斯莱斯汽车公司 ··· 52
　　2.6.2 捷豹汽车公司 ··· 54
2.7 日本汽车公司 ··· 55
　　2.7.1 丰田汽车公司 ··· 55
　　2.7.2 日产汽车公司 ··· 56
　　2.7.3 三菱汽车公司 ··· 57
　　2.7.4 本田汽车公司 ··· 58
　　2.7.5 日本其他汽车公司 ··· 58
2.8 韩国汽车公司 ··· 59
　　2.8.1 现代汽车公司 ··· 59
　　2.8.2 大宇汽车公司 ··· 60
　　2.8.3 起亚汽车公司 ··· 61
2.9 中国汽车公司 ··· 61
　　2.9.1 中国第一汽车集团公司 ·· 61
　　2.9.2 东风汽车公司 ··· 63
　　2.9.3 上海汽车集团股份有限公司 ···································· 64
　　2.9.4 天津一汽夏利汽车股份有限公司 ···························· 64
　　2.9.5 中国重型汽车集团公司 ·· 65
　　2.9.6 重庆长安汽车股份有限公司 ···································· 66
　　2.9.7 浙江吉利控股集团有限公司 ···································· 67
　　2.9.8 奇瑞汽车有限公司 ··· 67
　　2.9.9 沈阳华晨金杯汽车有限公司 ···································· 68
　　2.9.10 中国其他汽车公司 ··· 68
复习思考题 ··· 70

第 3 章 慧眼识车看分明——汽车分类与性能 ·························· 71

3.1 我国汽车分类 ··· 71

	3.1.1	按用途分类	71
	3.1.2	按动力装置类型分类	80
	3.1.3	按行驶道路条件分类	82
	3.1.4	按行驶机构的特征分类	83
	3.1.5	按发动机位置及驱动形式分类	85
	3.1.6	按乘客座位数及汽车总质量分类	85
	3.1.7	国产汽车产品型号编制规则	86

3.2 国外汽车分类 ... 87
    3.2.1 欧系汽车分类法 ... 87
    3.2.2 设计理念分类法 ... 89

3.3 汽车性能指标 ... 94
    3.3.1 动力性 ... 94
    3.3.2 经济性 ... 94
    3.3.3 机动性 ... 94
    3.3.4 安全性 ... 96
    3.3.5 舒适性 ... 97

复习思考题 ... 97

第4章 钢筋铁骨铸精灵——汽车基本构造 ... 98

4.1 汽车总体构造 ... 98

4.2 发动机构造 ... 101
    4.2.1 发动机工作原理与分类 ... 101
    4.2.2 发动机的总体构造 ... 105

4.3 汽车底盘构造 ... 112
    4.3.1 汽车传动系 ... 112
    4.3.2 汽车行驶系 ... 119
    4.3.3 汽车转向系 ... 123
    4.3.4 汽车制动系 ... 124

4.4 车身与附属设备 ... 125
    4.4.1 车身的功用与组成 ... 125
    4.4.2 车身的类型 ... 125
    4.4.3 汽车仪表 ... 126
    4.4.4 安全防护装置 ... 127
    4.4.5 汽车空调 ... 128

复习思考题 ... 128

第5章 千古英名照汗青——车界英豪 ... 129

5.1 欧洲的汽车奇才 ... 129
    5.1.1 现代汽车之父——卡尔·本茨 ... 129
    5.1.2 杰出的汽车设计大师——费迪南德·保时捷 ... 130

5.1.3　柴油机之父——鲁道夫·狄塞尔 …………………………………………… 133
　　5.1.4　挑战极限的发明家——安德烈·雪铁龙 ……………………………………… 135
5.2　美国的汽车精英 ………………………………………………………………………… 137
　　5.2.1　汽车大王——亨利·福特 …………………………………………………… 137
　　5.2.2　汽车造型设计大师——哈利·厄尔 …………………………………………… 144
5.3　中国的汽车名人 ………………………………………………………………………… 151
　　5.3.1　饶斌 …………………………………………………………………………… 151
　　5.3.2　孟少农 ………………………………………………………………………… 152
　　5.3.3　郭孔辉 ………………………………………………………………………… 153
　　5.3.4　李书福 ………………………………………………………………………… 154
复习思考题 ……………………………………………………………………………………… 155

第6章　百炼千锤浴火生——汽车设计、试验与制造 …………………………………… 156

6.1　汽车设计工程 …………………………………………………………………………… 156
　　6.1.1　汽车的设计要求 ……………………………………………………………… 156
　　6.1.2　现代汽车设计技术 …………………………………………………………… 156
　　6.1.3　汽车的设计过程 ……………………………………………………………… 160
6.2　汽车试验工程 …………………………………………………………………………… 164
　　6.2.1　汽车整车性能试验 …………………………………………………………… 164
　　6.2.2　汽车总成零部件试验 ………………………………………………………… 170
　　6.2.3　汽车试验场 …………………………………………………………………… 171
　　6.2.4　汽车风洞 ……………………………………………………………………… 179
6.3　汽车制造工程 …………………………………………………………………………… 182
　　6.3.1　典型的汽车制造工艺流程 …………………………………………………… 182
　　6.3.2　铸造工艺 ……………………………………………………………………… 183
　　6.3.3　锻造工艺 ……………………………………………………………………… 184
　　6.3.4　冲压工艺 ……………………………………………………………………… 184
　　6.3.5　机械加工工艺 ………………………………………………………………… 186
　　6.3.6　焊接工艺 ……………………………………………………………………… 188
　　6.3.7　涂装工艺 ……………………………………………………………………… 190
　　6.3.8　总装工艺 ……………………………………………………………………… 192
复习思考题 ……………………………………………………………………………………… 195

第7章　风驰电掣赛激情——汽车运动 ……………………………………………………… 196

7.1　汽车运动的起源与分类 ………………………………………………………………… 196
　　7.1.1　汽车运动的起源 ……………………………………………………………… 196
　　7.1.2　赛车组织机构 ………………………………………………………………… 198
　　7.1.3　汽车运动的分类 ……………………………………………………………… 198
　　7.1.4　参加竞赛的汽车 ……………………………………………………………… 199
7.2　精彩汽车赛事 …………………………………………………………………………… 200
　　7.2.1　一级方程式F1汽车赛 ………………………………………………………… 200

7.2.2	汽车拉力赛	206
7.2.3	耐力赛	209
7.2.4	汽车模型赛	211
7.2.5	卡丁车比赛	211
7.2.6	中国汽车运动	212

复习思考题 214

第8章 香车美女耀华章——汽车博览会 215

8.1 国际汽车博览会 215
 8.1.1 北美车展 216
 8.1.2 巴黎车展 217
 8.1.3 日内瓦车展 217
 8.1.4 法兰克福车展 218
 8.1.5 东京车展 218
 8.1.6 北京车展 219

8.2 汽车博览会上的精华——概念车 220
 8.2.1 什么是概念车 220
 8.2.2 概念车的设计目的 221
 8.2.3 经典概念车赏析 222

复习思考题 228

第9章 余韵流香万古长——汽车博物馆 229

9.1 欧洲汽车博物馆 229
 9.1.1 奔驰汽车博物馆 229
 9.1.2 宝马汽车博物馆 230
 9.1.3 奥迪汽车博物馆 231
 9.1.4 保时捷汽车博物馆 233
 9.1.5 大众汽车博物馆 234
 9.1.6 菲亚特汽车博物馆 234
 9.1.7 标致汽车博物馆 236

9.2 美国汽车博物馆 238
 9.2.1 通用汽车博物馆 238
 9.2.2 福特汽车博物馆 238
 9.2.3 克莱斯勒汽车博物馆 240

9.3 亚洲汽车博物馆 242
 9.3.1 丰田汽车博物馆 242
 9.3.2 长春汽车博物馆 243
 9.3.3 上海汽车博物馆 244

复习思考题 245

参考文献 246

第 1 章 秉烛品茗夜谈车——汽车史话

> **教学提示**：作为改变世界的机器，汽车对人类社会生活产生了深远的影响。回顾汽车工业发展历程，对激发学生的学习热情，弘扬和传播汽车文化具有重要意义。
>
> **教学要求**：本章主要介绍汽车工业发展历程和汽车对人类社会生活的影响。要求学生了解汽车对人类社会生活的深远影响，熟悉汽车发展的历史进程。

1.1 汽车——改变世界的机器

汽车社会的前提是大众可以普遍享受汽车文明。汽车极大地扩张了人们的生活半径，也改变了社会的产业结构、生产和生活方式。汽车已渗透到现代社会活动的各个方面，从生产活动到日常生活，从体育竞技到军事行动，哪里都离不开汽车。

1. 汽车——世界工业经济发展的龙头

在世界工业化进程中，汽车扮演了极其重要的角色。汽车是世界上唯一兼有零件数以万计、产量数以千万计、保有量数以万万计的综合性、高精度、大批量生产的工业产品，汽车工业的发展促进了先进生产方式的产生与发展。

汽车工业的发展，有力地带动了交通、能源、冶金、制造、化工、电子等一大批相关产业的发展，汽车工业是世界上第一个全球化的工业。在很多发达国家及发展中国家，汽车工业已成为非常重要的支柱产业。

世界经济发展到今天的水平，汽车工业有不可磨灭的贡献。在当今世界经济中，汽车产业起着举足轻重的龙头作用。

2. 汽车——科学技术的舞台

走进汽车科技的殿堂，你会发现数不胜数的科技成果。100多年以来，多少人为汽车技术的发展呕心沥血，贡献出他们的聪明才智，使汽车从一种简单的机械逐渐演变为一个集多门学科、高技术于一身的现代化机电产品。

在汽车发展的各个时期，都折射当时科学技术发展的辉煌。由于汽车在社会、经济、生活中的影响力，机械、电子、化学、材料、光学等众多学科技术领域取得的成就都力图在汽车上一显身手。汽车也给各种先进技术提供了一个展示的舞台，让各学科都能在这里有用武之地。

电子技术突飞猛进的发展，为汽车拓展出一片新的天地。电子技术、信息技术在现代汽车上的广泛应用，使汽车这个传统的机械产品嬗变为机电一体化产品，而现代汽车中"电"的部分已占到其技术含量的40%以上。反映在汽车上的科学技术，可谓博大精深。

3. 汽车——代表现代文明的辉煌

汽车推动世界经济的车轮向前滚动,也改变人类的社会生活,汽车把人们从于拉肩扛、跋山涉水的艰辛中解放出来,把消耗在漫漫旅途上的时间节省下来。

汽车在空间上使世界变小,在时间上加快了社会进步的步伐。汽车使人们眼界更宽,心胸更广,生活更加丰富多彩。除了带来运输的便捷,汽车对社会更深层次的影响是它改变了我们的生活方式,形成了汽车文化。

人们上班、工作、购物、游玩,不能没有汽车,汽车给人们带来舒适,带来愉悦,带来物质和精神上的追求和享受。在现代生活中,人们已经离不开汽车了。

在国防方面,汽车不仅是运送军事物资和后勤给养的主要工具,而且是完成作战部队快速调动的重要手段。此外,不少武器装备本身就是以车辆系为其重要组成部分的,如坦克、战车、自行火炮等。汽车,代表人类现代文明的辉煌!

4. 汽车——优化交通结构的主力军

现代交通结构基本上是由火车、汽车、飞机、船舶等交通工具组成的,各自在交通结构中发挥着重要作用,而汽车具有的普遍性和灵活性则是其他现代交通工具所无法比拟的。

普遍性体现在汽车既可作为公共交通工具,又可作为家庭和个人的交通工具,既适于大批量客货运输,也适于小批量客货运输。灵活性体现在汽车属于面上交通工具,只要有道路就能行驶,它既可通向各个城市,又可通向广大农村,实现"门对门"服务,而火车、飞机等不可能实现。

由于汽车具有的普遍性和灵活性,才使得现代交通结构实现公共交通与个人或家庭相结合,大批量运输与小批量运输相结合,从而使现代交通结构达到了完美的地步。

5. 汽车——一把双刃剑

汽车在给现代人带来速度、便利、享受和满足的同时,也造成了石油资源大量消耗、废气排放、噪声污染和交通安全等问题。

汽车的排放污染、噪声污染,在很多城市已经成为环境污染的罪魁祸首。汽车造成的交通事故,使世界每年逾20万人、我国每年逾7万人命丧车轮之下,远远超过中等规模的常规战争造成的人身伤害。汽车对石油的大量消耗,不禁使人担心地球的能源资源还能负担多少年。

这一切,说明汽车不仅仅是在造福于人类,同时也给人类社会和人类社会赖以生存的环境带来的威胁,汽车公害,是遮掩汽车辉煌的一层阴翳。

社会在发展进步,人民的生活质量在提高,人们对自然环境和地球资源的保护意识在增强,对汽车的要求也相应地越来越高。汽车的公害问题,成了亟待解决的当务之急。

近30年来,各国科学家、技术工程人员为此进行了不懈的努力,取得了卓有成效的进展。目前,安全气囊、防抱死制动系统等安全辅助装置已开始步入大量应用阶段;防撞报警系统、疲劳驾驶报警系统等亦在开发之中。

由上述可知,现代汽车在与能源、环境、交通安全等问题的抗争中不断以新的面貌出现,继续伴随现代人去创造更加灿烂的明天。

1.2 汽车的产生与发展

1.2.1 愿望与设想时期

1. 我国的古代车辆

在我国古代车辆发展进程中,有重要技术价值的要数指南车和记里鼓车。

在三国时期,有一位叫马钧的技术高明的大技师发明了指南车(见图 1-1)。指南车是一种双轮独辕车,车上立一个木人伸臂南指。只要一开始行车,不论向东或向西转弯,木人的手臂始终指向南方。

记里鼓车(见图 1-2)是早在 3 世纪时,中国最先发明的记录里程的仪器,可惜最初结构已失传,到宋代才由燕肃重新制造成功。

图 1-1 马钧发明的指南车(复制品)

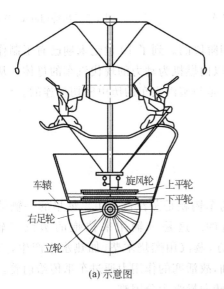

(a) 示意图

(b) 复制品

图 1-2 记里鼓车

指南车和记里鼓车都是利用齿轮传动原理工作的。它的出现,体现了1700多年前我国车辆制造工程技术水平,是我国古代车辆技术的卓越成就。

2. 自走式车辆的幻想与探索

1420 年,有人制造出了一种滑轮车(见图 1-3)。人坐在车内,借用人力通过绳子使滑轮不停地转动。车虽然走了起来,但由于人力有限,这辆车的速度就不能充分得以发挥,比步行还要慢。

1649 年,德国一个钟表匠汉斯·郝丘制造了一辆发条车(见图 1-4)。但是这辆发条车的速度不到 1.6 km/h,而且每前进 230 m,就必须把钢制发条卷紧一次,这个工作的强度太大了,所以发条车也没有能够得到发展。

到了 17 世纪后期,利用火药爆发力、蒸汽压力、活塞运动机构等的技术和发明纷纷出现,终于促使 1705 年纽可门(Thomas Newcomen)的活塞往复运动压板式蒸汽机作为扬水泵而付诸实用。

接着,1759—1769 年,瓦特(James Watt,见图 1-5)进一步改良了蒸汽机,将利用蒸汽冷凝产生真空从而产生动力的方式改为直接利用蒸汽压力的方式,制成了以曲轴变往复运动为回转运动的人类最初的通用动力机械,使蒸汽机进入了实用阶段,同时也加速了依靠自身的动力驱动车轮回转的车辆诞生前的胎动。

图 1-3 滑轮车　　　　　图 1-4 发条车　　　　　图 1-5 瓦特(James Watt)

蒸汽汽车是在 18 世纪后半期开始进入实用阶段的。到了 19 世纪末期已有了制作得非常精巧的汽车问世。可以说这些技术是产生今天以内燃机为动力的现代汽车的母体。从这个意义上讲,不断发展并一直延续至今的汽车的历史是与蒸汽汽车的历史密切相连的。

1.2.2　汽车早期探索时期

1. 蒸汽汽车

毫无疑问,世界上最初可载人的自备动力的车辆就是蒸汽汽车了。最早的一辆是法国人居纽(Nicolas Joseph Cugnot)在 1769 年制造的。这是一辆用来拉炮的蒸汽三轮车(见图 1-6),一个硕大的铜制锅炉安置在前轮的前方,蒸汽用燃烧木柴、加热水来产生,蒸汽进入两个汽缸,使两个活塞交替运动。由于没有曲轴,故活塞的作用力通过车爪传给前轮。由于锅炉、汽缸等机件的重量都加在前轮上,使得车辆转向操纵十分困难。

这辆车试车时车速仅 3.6 km/h,只行驶了 1 km 左右锅炉就发生爆炸,汽车失去了控制,结果车仰人翻,还撞坏了路边房屋的墙壁,车子本身亦受到严重损坏。尽管如此,这毕竟使汽车朝实用化方向迈出了第一步,开创了轮式车辆用自备动力装置进行驱动的新纪元。第二年,亦即 1770 年,这辆车经过修整后,作为世界上第一辆汽车,至今仍珍藏在巴黎的国家技术及机械产品博物馆内。

此后,各国机械师开发设计蒸汽汽车的热情持续高涨。进入 19 世纪,在实验的基础上,设计与制作都有了进步,逐渐开始有实用的蒸汽汽车问世。1825 年英国公爵古涅(Goldsworthy Gurney)制成了第一辆蒸汽公共汽车(见图 1-7)。

图 1-6 蒸汽三轮车

图 1-7 第一辆蒸汽公共汽车

这辆车的发动机装在后部,后轴驱动,前轴转向。它采用了巧妙的专用转向轴设计,最前面两个轮并不承担车重,可由驾驶人利用方向舵柄轻便地转动,然后通过一个车辕,引导前轴转动,使车辆转向操纵变得轻松自如。

1831 年古涅利用这辆车开始了世界上最早的公共汽车运营业务,在相距 15 km 的格斯特夏和切罗腾哈姆之间作有规律的运输服务,跑完单程的时间约 45 min,所以这辆车也被认为是世界最早的公共汽车。

19 世纪末 20 世纪初,蒸汽汽车的燃料由煤转为使用石油,行驶时速不断增加(至 50 km/h 左右),操作简便性和乘坐舒适性也大为改善。当然这些与 1839 年固特异(Charles Goodyear)提出的加硫橡胶的利用和 1845 年汤姆逊(William Thompson)发明的充气轮胎所作出的贡献是分不开的。

2. 电动汽车

就在蒸汽汽车产生的初期,已有许多人投入对电动汽车的研制中。一般认为,1873 年英国戴维森制造的四轮卡车是最早的电动汽车。19 世纪 80 年代,在法国已制造了多辆名副其实的电动汽车。在美国,爱迪生和福特都对电动汽车的开发作出了很大贡献。

19 世纪 90 年代,电动汽车有了较快的发展,于 1898 年创立的哥伦比亚电气公司当时曾生产了 500 辆电动汽车。1899 年,法国的杰那茨(Camille Jenatzy)驾驶着电动汽车创造了 105 km/h 的最高车速纪录(见图 1-8)。

在以后的 20 年间,电动汽车与蒸汽汽车展开了激烈的竞争。但无论是电动汽车还是蒸汽汽车,最后都在竞争中让位于后起之秀——装有内燃机的汽车。其主要原因是电动汽车一次充电的续驶里程太短,而且蓄电池的质量和体积都很大(这一直是制约电动汽车发展的"瓶颈"问题),在车上为安放电池使室内空

图 1-8 1899 年杰那茨驾驶的电动汽车

间过于狭小。对蒸汽汽车来说,则存在给水烦琐,启动时为达到必要的蒸汽压力所需时间太长以及存在安全性和公害方面的缺陷等。

1.2.3 近代汽车的诞生与技术发展

1. 近代汽车的诞生

蒸汽汽车的缺陷促使人们寻求一种质量轻、功率大,可直接使燃料在汽缸中燃烧做功的内燃机来作为汽车动力。1838年,英国人巴尼特(Barnett)研制了原始的两冲程煤气机,后来英国人克拉克(Clerk)试图进一步完善它,但都未能投入实际使用。1860年,法国人雷诺尔(Etienne Lenoir)终于制成了第一台可供实用的常压煤气发动机,并申请了专利。当时的煤气机无压缩行程,煤气用电火花点火燃烧而产生动力。由于无压缩行程,这种发动机的热效率很低。

1862年,法国人罗彻斯(Beau de Rochas)提出了四冲程发动机循环理论(该理论至今仍为内燃机所采用),并取得四冲程发动机的专利。

1876年,一直从事煤气机试验的德国人奥托(Nieolaus August Otto,见图1-9)运用循环理论,试制成功了第一台活塞与曲轴相结合,将煤气与空气的混合气经压缩冲程后再点火燃烧的往复式四冲程煤气机,为提高内燃机工作效率开辟了新的途径。

这种内燃机利用活塞往复四冲程,将进气、压缩、燃烧膨胀(做功)、排气四个过程融为一体,使内燃机结构简化、整体紧凑。为了纪念奥托对内燃机发展所作的贡献,人们称这种循环为奥托循环。奥托本人的那个试制车间后来发展为赫赫有名的道依茨(DEUTZ)发动机公司。

随着石油开始取代煤气,以及汽油汽化性好这一特点被研究者所注意,在奥托四冲程煤气机和梅巴克关于汽化器(化油器)设想的基础上,1886年,戴姆勒将他制造的排量为0.46 L、功率0.82 kW、转速650 r/min的发动机(见图1-10)装在一辆据说由美国制造的马车上,最高车速达到18 km/h。这辆车被公认为是世界上第一辆汽油发动机驱动的四轮汽车(见图1-11)。

图1-9 奥托

图1-10 戴姆勒制造的汽油发动机

也是在1886年,另一位德国人卡尔·本茨(Carl·Benz,见图1-12)研制成功一台单缸两冲程汽油机,并将其装在一辆三轮车上,并于1886年进行了公开试车(见图1-13)。

图 1-11 1886年戴姆勒制造的装有汽油机的四轮汽车

图 1-12 卡尔·本茨

这辆车可以说是近代汽车的原型。该车的单缸发动机排量为 0.576 L,输出功率约 0.52 kW,转速为 300 r/min,车速约 15 km/h,并具备了近代汽车的一些基本特点,如电火花点火、水冷循环、钢管车架、后轮驱动、前轮转向、带制动手把等。这辆车(见图 1-14)现保存在慕尼黑科学博物馆内。

图 1-13 卡尔·本茨的妻子(贝尔塔)在试车

图 1-14 1886年本茨制造的装有汽油机的三轮汽车

1886 年 1 月 29 日,卡尔·本茨向德国皇家专利局申请汽车专利,同年 11 月 2 日获得批准。图 1-15 所示为属于卡尔·本茨的世界上第一张汽车专利证书,专利号为 37435,类别属于空气及气态动力机械类,专利名为气态发动机车。

为了纪念这两位天才的发明家,人们把戴姆勒和卡尔·本茨并称为汽车之父,并把 1886 年作为现代汽车诞生元年。

2. 汽车的发展完善

德国人发明了汽车,但在促进汽车初期发展方面作出贡献最多的却是法国人。

1889 年法国人标致(Peugeot)研制成功齿轮变速器、差速器;1891 年法国人首次采用前置发动机后轮驱动,开发出

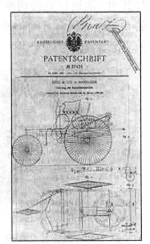
图 1-15 第一张汽车专利证书

摩擦片式离合器；1895年法国人开发出充气式橡胶轮胎；1898年法国的雷诺1号车采用了箱式变速器、万向节传动轴和锥齿轮主减速器；1902年法国的狄第安首次采用了流传至今的狄第安后桥半独立悬架。

其后，德国人在1893年发明了化油器；1896年英国人首次采用转同盘相石棉制动器片。

1) 发动机的完善

在这一时期，车用汽油机逐渐完善起来。汽油汽化与点火问题得到了解决。内燃机的冷却最初是用一根长而弯的管子让水循环流动来实现的。1901年，迈巴赫发明了蜂窝状的冷却水箱，为高效率的冷却打下了基础。

早期的汽车是靠手摇转动曲轴来启动发动机的。这种方式既费力又不方便，需要有两个人配合才行。最初消除手摇启动的设想是将压缩空气按点火顺序依次送进各缸以使曲轴转动。压缩空气是靠发动机以前工作时带动一个气泵而储存的，除了用于启动发动机外，还可给轮胎充气及带动千斤顶工作。但是这种启动方法并不成功。

1917年，美国凯迪拉克公司研制了第一个电力启动机，它是用一个小电动机带动与曲轴相连的飞轮转动来启动发动机的。这项发明的关键在于认识到电动机能在瞬时超负荷工作，所以一个小电动机就可以带动曲轴转动至发动机点火启动。

有趣的是，这项发明最初是凯特林(Kettering，见图1-16)为电动点钞机设计的，却歪打正着地用到了汽车上。

到了1930年，虽然摇动手柄(俗称"摇把子")仍然是汽车的一个附件，但是摇动曲轴启动发动机的事，除极偶然的情况外，已经不大出现了。

2) 传动系统的完善

汽车靠传动轴传递功率后，在传动轴与发动机之间安置了变速器，使发动机在一定的转速内工作，而汽车可以有不同的行驶速度。变速器中是靠齿轮传动的，主动齿轮与发动机连接，从动齿轮与驱动轴连接，行驶中换挡时由于两个齿轮转速不同而啮合困难，强行啮合就有打齿的危险。

开始人们在变速器的前后各装一个离合器。换挡时，用这两个离合器将变速器中的齿轮轴与发动机和驱动轴都脱开。但是由于惯性，两齿轮转速达到同步还得有一段时间，再加上两个离合器配合操纵很复杂，使换挡操作非常困难。

1929年，凯迪拉克公司率先研制出同步器(见图1-17)，通过同步器中锥面相互摩擦使两个齿轮在转速相同时才允许啮合。这样只要有一个离合器就行了，换挡时既轻便又不打齿，换挡时间也大大缩短了。

图1-16 凯特林在修理一辆别克汽车

图1-17 同步器

3) 制动系统的完善

汽车制动器开始是照搬马车上的结构,即用手刹带动一个单支点的摩擦片抱住后轮。但是汽车所需的制动力要比马车大得多,而且汽车倒退时这种制动器常常失灵。当时一些汽车在底部安装一根拖针,当汽车在坡路上下滑时,拖针会扎入地面使车停住。

后来在车上又增加了脚刹,控制传动轴的转动。1914年开始出现轮内鼓式制动器(见图1-18)。1919年,法国海斯柏诺—索扎公司制成用脚踏板统一控制的四轮鼓式制动器,并由变速器驱动一个机械伺服机构增加制动力,使制动效果大为改善。

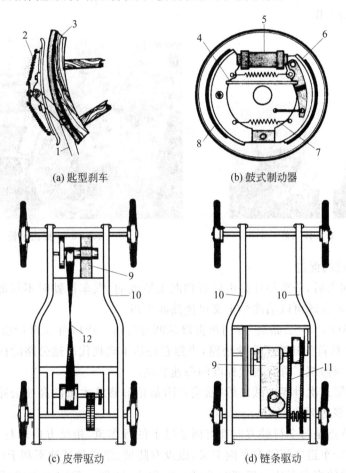

(a) 匙型刹车　　　　(b) 鼓式制动器

(c) 皮带驱动　　　　(d) 链条驱动

图1-18　早期的汽车制动与传动装置

1—操作杆；2—弹簧；3—车轮；4—平衡棒；5—车轮分泵；6—制动蹄；7—回位弹簧；8—制动蹄片(摩擦片)；9—发动机；10—车架；11—链条；12—皮带

1921年,美国的杜森伯格公司又推出液压助力器,由一个主液压缸放大制动力;以后又出现了气动助力的制动器。制动装置逐渐形成了脚刹控制车轮制动,手刹控制传动轴制动的普遍的结构形式。

4) 行驶系统的完善

初期的汽车还是使用实心木轮的,但很快大部分汽车都采用了自行车所用的辐条式铁制轮毂,外套实心橡胶轮。这种实心轮当车速超过16 km/h时,车轮就会剧烈跳动,使司机和乘客颠簸得无法忍受。这种实心轮有个非常形象贴切的名字——震骨架!

邓洛普发明了用于自行车的充气轮胎后不久,1895年,法国的米其林兄弟(Andre and Edouard Michelin,见图1-19)就制造出了用于汽车的充气轮胎。

当时这种轮胎虽然改善了汽车的舒适性,但漏气问题却成了驾驶人最头痛的事。当时汽车车轮还是不可拆卸的,所以补胎和换胎都要费很长时间。为了解决这个问题,先是出现了辅助轮缘(Stepney)。当轮胎漏气后,靠这个轮缘行驶到最近的修车场去更换轮胎;后来出现了可拆卸的车轮,轮胎也分为内胎、外胎两层,外胎中用金属丝予以加强,从而使轮胎寿命大为提高,更换车轮(见图1-20)也成了一件比较容易的事了。到了19世纪20年代后期,一般妇女都能完成更换车轮的工作。

图1-19　米其林兄弟

图1-20　更换车轮

5) 对道路建设的促进

当汽车发展起来后,公路却还是由碎石和泥土填成的,汽车行驶时不仅颠簸,而且扬起大量尘土,后来发现沥青既可以消除尘土又可使路面平坦。

1910年,英国成立了"公路署"专门负责修筑沥青公路。1914年又开始出现水泥公路。

1924年,意大利首先建造了高速公路,当然它还达不到现代高速公路的标准。1942年,为了战时的需要,德国修筑了符合现代标准的高速公路。

以后,尤其是第二次世界大战之后,欧美各国都相继修筑大量的高速公路,其中美国的高速公路修得最长,多达70 000 km。

高速公路的特点是每个行驶方向都有两条以上的行车道,相反方向的行车道之间有草地或灌木的隔离带,行车道之间没有平面交叉,也没有陡坡、急弯和其他不利于汽车行驶的障碍。在高速公路上行驶的汽车车速一般都在80 km/h以上,欧洲一些国家车速可超过120 km/h,这就使得汽车的运行效率大为提高。

3. 汽车的大量生产和销售

汽车技术的日益成熟使生产销售成为可能。1901年,美国人奥得尔生产和销售了425辆奥斯莫比尔牌(Oldsmobile,见图1-21)汽车,1905年达6500辆,从此开始了汽车大量生产的新纪元。

1913年,福特首先发明了科学设计的汽车流水生产线(见图1-22)并且很快被其他汽车厂商所仿效而风行一时。

福特汽车公司的T型车从1908年到1927年共生产了1500万辆,这一大量生产的世界纪录,到20世纪60年代才为德国大众公司的伏克斯瓦根牌(Volkswagen)甲壳虫汽车(见

图 1-21　奥斯莫比尔牌(Oldsmobile)汽车

图 1-22　汽车流水生产线

图 1-23)打破。据记载,到 1923 年美国已有 2/3 的家庭拥有一辆汽车。

为了汽车能大量销售,在 1927 年以前,汽车技术集中解决了经济性(包括购置、使用和维修费用在内)、可靠性和耐久性这类基本要求。例如 1915 年以前,前轮因转向而没有装设制动装置,而在这以后,出现了机械式四轮制动方式,大大提高了汽车的安全可靠性。

1926 年,汽车上开始有了液压制动器。为了提高燃油经济性,这一时期汽油机的压缩比有了较大的提高,一些载货车上采用了更省油的柴油发动机。

图 1-23　德国大众公司的甲壳虫汽车

1905 年,在美国的圣·路易斯发生了最早的汽车被盗事件,于是发明了带钥匙的点火开关。1917 年发明了电力启动机,这大大方便了驾驶人,否则驾驶人每次要下车启动汽车。雨刷、制动灯、后视镜等也逐渐在这一时期被开发和使用。

1922 年,在仪表板上出现了燃油表,1929 年出现了车用收音机。渐渐地,现代汽车的基本要素均已具备。

4. 注重美观和舒适的时期

1) 马车型汽车

最早出现的汽车,其车身造型基本上沿用了马车的形式,因此称为"无马的马车"。英文 Sedan 就是指欧洲贵族乘用的一种豪华马车(见图 1-24),不仅装饰讲究,而且是封闭式的,可防风雨和灰尘,并提高了安全性。

1908 年福特推出 T 型车时,车身由原来的敞开式改为封闭式,其舒适性、安全性都有很大提高。福特将他的封闭式汽车(Closed car)称为 Sedan。

著名的福特 T 型车(见图 1-25)、1892 年生产的标致汽车(见图 1-26)、1902 年生产的梅赛德斯汽车(见图 1-27)和雷诺汽车(见图 1-28)都属于马车型汽车。

图 1-24　19 世纪流行于欧洲的马车

图 1-25　1908 年开始生产的福特 T 型车

图 1-26　1892 年生产的标致汽车

图 1-27　1902 年生产的梅赛德斯汽车

2) 箱形汽车

随着车速的提高,迎面风使驾乘人员难以忍受,为此考虑改变汽车的外形,出现箱形汽车。这种造型的汽车,从整体上看是四方形的,形似箱子,并装有车门和车窗,故称箱形汽车。

DUESENBERG J 型汽车(见图 1-29)、1928 年生产的奥斯汀 12 型汽车(见图 1-30)和 1932 年生产的杜森伯格 SJ 高级汽车都属于箱形汽车。

箱形汽车在造型中没有引进空气动力学原理,可以说是技术尚未成熟时代的产物。

图 1-28　1902 年生产的雷诺汽车

图 1-29　DUESENBERG J 型汽车

图 1-30　1928 年生产的奥斯汀 12 型汽车

3）甲壳虫形汽车

1934 年，流体力学研究中心的雷依教授，采用以模型汽车在风洞中试验的方法测量了各种车身的空气阻力，这是具有历史意义的试验。由此，车身外形与风阻之间的关系开始得到重视。

1934 年，美国的克莱斯勒公司率先采用了流线型的车身外形（见图 1-31）设计。

1937 年，德国设计天才费迪南德·保时捷开始设计类似甲壳虫外形的汽车（见图 1-32）。甲壳虫不但能在地上爬行，也能在空中飞行，其形体阻力很小。保时捷博士最大限度地发挥了甲壳虫外形的长处，使甲壳虫汽车成为当时流线型汽车的杰出代表。

图 1-31　1934 年生产的克莱斯勒气流牌汽车

图 1-32　德国大众公司的甲壳虫汽车

此外，1940 年生产的林肯高级汽车（见图 1-33）、1946 年生产的福特汽车（见图 1-34）等采用流线型车身外形设计的汽车也属于甲壳虫形汽车。

图 1-33　1940 年生产的林肯高级汽车

图 1-34　1946 年生产的福特汽车

从 20 世纪 30 年代流线型汽车开始普及到 40 年代末,是甲壳虫形汽车的黄金时代。

4) 船形汽车

前面提到的甲壳虫形车存在乘员空间过分狭小、车身过长过矮、对横向风的稳定性差等问题。甲壳虫形车的全盛时期从 1934 年起,大约延续了 15 年时间。1949 年起,无论是美国还是欧亚大陆均风靡船形车身。这种车身是福特汽车公司率先推出的,既考虑了机械工程学、流体力学诸因素,又强调了以人为主体,注重乘员舒适性和驾驶人操纵性的新车型。

1952 年生产的福特汽车(见图 1-35)是船形车的典型代表。此外,1952 年生产的别克汽车(见图 1-36)、1956 年生产的雪佛兰汽车(见图 1-37)和 1959 年生产的凯迪拉克汽车(见图 1-38)也都属于船形汽车。

图 1-35　1952 年生产的福特汽车

图 1-36　1952 年生产的别克汽车

图 1-37　1956 年生产的雪佛兰汽车

图 1-38　1959 年生产的凯迪拉克汽车

船形车改变了以往汽车造型的模式,使前翼子板和发动机罩,后翼子板和行李舱罩融为一体,前照灯和散热器罩也形成一个平滑的面,车室位于汽车中部,整个造型很像一只小船,所以人们把这类汽车称为"船形汽车"。

船形汽车是设计者首次把人体工程学应用到汽车设计上,强调以人为主体的设计思想。船形汽车不论从外形上还是从性能上来看都优于甲壳虫形汽车,而且还解决了甲壳虫形汽车对横向风不稳定的问题。

从 20 世纪 50 年代开始一直到现在,不论是美国还是欧亚大陆,不管是大型车或者是中、小型车都大量地采用了船形车身,从而使船形造型成为世界上数量最多的一种车型。

5)鱼形汽车

为了克服船形汽车的尾部过分向后伸出,在汽车高速行驶时会产生较强的空气涡流作用这一缺陷,又开发出像鱼的脊背的鱼形汽车。

1952 年,美国通用汽车公司生产的别克牌汽车(见图 1-39)开创了鱼形汽车的时代,而 1969 年生产的 Jaguar 汽车(见图 1-40)则把鱼形汽车的设计推向极致。

图 1-39　1952 年生产的别克牌汽车

图 1-40　1969 年生产的 Jaguar 汽车

如果仅仅从汽车背部形状看,鱼形汽车和甲壳虫形汽车是很相似的。但如仔细观察,就会发现鱼形汽车的背部和地面所成的角度比较小,尾部较长,围绕车身的气流也就较为平顺,所以涡流阻力也相对较小。

另一方面,鱼形汽车是由船形汽车演变而来的,所以基本上保留了船形汽车的长处,诸如车室宽大、视野开阔、车身侧面的形状阻力较小、造型更具动感、乘坐舒适等,这些都远远地超过了甲壳虫形汽车的性能。

再者,鱼形汽车还特别地增大了行李舱的容积,所以更适合于家庭外出旅行等使用。正因为如此,鱼形汽车才得以迅速地发展。但同时鱼形汽车也存在着一些致命的弱点:①是由于鱼形汽车的后窗玻璃倾斜得过于厉害,致使玻璃的表面积增大了 1~2 倍,强度有所下降,产生了一些结构上的缺陷;②是当汽车高速行驶时汽车的升力较大,致使汽车"发飘"。

鉴于鱼形汽车的上述缺点,设计师在鱼形汽车的尾部安上了一个上翘的"鸭尾巴"——以此克服一部分空气的升力,这便是"鱼形鸭尾式"汽车(见图1-41)。

图 1-41　1992 年 Porsche Turbo 鱼形鸭尾式汽车

6) 楔形汽车

为了从根本上解决鱼形汽车的升力问题,汽车工程师们设想了种种方案,最后终于找到了一种楔形的设计方法。就是将车身整体向前下方倾斜,车身后部像刀切一样平直,这种造型能有效地克服升力。1963 年阿凡提(Avanti)第一次设计了楔形汽车。楔形汽车在高速汽车设计方面已接近于理想的造型。

现在世界各大汽车生产国都已生产带有楔形效果的汽车,这些汽车的外形清爽利落、简洁大方,具有现代气息,给人以美的享受。未来汽车的造型必然是在楔形车的基础上加以改进。例如,把前挡风玻璃和发动机罩进一步前倾,尾部去掉阶梯状,成为真正的楔形。车窗玻璃和车身侧面齐平,形成一个平面,后视镜等将通过合理的造型,以取得最低的风阻,或者由车内的电视屏幕代替。总之,未来汽车的造型将更为平滑、流畅。

兰博基尼康塔什跑车(见图1-42)、法拉利521型跑车(见图1-43)、阿库拉NSX跑车(见图1-44)、1996年的莲花跑车(见图1-45)和雪佛兰子弹头多功能乘用车(见图1-46)都是典型的楔形汽车。

图 1-42　兰博基尼康塔什跑车

图 1-43　法拉利 521 型跑车

图 1-44　阿库拉 NSX 跑车

图 1-45　1996 年的莲花跑车

图 1-46　雪佛兰子弹头多功能乘用车

5. 注重节能、环保和安全的时期

汽车保有量的不断增加使汽车排放物对人类健康的危害越来越明显。公众越来越注意环境保护问题，各国竞相制定了环境保护法规，限制汽车排放物。最早立法的是美国加利福尼亚州，规定 1961 年新车应装有防止曲轴箱窜气的装置。1966 年以后，又规定新车需符合 CO、HC 的排放浓度限值（七工况法）。

1968 年，美国联邦政府采纳了加州法规，1971 年又增加了对 NO_x 的限制。环保要求对汽车技术，特别是车用发动机的技术发展起了很大的推动作用。曲轴箱强制通风系统（PCV）、废气再循环系统（EGR）、排气三元催化系统、分层燃烧系统、稀混合气燃烧系统等新措施和新技术不断推出，缓解了汽车排放对人类健康和环境的威胁。

节能是汽车技术发展的永恒课题。1973—1974 年以及 1979—1980 年两次能源危机，使得汽车节能问题得到了进一步的重视。美国生产的大排量汽车逐步为欧洲和日本生产的中、小排量汽车所取代，继而美国各大汽车制造厂家也开始减小所生产的轿车的排量和车型尺寸。1980 年，美国公布实行的综合平均燃油经济性法规（CAFE）促进了汽车节能技术的快速发展。与此同时，寻求其他能源（代用燃料）在汽车上应用的研究也受到广泛重视，特别是甲醇燃料、液化石油气和压缩天然气燃料已有一定的商业应用。

汽车增多、车速提高以及人类对生存环境的进一步关心，促使公众越来越重视汽车的安全性。为解决安全性问题，汽车碰撞试验和设计中的人体工程学成为热门课题。

美国联邦安全委员会制定了一系列的安全法规,包括汽车碰撞时对乘员的保护、撞击时转向柱向后的位移量限制、车顶抗撞强度和侧门强度要求以及燃油系统安全性要求等。

为了满足安全法规要求,汽车设计中发展了可吸收冲击能量的转向柱和前、后保险杠;安全挡风玻璃;软化的仪表板、遮阳板、头枕;强化的前门柱(A柱)和中立柱(B柱);抗撞击的车门等,从而显著提高了汽车的被动安全性。

1956年,美国福特汽车公司率先在乘用车上普遍采用安全带,随后其他厂商纷纷效仿,以后则成为法定必装器具。近年来,安全性又得到新的强调,在车身结构中,提高最接近乘客处的车身骨架结构强度;制动系统中普遍采用防抱死制动系统(ABS),以提高制动效能和制动时的操纵稳定性;撞车时自动吹涨的安全气囊(见图1-47)逐步成为乘用车的必备装置;各种安全报警装置不断为用户所接受。

图1-47 安全气囊

6. 电子技术与计算机技术的应用

尽管在20世纪80年代以前电子技术与计算机技术已开始在汽车上得到应用,但广泛而大量地应用则是在20世纪80年代以后。目前,汽车的设计靠CAD,通过大量设计计算、方案优化,使各部分构件的设计更合理,材料利用率更高,汽车进一步轻量化,性能指标进一步提高。汽车制造靠计算机控制的柔性生产线,各种机器人保证了产品的制造质量与生产节奏,一条生产线可同时生产几种不同的车型。

电子技术在汽车上的应用增长很快。美国1980年每辆车平均装用的电子装置价值不到300美元,到了1990年已增加到每车872美元。电子装置的应用改善了排气污染,降低了燃料消耗,提高了驾车、乘车的舒适性。许多操作和控制均可由电子器件自动完成。在高速公路上恒速行驶(巡航行驶)时可不踩油门;行驶中遇有危险时,自动报警器会给驾驶人以提示;在车内可享受与家里一样的高保真音响;当出现道路堵塞时,车上的导航计算机可指示驾驶人如何避开堵塞路段;修车这种工作可由车内的故障自诊断系统和维修站的功能齐全的智能化检测设备完成。总之,计算机技术和电子技术的应用已成为衡量汽车技术水平高低的重要标志。

除了在燃料供给系统中采用电控喷射技术之外,电子控制技术已经渗透到内燃机的点火正时、废气再循环、可变配气正时系统中来,并与自动变速器、主动悬架、全自动空调、自动巡航、防抱死制动系统等实现协同控制,组成整车控制网络,控制系统综合化、网络化特点日益明显。

1.3 汽车工业的发展

从第一辆汽车诞生至今已有100多年的历史。这期间,汽车工业历经了规范化的变革,经济危机的打击和第二次世界大战后无节制的疯狂发展及市场的空前繁荣,从一国经济走向多国经济,成为世界上第一个全球性充满剧烈竞争的产业。目前,美国、日本和欧洲三个国家和区域是世界汽车工业中心。

1.3.1 汽车工业的形成

汽车虽然是欧洲人发明的,然而美国在汽车的推广和生产方面从一开始就超过了欧洲。

汽车发明之初,由于售价高昂,只是少数绅士贵族们的娱乐工具,还不能体现其交通工具的本质。从19世纪末到20世纪初,欧洲和美国相继出现了一批汽车制造公司,如德国的戴姆勒-奔驰公司(Daimler-Benz AG,1890年戴姆勒发动机公司建立,1883年奔驰公司和莱茵煤气发动机厂成立,1926年两公司合并为戴姆勒-奔驰公司)、美国的福特公司(Ford,1903年创建)、英国的劳斯-莱斯公司(Rolls-Royce)、法国的雪铁龙公司(Citroën,1919年在一个齿轮公司的基础上创立)、意大利的菲亚特公司(Fiat,1899年创建)等,但在当时由于技术发展还不具备生产汽车这种大型复杂机械产品的水平,加之汽车成为贵族们的奢侈品,一味追求豪华,售价昂贵,销售量不大,无论是欧洲还是美国,都未形成具有一定规模的汽车工业。

汽车诞生于欧洲,但最早形成汽车工业的却是美国。谈到汽车工业的形成,汽车大王——美国人亨利·福特(Henry·Ford)功不可没。

福特于1903年成立了福特汽车公司,提出了将汽车由奢侈品变为人们必需品的主张,要求汽车可靠、耐用、操作简便、售价低廉、使用和维护费用低,即生产普及型汽车。此后,福特致力于普及型汽车T型车的开发。

采用流水线装配法(见图1-48)生产的福特T型车(见图1-49)价格低廉、使用方便、维护容易,销售异常火爆。累计1500多万辆的产量更是创造了空前的纪录,图1-50所示为第1500万辆福特T型车下线纪念仪式。

福特生产T型车的经验不仅为美国,也为世界汽车工业发展奠定了基础。美国汽车工业的形成和发展与当时美国在资本、国民收入、石油资源、市场等各方面都优于欧洲的具体条件有关,加之美国政府十分重视国民交通工具的现代化,有意识地引导公众购买汽车,巨大的国内市场促进了美国汽车工业的大发展,通用汽车公司(General Motors)、克莱斯勒公司(Chrysler)等汽车公司纷纷建立,最多时全美国曾有181家汽车厂。到1927年通过竞争存留了44家,其中汽车三巨头的销售量占全国汽车总

图1-48 福特汽车公司的装配流水线

图 1-49　福特 T 型车

图 1-50　第 1500 万辆福特 T 型车下线纪念仪式

销售量的 90% 以上。那时,欧洲由于第一次世界大战的影响,刚刚形成的汽车工业几乎停滞了 5 年,这使得美国成为第一个以汽车工业为支柱产业的国家。美国在世界汽车生产中的霸主地位从此确立,这种优势直到 20 世纪 70 年代才遭到日本、西欧的挑战。

这一时期在汽车大规模生产的组织模式上出现了以福特公司为代表的全能厂模式和以通用汽车公司为代表的通过专业化协作,由一些汽车制造企业联合起来,建立集中管理和销售体系的模式。以后的事实表明,后者优于前者,并为世界上许多企业所效仿。

1.3.2　汽车工业的全面发展

汽车工业是关联产业最广、工业技术涉及面最大的综合性工业。因此,汽车工业的发展不仅依赖于汽车行业本身的技术进步,而且还取决于相关产业的技术进步、汽车工业应用这些技术的能力、世界汽车市场的容量、能源和原材料的供应、公众对环境的要求、国家政策和意外变化等。

例如,第一次世界大战中显示了汽车运输的机动性,而且还训练出了不少军用汽车驾驶人,他们中很多人还学到了一些汽车技术,于是,在战后出现了汽车需求的迅速增长,汽车市场买卖兴隆。但时隔不久,资本主义世界的经济萧条使汽车的需求量一落千丈。

由于欧洲汽车工业发展缓慢,美国汽车大量销往欧洲,美国汽车厂家为了降低运输成本并避免整车运输造成的车身损伤,就采用所谓CKD(Completely Knocked Down)方式,将美国生产的零部件运到欧洲,在欧洲就地装配成车出售。最早是福特公司1911年在英国建立了一个CKD总装厂。

到了1929年,福特公司和通用公司已分别在21个国家和16个国家建立了CKD总装厂。到1930年,欧洲各国为了保护本国的汽车工业,开始对美国汽车增加进口关税,尤其对汽车零部件进口课以重税,致使美国在欧洲各国的CKD总装厂改为全部零部件就地生产的汽车制造厂。

当时,欧洲各国的汽车制造厂虽不能在价格上与美国竞争,但它们凭借技术优势,在品种上、车型风格上、道路适应性上具有自己的特色,因此,也占据了一定的市场份额。有许多新技术,例如发动机前置前轮驱动、后置后轮驱动、承载式车身、节能型微型汽车等,都是首先出现在欧洲,从而为欧洲汽车工业的大发展奠定了基础。

第二次世界大战期间,各国汽车工业均为军事目的服务,生产坦克、装甲车等军用装备和物资,这也起到了缓和美国与欧洲汽车工业竞争的作用。

战后,随着经济复苏与政府支持的加强,欧洲汽车工业开始大发展。特别是原联邦德国在战后仅用了5年时间,就使汽车产量达到30万辆,超过了其战前的最高水平。

1960年,原联邦德国的汽车年产达205.5万辆,超过了英国,成为当时仅次于美国的世界第二汽车制造国。原联邦德国汽车高速发展的主要动力是将乘用车迅速普及到国内平民阶层,以国内市场为基础,同时扩大国际市场,如大众汽车(Volkswagen)公司的"甲壳虫"(Beetle)普及型车对德国汽车的普及起了关键作用。

到1973年,甲壳虫形汽车成为全世界的畅销车型。欧洲汽车工业的大发展使世界汽车工业的重心逐步由美国移向欧洲。例如,第二次世界大战以前,西欧各国的汽车产量仅为北美(美国和加拿大)的11.5%;到战后1950年,这一数字提高到16%;而到1970年,北美仅生产749.1万辆,而西欧各国却比北美产量高了38.5%,达到1037.8万辆。

许多欧洲汽车厂家,如德国大众(Volkswagen)、奔驰(Benz)、宝马(BMW)、法国雷诺(Renault)、标致(Peugeot)、雪铁龙(Citroën)、意大利菲亚特(Fiat)、瑞典沃尔沃(Volvo)等,均已闻名遐迩。

总而言之,在这一时期汽车工业保持了大规模生产的特点,世界汽车保有量急剧增加,汽车工业发展的重心由美国转移到西欧。汽车技术的高科技含量增加,汽车品种进一步增多。汽车工业界对于汽车造成的安全问题、污染问题在政府的督促和支持下制定了许多对策,并使汽车在结构、性能等方面都得到了大幅度提高。

1.3.3 德国汽车工业的发展

第二次世界大战前,德国汽车工业已有很好的基础,戴姆勒-奔驰、奥迪、大众、宝马等汽车公司均形成一定规模。第二次世界大战期间,汽车工业转为为战争服务,大部分工厂遭到破坏(见图1-51)。

第二次世界大战后,由于德国处于战败国地位,在比较困难的条件下,汽车工业仍得到较快恢复和发展,1950年汽车产量达到30万辆。随着国内汽车的快速普及以及汽车出口竞争能力不断提高,使汽车产量大幅度上升。1960年,德国汽车产量达到200万辆,10年内,汽车产量增长5.7倍,年均增长率21%,从此成为欧洲最大的汽车生产国和出口国。然后继续以

图 1-51 被炸成一片废墟的宝马工厂

较高速增长,到 1971 年,汽车产量进一步达到 400 万辆。

在这以后,由于受两次石油危机影响,国内汽车已基本普及;同时,汽车出口势头减慢,而进口量有较大增加,从而汽车产量呈现下降、徘徊和低速增长状态。20 世纪 70 年代,汽车产量在 300 万~400 万辆波动;20 世纪 80 年代以来,汽车产量在 400 万~500 万辆波动,1998 年达到 570 万辆。

在德国汽车工业发展史上,值得一提的是"甲壳虫"汽车的发展。

20 世纪 30 年代初,德国经济危机发展到了顶点,失业率剧增,罢工运动高涨,德国政府也不断更迭。1933 年,希特勒上台执政。1934 年 1 月 17 日,著名汽车设计大师保时捷(Porsche)向德国政府提交了一份设计一种新型的、普通民众买得起的"大众"牌汽车的建议书。保时捷的建议得到了汽车迷希特勒的支持,并迅速投入设计和试制。同时,德国政府提出一项计划,筹建了由 34 万人集资入股的大众汽车公司。在希特勒的亲自过问下,这种大众汽车的外形被设计成甲壳虫状,因而得名"甲壳虫"。

1938 年,"甲壳虫"的样车试制完成。1939 年 8 月 15 日,第一批甲壳虫汽车问世。随后,由于第二次世界大战爆发,甲壳虫牌汽车的生产中断了,这种问世不久的新型汽车第二次世界大战前总共才生产了 800 辆。

第二次世界大战结束后,大众汽车公司被同盟国监管。1948 年,大众汽车公司恢复了甲壳虫汽车的生产,但年产量仅为 1.9 万辆。由于这种汽车结构简单、价格低廉、外形可爱,第二次世界大战后普通民众恰好能承受该车的价格,于是需求猛增。1949 年,大众公司归还联邦德国(原西德)后,进入稳定发展阶段,甲壳虫汽车开始大批量生产。到 1955 年,这种颇受市场青睐的甲壳虫汽车累计生产量达 100 万辆,出口到 100 多个国家。10 年后的 1965 年,由于畅销不衰、产销两旺,累计产量已达 1000 万辆。1972 年 2 月 17 日,甲壳虫汽车累计生产量达 15 007 034 辆。1974 年,甲壳虫汽车在生产了近 30 年之后,由于产品进入不可抵御的衰落期,除在其他分厂和子公司继续以日产 3300 辆的速度生产外,在大众总部沃尔夫斯堡全部停产。1981 年,第 2000 万辆甲壳虫车在墨西哥的大众分厂开下了装配线。尽管后来这种车被新型车高尔夫取代,但无论如何,甲壳虫汽车仍然是世界上最畅销和最流行的车型。

德国的汽车厂总数不多,但是却个个大名鼎鼎,奔驰(Benz)、宝马(BMW)、大众(Volkswagen)、奥迪(Audi AG)、欧宝(Adam Opel AG)、保时捷(Porsche AG,国内也称波尔舍)、曼(Man AG)都是全球久负盛名的企业。

1.3.4 日本汽车工业的发展

日本汽车制造业的开山者应属吉田真太郎，1904年他成立了东京汽车制造厂（现五十铃汽车公司），3年后制造出第一辆汽油汽车"太古里1号"。随后日本国内出现了众多汽车制造厂，情形不亚于20世纪80年代的中国。出于军事扩张的需要，日本政府颁布了《军用汽车补助法》，对汽车厂商进行扶持，这成为早年日本汽车业发展的原动力。

在第二次世界大战期间，日本的汽车工业为侵略战争服务，到1941年年产量5万辆，绝大部分是载货汽车，几乎全部投入侵华战争。

1950年，朝鲜战争爆发。日本的特殊地理位置使其成为美国军需的一个重要供应地，美国为不景气的日本汽车工业输血，极大地刺激了日本汽车工业的发展。

1955年，日本通产省公布了发展国民车的大胆构想，提出鼓励企业生产供日本民众使用的微型汽车的计划。当时通产省的设想是：要求企业设计生产出一种400 kg以下，时速100 km/h以上，乘坐4人或2人并可以同时携带100 kg货物，发动机排量350～500 mL，行驶10万公里无大修的汽车。而且这种汽车生产成本限制在15万日元以下，售价25万日元以下。通产省要求各汽车厂家都来投标，然后评选出优秀车型，政府给予支持。国民车构想发布后在日本国内引起极大反响，各大汽车公司竭力想在这场竞争中分得一杯羹。

1960年时，日本汽车年产量仅为16万辆，远远低于同时期美国和西欧各主要汽车生产国的产量。然而仅仅过了7年时间，日本汽车年产量就奇迹般地达到300万辆，超过欧洲各主要汽车生产国产量，跃居世界第二位。

20世纪70年代世界发生两次石油危机，油价的提高使欧美汽车生产厂商纷纷减产，而这时日本却以其小型汽车油耗低的特点博得了消费者的青睐，3年时间里日本汽车出口量翻了一番。日本凭借着汽车国内销售和出口量双双高速增长的优势创造了世界汽车工业发展的奇迹。丰田、本田、日产、富士重工、铃木等公司迅速成为世界级的汽车生产厂，丰田公司在1972年到1976年4年间就生产了1000万辆汽车。1980年，日本汽车总产量达到1104万辆，超过美国而成为世界最大的汽车生产国和出口国，日本终于成为美国和欧洲之后世界第三个汽车工业中心。

日本汽车工业之所以能在较短时间内赶上并超过西欧和美国，主要是他们在生产组织管理方面，在先进工艺的广泛应用方面取得了突破。丰田汽车公司提出的"丰田生产方式"就是一个典型的例证。

"丰田生产方式"，就是将生产过程的各个环节联系在一起，组成一个完整体系，并以"精益思想"为根基，以寻求"消除一切浪费，力争尽善尽美"为最高境界的新的生产经营体系。

这一体系从制订产品计划开始，通过汽车制造的全过程、全系统的协调协作一直延伸到用户，一改以往制造业在大量生产方式体制下的经营思想，以"看板方式"为代表的"三及时"，即"在必要的时间——按必要的数量——生产必要的产品"作为理念精髓，以"及时生产（Just In Time，JIT）——不断地降低成本、无废品、零库存和无止境的产品创新"为追求目标，因而被理论界称为"精益生产方式"。

可以说，这一思想是丰田集体智慧的结晶，它由丰田普及到日本汽车工业，又从汽车工业扩展到整个制造业，从而将日本推向制造业强国之列，丰田汽车公司也因此享誉全球。

日本现有汽车生产厂11家，分别是丰田、日产、本田技研、东洋工业（马自达）、三菱、铃木、大发、富士重工、五十铃、日野和日产柴油机工业公司。在全球汽车行业的排行榜中,丰田、日产紧跟通用、福特之后,列第三和第四位,居克莱斯勒之前,足见日本汽车工业在世界汽车工业中的分量。

1.4 我国汽车工业简史

1.4.1 无汽车工业时期

1. 中国第一辆进口汽车

1901年(大清光绪二十七年)是慈禧皇太后的66岁寿辰,直隶总督袁世凯买了一辆洋汽车,献给慈禧作为寿礼(见图1-52)。而今,这辆珍贵的汽车——中国头号古董汽车,仍然静静地停放在北京颐和园的德和园内,这是中国第一辆进口汽车。

图1-52 慈禧太后的御用汽车

经考证,该车是由设在美国马萨诸塞州的图利亚汽车与弹簧公司于1896年制造的图利亚(DURYEA)牌汽车。

这是一辆白色木质车厢、黄色木质辐条车轮、铜质车灯、两轴四轮的敞开式古典汽车。乍看上去,就其外观与其说是一辆汽车,倒不如说是昔日的一辆四轮马车。在车厢内设有两排座位。前排座位是驾驶人席,后排座位则是乘客席,前排只能乘坐一人,后排可以乘坐两人。

该车的动力装置是一台横置式汽缸、7.35 kW(10马力)的汽油发动机。发动机旁的齿轮变速器将动力传递给后轴,最高时速为19 km/h。前悬架是一横置钢板弹簧,后悬架是两个普通钢板弹簧。车厢两侧的翼子板由三合板制成。论模样,这一老爷车虽与今日飞驰在公路上的现代汽车的长相相差很远,但其工作原理、发动机、悬架系统、转向系统、传动系统已与今日汽车很接近。

1901年,上海的商人进口了两辆汽车,这是中国使用汽车的开始。1908年,福特公司大量生产T型汽车,揭开了工业化生产汽车的帷幕,此后外国汽车源源不断地进入中国。1912年,我国汽车保有量达300辆,汽车维修业也应运而生。

2. 中国第一辆国产汽车

我国第一辆汽车是 1929 年 8 月在沈阳问世的。

1928 年东北"帜易"后,辽宁迫击炮厂(沈阳五三工厂前身,在今沈阳新北站附近)厂长李宜春等人提出利用兵工厂设备制造汽车的建议。经张学良将军(见图 1-53)批准后,决定在辽宁迫击炮厂附设民生工厂,专门研制汽车,并以重金聘请美籍技师,集中 300 名汽车修理工人,拨款 75 万元作为研制经费。从美国购进"瑞雷"号整车一辆,作为样车,设计制造我国第一辆国产汽车。李宜春对"瑞雷"号整车进行了拆卸,然后除发动机、后轴、电路装置和轮胎等由国外进口外,对其他零件进行重新设计、制造,终于试制成功我国第一辆国产汽车。

1929 年 8 月,我国第一辆自制的载重汽车(见图 1-54)在人们的殷切盼望中诞生了。此车定名为"民生牌",为 75 型载重汽车,发动机输出功率为 48.49 kW,额定载质量 1.82 t,设计车速为 25 km/h。

图 1-53　张学良

图 1-54　辽宁迫击炮厂研制的中国第一辆载重汽车(摄于 1929 年 8 月)

该车曾于 1931 年 9 月 12 日在全国道路协会主办的上海市展览会上展出,蒋介石派张群作代表参加展览会,当时的外交部部长王正廷、实业部长孔祥熙等亲自到会祝贺。

由于"9·18"事变,这辆汽车没能返回沈阳。民生工厂 80 多辆待装的汽车零件被日本侵略者掠走,工厂也被改为"同和自动车工业株式会社"。日本帝国主义入侵东三省,扼杀了中国汽车工业的萌芽。

1933 年,山西省利用太原兵工厂的技术和装备,试制成两辆载货汽车。1936 年,湖南省机械厂仿制美国道奇牌汽车发动机成功,并试制了两辆货车。后来均由于战乱等原因而夭折。

1936 年,以中国银行为主,筹集资金 160 万元,成立官商合办的中国汽车制造公司,与德国奔驰公司签订合同,计划先以 CKD 方式组装柴油机货车,5 年内达到全部国产化的目标。总厂设在湖南株洲,1937 年开始建厂,但当年就发生了"七·七"事变,抗日战争全面爆发。后来该厂辗转迁至桂林、重庆,5 年中只组装了一些飞鹏牌柴油货车和部分柴油机,后因无法维持而倒闭。

1939—1940 年,当时的国民政府中央资源委员会计划在昆明建立汽车制造厂,购买了美国一家汽车厂的技术图纸和部分工装设备,所有进口设备在运输途中被日军从越南劫走,汽车生产遂成泡影。

1937年,我国汽车保有量达到64 635辆。抗日战争爆发后,沿海港口被日军封锁,国外汽车配件难以进口,内地汽车配件制造业得以发展。在抗战时期,汽车配件厂达到400余家,其中最大的是重庆中央汽车配件厂,能生产汽车配件100多种。到抗战胜利后,由于美国汽车和配件的倾销,迫使许多汽车配件厂停产,到1949年,我国汽车配件厂只有9家还在生产。

由上述可知,新中国成立前我国没有真正的汽车工业,只有一些小型的汽车配件制造厂、汽车维修厂和客车改装厂。虽有一些仁人志士曾数次筹划发展中国的汽车工业,但是由于日本帝国主义的侵略、政府的腐败无能,都未能实现。

1948年,中国汽车保有量为69 154辆,由于石油供应不足,许多汽车都带上一个煤气发生炉或一个大气包。直到新中国成立后我国石油工业的发展才改变了这种落后状态。

1.4.2 起步阶段

1953—1984年是中国汽车工业的起步阶段。

新中国成立后,建立自己的汽车工业被提到重要的议事日程上来。1950年年初,毛泽东主席和周恩来总理在莫斯科与斯大林会谈时,建设汽车制造厂被作为第一个五年计划期间苏联援助中国的重要项目之一。1950年4月,中央人民政府重工业部成立了汽车工业筹备组,确定在吉林省长春市建立第一汽车制造厂。

1951年批准初步设计方案,1952年开始进行技术设计和施工设计。1953年6月,中央指示力争3年建成第一汽车制造厂,同年7月15日正式破土动工,并由毛泽东主席亲自题写奠基纪念(见图1-55),该奠基纪念碑至今仍保存在长春第一汽车制造厂正门(见图1-56)门前,成为所有去第一汽车制造厂参观访问的客人照相留念的必到之地。

图1-55 毛泽东主席亲自题写的第一汽车制造厂奠基纪念

图1-56 长春第一汽车制造厂正门(今一汽集团公司1号门)

1956年7月14日,第一批解放牌CA10型4 t载货汽车出厂,当年生产了1600多辆。此后,经过改进设计,陆续开始生产解放CA10B型(见图1-57)、CA15型等载货汽车。

如同第一汽车制造厂的厂名和"解放"品牌一样,中国汽车在诞生伊始便被打上浓重的时代烙印。而这种非企业、非经济体本身的带有浓厚政治色彩的社会责任一直贯穿了中国汽车工业的风雨历程。

起步初期的中国汽车工业的发展还是比较平稳的。1957年,一汽稳步发展,生产了近8000辆汽车。

图 1-57　解放 CA10B 载货汽车

此后,全国一些较大的汽车修理厂在"破除迷信、解放思想"的号召下,掀起制造汽车的热潮,全国试制成各种汽车达 200 余种。这种一哄而起的汽车热,对汽车生产的特点、规模经济效益、质量要求和技术指标等均考虑甚少,多数企业及其产品缺乏生命力,能够坚持下来的只有 5 家:南京汽车制配厂试制成跃进牌 NJ130 型 2.5 t 货车,后更名为南京汽车制造厂;上海汽车装配厂先后试制成 58-1 型三轮汽车和上海牌 SH760 型中级乘用车,后更名为上海汽车厂;上海货车修理厂试制成交通牌 SH140 型 4 t 货车,后更名为上海重型汽车厂;济南汽车配件制造厂仿制捷克斯洛伐克的斯可达柴油车,后更名为济南汽车制造厂,并于 1960 年试制成黄河牌 8 t 柴油车;北京汽车配件厂从 1958 年起试制了 9 种车型,1963 年研制 BJ212 型越野吉普车,成为批量生产吉普车的北京汽车制造厂。这些厂不靠国家集中投资,从中、小型汽车修配厂通过开发汽车产品和专业化合作,建成了大、中型汽车制造厂。这有别于依靠国家集中投资建设的第一汽车制造厂,开创了我国汽车工业发展的另一模式。

1960 年,全国汽车总产量已提高到 22 574 辆,尽管其中有"大跃进"的因素。当时,与日本、韩国等邻国相比,按照苏联模式发展起来的中国汽车的起点并不低。要知道在 20 世纪 50 年代初日本本田还只会造两轮摩托车,而韩国现代尚没有生产汽车的想法呢。

1965 年,出于国际形势和国家安全等方面的考虑,中央政府开始在湖北十堰筹建第二汽车制造厂。4 年之后,二汽破土动工,并从一汽抽调技术人员援建二汽。全国 500 多家机床厂、大专院校和科研单位为二汽设计、制造了各种设备 1 万多台,以一汽为主的国内 30 多家工厂、企业包建二汽的各个分厂,从产品设计、工艺工装、人员培训直至调试生产完全是自力更生。1976 年 6 月建成东风牌 2.5 t 越野汽车生产基地。

东风牌 EQ240 2.5 t 越野汽车从 1968 年提出方案,到 1969 年出样车,再到 1976 年正式投产(见图 1-58),经历了 8 年的开发历程。

图 1-58　东风 EQ240 2.5 t 越野汽车下线仪式

EQ240 投产后,迅速装备部队(见图 1-59),大大提高了我军的装备水平,提高了战斗力。二汽的建成标志我国已具备自己设计制造汽车和建设大型汽车制造厂的能力。二汽所产

图1-59 采用EQ240型6×6越野车为载具的1984式火箭布雷车

车型是一汽刚刚研发的新型货车(即EQ140),而一汽则继续生产"老解放"。在此后很长一段时间里,特别是20世纪80年代之后,一汽都因车型不如二汽而在市场上苦苦挣扎。直到1986年,解放货车实现垂直换型,CA141问世才彻底扭转了被动局面。

除此之外,四川汽车制造厂于1974年正式生产红岩牌CQ260型军用6t越野车,1968年开始建设的陕西汽车制造厂于1975年生产延安牌SX250型5t军用越野车。在"文革"大动乱的年代能够取得这样的发展是难能可贵的。

在中国汽车的起步阶段里,乘用车也曾短暂地繁荣过。1958年,一汽相继生产了"东风"(见图1-60)和"红旗"(见图1-61)两款乘用车,并在"乘东风,展红旗,造出高级汽车去见毛主席"的口号中,把红旗乘用车开进了中南海。

图1-60 中国第一辆轿车——"东风"牌乘用车

图1-61 中国第一辆"红旗"牌高级乘用车

客观地说，1953—1984年中国汽车工业基本上是货车工业，是中国汽车工业的起步阶段。

1.4.3 合资合作阶段

1984—1994年是中国汽车工业与国外汽车制造商合资合作阶段。

1984年1月，中国汽车的第一个中外合资企业——北京吉普汽车公司诞生了。当时的北京吉普可是国内越野车企业绝对的"老大"。此后的19年里，这块中国汽车改革的试验田经历了兴与衰、荣与辱。

有了问路石的中国汽车很快就进入第一轮合资浪潮。1985年，上海大众汽车公司成立。同年，南京汽车制造厂引进了意大利菲亚特的依维柯汽车；广州汽车公司与法国标致的合资项目也获批准，被桎梏了30余年的乘用车工业开始大步向前发展。

在1986年的六届四次人大会议上，"把汽车制造业作为重要支柱产业"被写进了"七五"计划。当年，全国乘用车总量就突破了1万辆，是上一年的2.3倍。此后连年大幅上升，到1994年，乘用车产量就已超过25万辆，上海大众这样的单一乘用车生产企业也逐渐超越了一汽、二汽等大集团，成为中国汽车工业的领头羊。

良好的发展态势使国务院开始审慎研究乘用车的发展规划。在1987年的北戴河会议上，确定了"三大三小"的总体格局，尽管现在来看计划经济的味道过浓，但毕竟确立了乘用车产业向规模化发展的大方向。

1990年，乘用车产业的三大基地进一步调整。上海汽车工业总公司宣告成立。同年，投资上百亿、规划15万辆的一汽大众、神龙项目签约。但因种种原因，直到20世纪90年代中后期，捷达、富康才在市场上初露锋芒。

1.4.4 快速发展阶段

从1994年至今，是中国汽车工业的快速发展阶段。

1994年，是中国汽车史，特别是乘用车史上值得纪念的一年。在这一年，左右中国汽车近10年的《汽车产业发展政策》出台了。虽然用现在的眼光来看，这个产业政策还有许多局限之处，但它还是解决了汽车发展中的许多问题，特别是将汽车和家庭联系到了一起。家庭汽车所引发的热情迅速扩散至全国，当时有20多个省、市将汽车作为支柱产业。而全国的主要工科大学也都开设了汽车专业，一批又一批带着汽车设计师梦想的青年人走进了汽车知识的殿堂。

1994年之后，汽车消费不再受宏观政策的限制。但事实上，在要不要发展汽车工业，特别是是否鼓励汽车进入家庭的问题上还是有很大争议的，由于当时并没有明确鼓励汽车消费，各种税费、地方保护仍十分严重。

同时，汽车工业本身散、乱、规模小的劣势也愈发明显。1995年，全国汽车产量只有144万辆，尚不如国外一家汽车企业的产量多，但却分散在122家整车生产企业生产。其中年产量超过10万辆的只有5家，产量在1万~10万辆的有14家，剩下的企业平均年产只有1700辆左右。

到了1998年，中国汽车的总产量达到了162.8万辆，从而成为世界上第十大汽车制造国。就在这一年，中国乘用车的第二轮合资热潮开始了，上海通用、广州本田破土动工，而后别克、雅阁在中国的生产，使国产汽车的词典里又多了个"中高档乘用车"的名词。

在此期间,一汽大众、神龙公司也站稳了脚跟,开始向连续多年位居国内汽车企业榜首的上海大众发出挑战。近年来,又成立了北京现代、华晨宝马、东风日产等合资汽车公司,使我国的汽车产品水平和生产能力进一步提高。

在 2001 年的"十五"计划中,汽车进入家庭已经被明确提出。赛欧、夏利 2000 等一批旨在重新定义家庭汽车概念的新车型涌入了市场。一时间 10 万元成为界定家庭汽车的分水岭。同时,国家计委也将汽车价格放开,汽车终于从高高在上的生产资料,还原成为平民百姓的代步工具。在企业层面,新的合资项目越来越多,而像吉利、奇瑞这样的民营企业也得以进军乘用车生产领域。

1.4.5 成绩与不足

1. 成绩

经过近年来的快速发展,我国汽车产品的质量得以提高,品种增加,产品全面更新换代,汽车产品构成趋向合理,缩短了与国外发达国家的差距,形成了一汽、东风、重型、南汽、上海、北京、天津、沈阳 8 个主要的汽车工业生产基地。

截至 2016 年年底,我国汽车产业的总体布局见表 1-1。

表 1-1 我国汽车产业总体布局

制造商	车型
第一汽车集团	一汽轿车:红旗明仕、红旗世纪星、红旗旗舰、奔腾 B50、奔腾 B70 等
	一汽大众:奥迪 A6、宝来、速腾、迈腾、捷达等
	天津一汽:夏利、威乐、威姿、威志、骏派等
	一汽丰田:锐志、雅力士、凯美瑞、普拉多、普锐斯、汉兰达、酷路泽、皇冠、花冠、卡罗拉等
	一汽华利:特锐(TERIOS)和一汽佳星幸福使者
	一汽马自达:睿翼、马自达 3、马自达 5、马自达 6、马自达 8、CX-7、MX-5 等
	一汽吉林:佳宝、雅森、奥星等
上海汽车集团	上汽大众:帕萨特、波罗、途安、高尔、桑塔纳超越者、普通桑塔纳等
	上汽通用:别克 GL8、别克赛欧、别克君威、别克凯越等
	上汽通用五菱:SPARK、五菱兴旺、五菱扬光、五菱之光、五菱鸿途、五菱荣光、五菱宏光等
东风汽车集团	东风雪铁龙:C2、新爱丽舍、萨拉、毕加索、世嘉、凯旋、C5 等
	东风标致:标致 307、标致 308、标致 508 等
	东风日产:蓝鸟、阳光、天籁、颐达、骐达、轩逸、骏逸、骊威、逍客等
	东风锐达起亚:千里马、嘉华、K5、K3、K2、新福瑞迪、智跑、新狮跑等
	东风本田:艾力绅、CR-V、思铂睿、思域等
北京汽车集团	北京吉普:狂潮、新城市猎人、切诺基、挑战者、帕杰罗 SPORT、欧蓝德等
	北京现代:雅绅特、伊兰特、悦动、i30、名驭、索纳塔、途胜、御翔、领翔等

续表

制造商	车型
华晨汽车	华晨金杯：中华系列；金杯智尚、金杯海星、金杯格瑞斯、金杯大力神等
	华晨宝马：宝马3系、宝马5系、宝马1系
长安汽车	长安福特：福克斯、致胜、新蒙迪欧、蒙迪欧、翼博、翼虎等
	长安铃木：羚羊、奥拓、雨燕、天语、SX4等
	逸动、致尚、XT、CX20、悦翔、奔奔、奔奔MINI、奔奔LOVE、睿骋等
石家庄双环	双环来宝、双环SCEO、小贵族等
华泰汽车	圣达菲、特拉卡、宝利格、路盛E70等
中兴汽车	中兴SUV、中兴C3、昌铃、威虎、无限、旗舰A9等
郑州日产	帕拉丁、D22皮卡、NV200、ZN6493等
长城汽车	长城哈弗、嘉誉、精灵、酷熊、迷你、赛弗、赛影、炫丽等
哈飞汽车	路宝、中意、民意、骏意、赛马、赛豹、路尊等
南京菲亚特	周末风、派利奥、西耶那、派朗等
奇瑞汽车	奇瑞A系列、风云系列、瑞虎系列、旗云系列、QQ系列、威麟系列、瑞麒系列、新东方之子、开瑞、优优、优雅、优胜、优派、优劲等
广州本田	雅阁、飞度、奥德赛、理念、锋范、歌诗图等
吉利汽车	豪情、全球鹰、自由舰、金刚、金鹰、远景、熊猫、帝豪、美人豹、中国龙以及沃尔沃公司旗下的所有车型
江铃	陆风、全顺、凯悦、凯威、域虎、宝典、驭胜等
海南马自达	普力马、福美来、海马王子、海马骑士、丘比特等
昌河汽车	北斗星、爱迪尔、利亚纳、福瑞达、浪迪、派喜等
东南汽车	菱帅、菱绅、菱利、菱悦、菱致、菱仕、富利卡、得利卡、蓝瑟、戈蓝、君阁、翼神、希旺等
长丰猎豹	猎豹、飞腾、黑金刚、奇兵、CS6、CS7、帕杰罗、皮卡、SUV、DUV等
江淮汽车	格尔发、威铃、康铃、帅铃、小薇、瑞风、瑞鹰、同悦、和悦、宾悦、悦悦等
比亚迪	比亚迪F0、F3、G3、G5、G6、L3、M6、E6、S6、S7、思锐、速锐等

纵观我国汽车工业的发展历程，尽管遭受了各种艰难险阻，但经过多年建设，特别是近20年来的加快发展，已经初步建立了具有一定规模的汽车工业体系，取得了不少经验和教训，培养了一大批从事汽车研究、设计、生产、管理的人才，这些都为我国汽车工业的持续发展奠定了基础。

2. 不足

中国汽车工业虽然取得了长足的发展，但是，汽车企业仍不具备自主开发能力，这也是中国汽车业最大的软肋。

尽管经过了20多年的快速发展，中国汽车企业仍不具备强劲的自主开发能力。国产汽车，汽车特别是乘用车的新产品开发和推出等重要环节基本上被外商所控制。

我国汽车企业有沦为跨国公司附庸的危险。还在业内为我国汽车工业应采用韩国模式（产业主导型即自主开发型），还是巴西模式（产业依附型即外资主导型）争论不休的时候，为了短期的利润等考虑，我国汽车工业事实上已不自觉地转向了巴西模式。上海大众和一汽大众这两个我国最大的乘用车生产企业都是德国大众公司的子公司。广州本田和上海通用也成为日本本田和美国通用在全球赢利最高的子公司。在汽车企业的成本中，有很大一部分是购买外方的汽车零部件和付给外方的技术开发费用。而且，在汽车企业所赚取的巨额利润中，外方还要再分走一大块。

在目前政策上不允许外方控股的情况下，跨国公司出于自身全球战略和占领我国汽车市场的考虑，有意削弱合资企业中我方自主开发汽车新产品的能力，并控制技术开发的关键环节，以取得合资企业的实际控制权。在基本上没有乘用车整车开发能力的情况下，汽车合资企业中，中方一直处于尴尬境地。国内汽车市场已成为世界几大跨国公司角逐的天下，这已成为影响我国汽车产业发展的重大隐患。

在提升自主开发能力方面，上海同济同捷科技有限公司（同济大学汽车系雷雨成教授创办，号称中国汽车设计师的黄埔军校）在汽车造型与内饰设计方面取得了一定的成绩；民营企业吉利汽车公司通过收购沃尔沃，消化吸收其核心技术之后，预期可以有一个较大的升华；由军工企业衍生而来的长安汽车公司展现出较强的自主开发能力，也肩负着民族汽车工业提升自主开发能力的希望。

荣膺"2014中国汽车年度盛典年度风云企业"的长安汽车公司的获奖颁奖词为——依靠五国九地的造车资源，这家企业坚持引进、消化、吸收、创新，走出了一条技术创新之路，形成了自主研发、自主管理、自主品牌三位一体的创新方式。研发能力连续6年保持行业第一，始终以打造世界一流汽车企业为愿景，它的发展模式成为民族汽车工业的一面旗帜。它就是2014中国汽车年度盛典年度风云企业——长安汽车。

复习思考题

1. 汽车对人类社会生活有哪些影响？
2. 汽车的产生与发展经历了哪几个历史时期？
3. 汽车外形的演变经历了哪几个历史时期？
4. 简述美国、日本、欧洲等国家和地区的汽车工业发展历程。
5. 简述我国汽车工业的发展历程。

第 2 章 百年车坛竞风流——汽车制造商巡礼

🔔 **教学提示**：著名汽车制造公司、典雅优美的汽车标志和经典车型共同构成了精彩的汽车世界。

🔔 **教学要求**：本章主要介绍著名汽车制造公司及其汽车标志和经典车型。重点内容是各个汽车公司的汽车标志。要求学生了解著名汽车制造公司的经典车型，熟悉汽车标志。

2.1 德国汽车公司

2.1.1 奥迪汽车公司

1899 年，汽车制造天才奥古斯特·霍希（August·Horch，1868—1951 年，见图 2-1）开创了奥迪的历史。他于 1902 年正式成立了霍希汽车公司（Horch AG），从而成为德国东部汽车制造业百年历史的缔造者。

1910 年，出于各种原因，霍希将公司卖掉，又创办了第二家霍希汽车公司，但却遭原公司的控告要求改名，于是霍希将公司名称由德文"Horch"（听）改为拉丁文"Audi"（听），从此开创了奥迪的历史，推出了各款汽车。

第一次世界大战以后，奥迪首创汽车方向盘左置技术，并将换挡杆移至汽车中部，使得驾驶更为方便。从此，奥迪在众多汽车品牌中脱颖而出。

1932 年，由奥迪公司（1910 年创建）、DKW 公司（1916 年创建）、汪德勒公司（1911 年创建）和霍希公司（1902 年创建）合并成汽车联合公司。1969 年，奥迪汽车公司由汽车联合公司和纳苏发动机股份公司合并而成，总部设在德国的因戈尔施塔特（Ingolstadt），主要生产乘用车、发动机和三角转子发动机。

图 2-1 奥古斯特·霍希

奥迪汽车公司是以四个连接在一起的圆环作为标志（见图 2-2），意为四个公司的联合。从标志仿佛看到：兄弟四人正手挽着手、雄赳赳地向我们走来，表明团结就是力量。

四个相同的紧扣着的圆环，象征了公司成员向往那种平等、互利、协作的亲密关系和奋发向上的敬业精神。

每辆奥迪汽车的散热器前面和车尾都镶有奥迪公司四个圆环相互连接的图形标志，1985 年又在车尾使用文字商标"Audi"。

奥迪汽车公司现为大众汽车公司的子公司,主要产品有 A3 系列、A4 系列、A5 系列、A6 (见图 2-3)系列、A8 系列、Q 系列和敞篷车及运动车系列等。

图 2-2 奥迪汽车公司标志

图 2-3 奥迪 A6L

2.1.2 宝马汽车公司

宝马汽车公司的前身是宝马飞机公司,后为巴依尔发动机公司(Bayerische Motoren Werhe),1918 年改称 BMW 汽车公司。

BMW 是巴依尔发动机公司"Bayerische Motoren Werke"三个单词首位字母的缩写。最初,BMW 在中国被译为"巴依尔",1992 年之后,才被称作宝马(亦被车友戏称为"别摸我"或"弼马温")。

1916 年工程师卡尔·拉普和马克斯·佛里茨在慕尼黑创建巴依尔飞机公司;1917 年改为巴依尔发动机有限公司,这就是巴依尔公司简称(BMW)的来历;1918 年 8 月改为宝马汽车公司。

图 2-4 宝马汽车公司标志

由于宝马公司是以生产航空发动机开始创业的,所以宝马公司标志中的蓝色为天空,白色为螺旋桨(见图 2-4),即所谓的"蓝天、白云、螺旋桨"标志。

宝马汽车产品标志采用了内外双圆圈的图形,并在双圈圆环的上方标有 BMW 字样的商标。在内圆的圆形间隔图案中,采用蓝天、白云和运转不停的螺旋桨,喻示宝马公司渊源悠久的历史,象征该公司在航空发动机技术方面的领先地位,又象征公司一贯宗旨和目标:在广阔的时空中,以先进的科学技术、最新的观念,满足顾客的最大愿望,反映了公司蓬勃向上的气势和日新月异的新面貌。

"蓝天、白云、螺旋桨"标志是"宝马"汽车的第一个特点,其第二个特点是发动机散热器前部的中间位置永远是两个银光闪闪的合金框进气格栅(肾形进气格栅,俗称鬼脸)。如图 2-5 所示,虽然车身造型在不断演化,但其双肾形进气格栅元素永远存在。

宝马汽车除了那独特的商标外,其外形显示活泼而又高贵的个性,具有使人眼花缭乱和心驰神往的神韵。宝马在理智中暗藏咄咄逼人的锋芒,时而温顺,时而奔放,超凡的操控性令驾驶者惊叹。

宝马汽车公司致力于推动中国汽车工业在高科技应用方面的发展。1994 年 4 月,宝马汽车公司在北京设立了代表处。2003 年 5 月,与华晨汽车公司组建华晨宝马汽车有限公司,在中国生产宝马汽车。

宝马汽车公司以生产宝马跑车、宝马乘用车、宝马摩托车为主,其产品享誉全球。目前,宝

图 2-5 宝马 5 系双肾形进气格栅的演变

马汽车公司拥有迷你(MINI)、劳斯莱斯(Rolls-Royce)等品牌。

宝马汽车公司主要生产 1 系列、3 系列、5 系列、7 系列、8 系列、X 系列、Z 系列(见图 2-6)、阿尔宾娜(Alpina)等车型。宝马汽车公司在 10 多个国家和地区设有子公司。

图 2-6 Z4 跑车

2.1.3 大众汽车公司

大众汽车公司是世界十大汽车公司之一,创建于 1938 年德国的沃尔夫斯堡,创始人是世界著名的汽车设计大师费迪南德·保时捷(Ferdinand·Porsche,1875—1952 年,保时捷也译为波尔舍。他同时也是保时捷汽车公司的创始人,见图 2-7)。大众汽车公司经营汽车产品占主要地位,是一个在全世界许多国家都有汽车生产的跨国汽车集团。

大众汽车公司(VolksWagen werk)是德国最大也是最年轻的汽车公司,是一家国际性集团公司,总部在沃尔夫斯堡(Wolfsburg,亦称狼堡)。Volks 在德语中意为"国民,平民",Wagen 在德语中意为"汽车",VolksWagen 全名的意思即"国民汽车"或"平民汽车"。大众汽车(VolksWagen)在中国台湾地区译为福斯汽车,在中国港澳地区则译为大众汽车或福士汽车。

大众汽车的图形商标几经演变(见图 2-8),才形成目前的标志。大众汽车现在使用的车标(见图 2-9)是将德文 VolksWagen 单词的首字母 V 和 W 叠合后,再镶嵌在一个大圆圈内,然后把整个商标镶嵌在发动机散热器格栅的中间。

图 2-7 费迪南德·保时捷和他设计的汽车

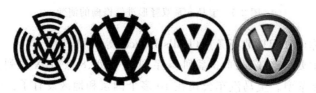

图 2-8 大众汽车公司图形商标的演变

图形商标似三个"V"字(见图 2-9),像是用中指和食指做出的"V"形手势。在手语中,用中指和食指做出的"V"形手势,表示胜利之意(取英文 Victory 的字头),意喻大众公司及其产品"必胜—必胜—必胜"。文字商标则标在车尾的行李箱盖上,以注明该车的名称。大众商标简捷、鲜明、引人入胜,令人过目不忘。

目前,大众汽车公司的乘用车业务分为奥迪和大众两个各自独立的品牌群,各个品牌群均有其自己的标识,产品从超经济的紧凑车型到豪华型乘用车应有尽有。奥迪品牌群包括奥迪(Audi)、西亚特(Seat)、兰博基尼(Lamborghini)等品牌;大众品牌群包括大众乘用车、斯柯达(SKODA)、宾利(Bentley)和布加迪(Bugatti)、保时捷(Porsche)和斯堪尼亚(SCANIA)等品牌。此外,大众汽车公司还有商用车业务。

大众汽车公司生产的车型有:桑塔纳(Santana)、捷达(Jetta)、甲壳虫(Beetle)、高尔夫(Golf)、帕萨特(Passat)、波罗(Polo)、速腾(Sagitar)、迈腾(Magotan)、辉腾(Phaeton)、途锐(Touareg,见图 2-10)等。

图 2-9 大众汽车公司标志   图 2-10 大众途锐(Touareg)高端 SUV

2.1.4 戴姆勒-奔驰汽车公司

戴姆勒-奔驰汽车公司是德国汽车制造业最大的垄断企业,是世界商用车最大的跨国集团,并且以生产优质、舒适、豪华汽车而闻名于世。

1886年,现代汽车的发明人卡尔·本茨(Carl·Benz,1844—1929年,见图2-11)创建了奔驰汽车公司;1890年,戈特利布·戴姆勒(Gottlieb·Daimler,1834—1900年,见图2-12)和威廉·迈巴赫(Wilhelm·Maybach,见图1-16)联手创建了戴姆勒汽车公司。1926年两家汽车公司合并后,更名为戴姆勒-奔驰汽车公司。

图2-11 卡尔·本茨

图2-12 戈特利布·戴姆勒

1. 奔驰汽车公司的产品标志

从1893年开始,奔驰汽车公司采用"ORIGINAL BENZ+齿轮"的产品标志(见图2-13),英文直译为"原版奔驰",可以看出卡尔·本茨这位汽车之父通过这个标志展示的一种自豪感,而这枚标志也是所有资料中记载的最早的奔驰标志。

随后的几年,奔驰公司在许多赛车比赛中都取得了不俗的战绩,也因此奔驰公司在1909年推出了新的产品标志(见图2-14),新标志将旧标志中的文字内容精简到只剩下"BENZ"四个字母,而老标志中突出机械感的齿轮状外圈也被月桂花环代替。在很多赛车比赛中,月桂花环是给获胜车手的奖励,将月桂花环用到新商标里无疑与当时公司在赛车运动中的优异表现有直接关系。

图2-13 1893年奔驰汽车公司的产品标志

图2-14 1909年奔驰汽车公司的产品标志

2. 戴姆勒汽车公司的产品标志

成立于1890年的戴姆勒汽车公司,在高转速四冲程内燃机生产领域享有盛誉,一直致力于将内燃机广泛应用到摩托车、四轮汽车(不同于奔驰发明的三轮汽车)、船舶、飞艇等领域,并取得了巨大的成功。戴姆勒公司首个受到法律保护的商标始于 1899 年,公司提出使用公司名称"Diamler-Motoren-Gesellschaft"的缩写"DMG"作为新商标并获得批复,从那时起"DMG"商标(见图 2-15)被正式启用。

1902 年,戴姆勒公司以驻法国总进口商、奥地利人艾米·杰里纳克(Emil·Jellinek)的小女儿 Mercedes·Jellinek(见图 2-16)的名字命名的"Mercedes(梅赛德斯)"汽车(见图 2-17)投产后,名声大振。在古西班牙语中,Mercedes 为优雅、幸福之意。

图 2-15　1899 年戴姆勒公司的产品标志

图 2-16　奥地利商人 Emil·Jellinek 和他的小女儿 Mercedes·Jellinek

图 2-17　1902 年戴姆勒汽车公司的 Mercedes(梅赛德斯)产品标志

此后,为了进一步凸显戴姆勒本人力图在海、陆、空各个领域都得到长足发展的远大抱负,戴姆勒汽车公司于 1909 年推出了三叉星标志(见图 2-18)。

1916 年,为了进一步整合品牌资源,突显产品优势,戴姆勒汽车公司又推出了"三叉星+Mercedes"标志(见图 2-19)。"三叉星+Mercedes"标志在原有的三叉星标志基础上加上了一个圆形外圈,并在圆环底部加入"MERCEDES"字样,同时在圆环的其余空白位置分别加入四颗小的三叉星。从该标志的整体样式上看,这枚新版的梅赛德斯标志也是日后的梅赛德斯-奔驰标志的雏形。

图 2-18　1909 年戴姆勒汽车公司的三叉星标志

图 2-19　1916 年戴姆勒汽车公司的"三叉星+Mercedes"标志

3. 戴姆勒-奔驰汽车公司的产品标志

1926年6月28日,在日耳曼民族团结精神的驱使下,戴姆勒汽车公司和奔驰汽车公司实现了联合,组成一个新的公司——戴姆勒-奔驰汽车公司,公司总部设在斯图加特市。同年,推出了公司合并之后的新的产品标志——Mercedes-Benz(梅赛德斯-奔驰)标志(见图2-20)。

Mercedes-Benz(梅赛德斯-奔驰)标志完美地融合了两家公司合并前各自产品标志中的基本元素,在保留梅赛德斯标志中的圆形和三叉星设计的基础上,又在三叉星外面的圆边框中加入了来自奔驰公司标志的月桂花环元素,而MERCEDES跟BENZ的英文字母也被分别置于圆边框的上下端。采用Mercedes-Benz(梅赛德斯-奔驰)标志表明该汽车产品来自"梅赛德斯"和"奔驰"来自这两个著名品牌,并可充分体现两家公司的平衡与彼此的尊重。

1933年,戴姆勒-奔驰汽车公司又推出了一款简化版标志(见图2-21),这款标志上没有任何文字,只是简单保留了三叉星外加一个圆圈,而这个标志中的三叉星明显比之前的要修长很多。简化版标志更加简洁明快,令人过目不忘。

图2-20 Mercedes-Benz标志(1926年)　　图2-21 戴姆勒-奔驰汽车公司的简化版标志(1933年)

1989年,该标志又经过了一次立体化的处理,整个三叉星立体标志(见图2-22)竖立在车头前部。2005年之后的三叉星立体标志取消了底座里面的月桂花环图案。

同时,又在散热器格栅上镶嵌一个大大的三叉星标志(见图2-23),以加强其商标的广告效果。高昂的三叉星标志总是冷峻地审视着芸芸众生,精美绝伦的工艺,庄重沉稳的造型,保守且不张扬的色彩,无一不在无声地显示戴姆勒-奔驰汽车令人倾倒的风采。

图2-22 三叉星立体标志竖立在车头前部　　图2-23 镶嵌在散热器格栅上的三叉星标志

透过"戴姆勒-奔驰"汽车商标,彰显"戴姆勒-奔驰"是一款高品质、高质量、性能优良、驾驶安全、乘坐舒适、装饰豪华、经久耐用和拥有绝对驾驶乐趣的汽车;特别是梅赛德斯-奔驰S级乘用车,在技术和设计上堪称世界汽车工业的典范,誉满全球,已成为世界各国首脑、工业大亨、商界巨子的首选车型,也使"戴姆勒-奔驰"成为一种权势的象征,是豪华和技术先进的同义词。

BENZ 汽车有"奔驰"和"平治"两个汉语名字,两者都被誉为品牌翻译中的经典。"奔驰"在中国大陆流行,"平治"在中国香港、澳门及其他地区流行。

中国大陆在车名翻译上多采用音译,往往会感到美中不足,但"奔驰"在音译和意译中却天衣无缝,十全十美。看到"奔驰"两个中文字,会立刻在脑海中浮现出一辆风驰电掣的"奔驰"牌汽车,真可谓"奔"腾飞跃,"驰"骋千里,充满动感,"奔驰"是 BENZ 的真实写照。

BENZ 汽车公司在中国香港及澳门地区的总代理仁孚公司,首先使用"平治"这两个汉字。"平治"一词出自《孟子》的"修身、齐家、治国、平天下"。"平治"予人君临天下,傲视群雄之感,"平治"既突出了汽车本身的稳重、豪华和高贵,又和车主的显赫身份非常相匹配。

戴姆勒-奔驰汽车公司主要包括乘用车和商用车两大类业务。

乘用车业务多侧重于制造各种中高级的梅赛德斯-奔驰乘用车(见图 2-24),有从中档的 190 至华贵级的 600 等 1000 多种型号,其中 600SEL 型主要为各国政府首脑和富商巨贾们乘用。

图 2-24 奔驰乘用车

商用车业务主要包括各种载货汽车、公共汽车、大篷车、矿山自卸车、改装车、公路及非公路用车等,可满足公路、油田、林区、矿山、建筑工地和军队等多方面的需要。

此外,戴姆勒-奔驰汽车公司还生产各种汽车零部件及其他机器,如汽车发动机、飞机发动机、燃气轮机、变速器等。

2.1.5 保时捷研究设计发展股份公司

保时捷(Porsche)研究设计发展股份公司是德国颇有影响的研究设计发展公司。保时捷又译为波尔舍,保时捷是中国香港人粤语的译音,波尔舍为大陆普通话的译音。

图 2-25 保时捷公司标志

保时捷的文字商标采用德国保时捷公司创始人费迪南德·保时捷(见图 2-7)的姓氏,图形商标采用斯图加特(Stuttgart)市的盾形市徽(见图 2-25)。

1948 年,第一部以"保时捷"命名的跑车问世。从此,"保时捷"以高超的技术和优雅的造型艺术,在跑车世界占有一席之地。"Porsche"商标标注在发动机盖上方最显眼的位置,表明该商标为"保时捷"所拥有;"Stuttgart"字样,说明公司总部在斯图加特市;商标中间是一匹骏马,表示斯图加特这个地方盛产一种名贵马,这种马早在 16 世纪就非常有名了;商标的左上方和右下方是鹿角的图案,表示斯图加特曾是狩猎的好地方;商标右上方和左下方的黄色条纹代表成熟了的麦子颜色,喻示五谷丰登;商标中的黑色代表肥沃的土地;商标上的红色象征人类的智慧和对大自然的钟爱。由此组成一幅精湛意深、秀气美丽的田园风景画,象征"保时捷"辉煌的过去和美好的未来。

保时捷公司生产的车型有博克斯特(Boxster)系列、911 系列跑车(见图 2-26)以及保时捷卡宴(Cayenne)系列、卡曼(Cayman)系列、卡雷拉(Carrera)997 系列、帕拉梅拉(Panamera)系列等汽车。

图 2-26 保时捷 911 系列跑车

2.2 美国汽车公司

2.2.1 福特汽车公司

福特汽车公司由亨利·福特(Henry Ford,1863—1947 年,见图 2-27)创立于 1903 年,是世界最大的汽车制造商之一。1908 年福特汽车公司生产出世界上第一辆属于普通百姓的汽车——福特 T 型车,世界汽车工业革命就此开始。1913 年,福特汽车公司又开发出了世界上第一条汽车生产流水线,这一创举使 T 型车一共达到了 1500 万辆,缔造了一个世界纪录。福特先生为此被尊"为世界装上轮子"的人。

图 2-27 亨利·福特坐在他早年开发的四轮汽车上(摄于 1946 年)

时至今日,福特汽车公司仍然是世界一流的汽车企业,仍然坚守亨利·福特先生开创的企业理念:"消费者是我们工作的中心所在,我们在工作中必须时刻想着我们的消费者,提供比竞争对手更好的产品和服务。"

福特汽车的标志(见图 2-28)采用福特英文 Ford 字样,蓝底白字。由于公司创始人亨利·福特喜欢小动物,所以标志设计者把福特的英文画成一只小白兔样子的图案。

目前,福特汽车公司拥有福特(Ford)、林肯(Lincoln)、水星(Mercury)、阿斯顿·马丁(AstonMartin)、美洲豹(Jaguar)、马自达(Mazda)、陆虎(LandRover)和福特野马(Mustang,见图 2-29)等众多著名品牌。

图 2-28 福特汽车公司的标志

图 2-29 福特野马(Mustang)

此外,福特汽车公司还拥有世界最大的汽车信贷企业——福特信贷(Ford Financial)、全球最大的汽车租赁公司——赫兹(Hertz)及汽车维修公司——Kwik-Fit。

2.2.2 通用汽车公司

通用汽车公司是世界上最大的汽车公司,其标志 GM(见图 2-30)是其公司英文名称(General Motor Corporation)的前两个单词的第一个字母。

通用汽车公司是由威廉·C.杜兰特(William Crapo Durant,1861—1947 年,见图 2-31)于 1908 年 9 月在别克汽车公司的基础上发展起来的,成立于美国的汽车城底特律,现总部仍设在底特律。

图 2-30 通用汽车公司标志

图 2-31 威廉·C.杜兰特

通用汽车公司是美国最早实行股份制和专家集团管理的特大型企业之一。通用汽车公司生产的汽车,典型地表现了美国汽车豪华、宽大、内部舒适、速度快、储备功率大等特点,而且通用汽车公司尤其重视质量和新技术的采用,因而通用汽车公司的产品始终在用户心中享有盛誉。

通用汽车公司与菲亚特、铃木、五十铃、富士重工汽车公司结成合作伙伴关系。目前，通用汽车公司有通用悍马、别克(见图 2-32)、雪佛兰(见图 2-33)、旁蒂克(见图 2-34)、凯迪拉克(见图 2-35 和图 2-36)、欧宝、绅宝、富士重工、土星、奥兹莫比尔等品牌。

图 2-32 别克品牌标志

图 2-33 雪佛兰品牌标志

图 2-34 旁蒂克标志

图 2-35 凯迪拉克品牌标志

图 2-36 凯迪拉克 SRX

2.2.3 克莱斯勒汽车公司

克莱斯勒汽车公司是美国第三大汽车工业公司，创立于 1925 年，创始人名叫沃尔特·克莱斯勒(Walter Chrysler，1875—1940 年，见图 2-37)。该公司在全世界许多国家设有子公司，是一个跨国汽车公司。公司总部设在美国底特律。

1924 年沃尔特·克莱斯勒离开通用汽车公司进入威廉斯·欧夫兰公司，开始生产克莱斯勒牌汽车。1925 年他买下破产的马克斯维尔公司组建自己的公司。凭借自己的技术和财力，他先后买下道奇、布立格和普利茅斯公司，逐渐发展成为美国第三大汽车公司。

图 2-37 沃尔特·克莱斯勒

随着经营的扩大，克莱斯勒开始向海外扩张，先后在澳大利亚、法国、英国、巴西建厂和收买当地汽车公司股权，购买了意大利的马沙拉蒂公司和兰伯基尼公司，从而使公司成为一个跨国汽车公司。

在 20 世纪 30 年代的黄金时期，克莱斯勒汽车公司曾一度超过福特汽车公司。20 世纪 70 年代，公司因管理不善濒于倒闭，著名企业家李·雅柯卡接管该公司。雅柯卡上任后大胆起用新人，裁减员工，争取政府资助，并把主要精力投入市场调研和产品开发上，并在产品广告上出奇制胜。在 20 世纪 80 年代初,克莱斯勒又奇迹般地活了过来,继续排在世界前 5 名汽车大公司行列。

克莱斯勒汽车公司的商标如图 2-38 所示。

图 2-38　克莱斯勒汽车公司的商标

克莱斯勒汽车公司拥有道奇、顺风、克莱斯勒乘用车(见图 2-39)部以及道奇载货汽车、零部件部等。1998 年年底,克莱斯勒和奔驰宣布合并,形成世界上又一大汽车集团。目前,它和奔驰共同拥有奔驰、克莱斯勒、JEEP、三菱、迈巴赫等品牌。

图 2-39　克莱斯勒 300C 乘用车

2.3　瑞典汽车公司

2.3.1　沃尔沃汽车公司

沃尔沃汽车公司,于 1924 年由阿萨尔·加布里尔松和古斯塔夫·拉尔松创建,1927 年 4 月 14 日生产第一辆载货汽车。第二次世界大战后,乘用车生产占主导地位,生产的乘用车性能和质量与奔驰乘用车不分上下。

公司标志和汽车商标是在一个车轮形状的图形上有指示运动方向的箭头(见图 2-40)。文字商标"Volvo"为拉丁语,是滚滚向前的意思,喻示汽车车轮滚滚向前、公司兴旺发达和前途无限。

沃尔沃汽车商标除了使用公司标志外,还在散热器格栅上加一条对角线作为标记,使商标非常容易识别。柴油卡车商标则是将"Volvo Diesel Trucks"标注在汽车上。公司生产的每款沃尔沃乘用车处处体现出北欧人那高贵的品质,给人以朴实无华的印象,尽管沃尔沃充满了高科技,但仍不失北欧人的冷峻风格。沃尔沃那典雅端庄的传统风格与现代流线型糅合在一起,创造出一种独特的时尚。性能卓越、设计独特、安全舒适的沃尔沃乘用车,为车主提供一个充满温馨的可移动的家。

沃尔沃汽车公司于 2000 年被福特汽车公司以 64 亿美元收购。2010 年 3 月,中国吉利汽车公司以 18 亿美元从福特汽车公司购得沃尔沃汽车公司 100% 股权。现今,沃尔沃已经成为中国吉利的全资子公司。

目前,沃尔沃汽车公司主要生产乘用车(见图 2-41)、大型客车、重型汽车、工程机械、航空发动机、船用发动机、液压机械等。

图 2-40 沃尔沃汽车标志

图 2-41 沃尔沃乘用车

2.3.2 萨博·斯堪尼亚有限公司

萨博·斯堪尼亚(SAAB—Scania,也称为绅宝—斯堪尼亚)有限公司是著名载货汽车公司(世界八大载货汽车厂之一),公司创建于 1900 年,总部设在马尔默港口。

萨博(SAAB)汽车公司是瑞典著名的汽车厂,SAAB 在中国也译为"绅宝",是瑞典文字 Svenska Aeroplan Artie Bolaget 的缩写,意为瑞典飞机有限公司。

萨博公司的图形商标是由三个圆圈组成,其中间有一个头戴皇冠的鹫头飞狮,其下有"SAAB"字样(见图 2-42)。

鹫头飞狮是一个神话传说中的英武人物,上面的皇冠代表权利和威严;下面分别是狮子和猛禽的一部分;鹫头飞狮代表公司所在国家是瑞典王国,表示公司扎根于故土,鹫头飞狮显示该公司的力量、速度、革新和勇气。

萨博·斯堪尼亚有限公司生产的乘用车(见图 2-43)和载货汽车品质精良,广受好评。

其斯堪尼亚部设在瑟德莱特市,主要生产载货车(载质量由 16～40 t 不等)。公司标志和汽车商标都用斯堪尼亚(SCANIA)字样。

图 2-42 萨博汽车公司标志

图 2-43 萨博乘用车

2.4 法国汽车公司

2.4.1 标致—雪铁龙集团

标致—雪铁龙集团是法国第一大汽车生产集团（Peugeot Societe Anon Yme，PSA），是世界著名汽车公司。该公司是由标致汽车公司、雪铁龙汽车公司、塔尔伯特汽车公司于1976年合并而成的。

1890年，法国人阿尔芒·标致（Armand Peugeot，1889—1928年，见图2-44）创立了标致汽车公司（国内曾将Peugeot译名为"别儒"）。

标致汽车公司采用所在省蒙贝利亚尔省徽"狮子"作为标志（见图2-45），也是汽车产品的商标，喻示标致汽车永远保持旺盛的生命力。

图2-44　阿尔芒·标致坐在Peugeot 28型（Typy28，1900年）敞篷车中

图2-45　标致汽车公司标志

"狮子"标志非常别致有品位，它那简洁、明快的线条，象征着今天更为完美、表示"标致"更为成熟。这独特的造型，既突出力量又强调了节奏，更富有时代气息。

标致汽车公司生产的所有车型都用公司的标志作为商标。主要车型有：标致306ST、标致106、标致406（在1996年获得欧洲最佳车第二名）、标致450、标致505、标致206、标致307（见图2-46）等。

图2-46　标致307乘用车

雪铁龙汽车公司以创始人安德烈·雪铁龙（André·Citroën，1878—1935年，见图2-47）的姓氏而命名，是标致—雪铁龙集团的重要成员。

雪铁龙汽车公司以两个人字形齿轮重叠的两对齿作为公司标志和汽车商标（见图2-48），以纪念安德烈·雪铁龙于1912年发明了人字齿轮。

目前，雪铁龙汽车公司在全球多个国家设有子公司。雪铁龙汽车公司的经典车型有ZCV、DS、SM、CX、XM、C2、凯旋、萨拉·毕加索、爱丽舍和赛纳系列乘用车（见图2-49），以及萨克索（Saxo）、桑蒂雅（Xantia）等。

1995年，雪铁龙公司与中国东风汽车公司合作成立神龙汽车有限公司，生产富康牌乘用车。此后，神龙公司一直与雪铁龙公司同步生产凯旋、萨拉·毕加索、爱丽舍和赛纳系列乘用车。

图2-47　安德烈·雪铁龙

图2-48　雪铁龙汽车公司标志

图2-49　雪铁龙乘用车

2.4.2　雷诺汽车公司

雷诺汽车公司创立于1898年，创始人是路易·雷诺（Louis Renault，1877—1944年，见图2-50）。而今的雷诺汽车公司已被收为国有，是法国最大的国有企业，也是世界上以生产各型汽车为主，涉足发动机、农业机械、自动化设备、机床、电子、塑料、橡胶业的垄工业集团。

雷诺公司第一次大发展是在第一次世界大战中，它为军队生产枪支弹药、飞机并设计出轻型坦克，使雷诺公司大发战争财。

战争结束后，公司转向农业机械和重型柴油汽车生产，其柴油机核技术处于世界领先地位。第二次世界大战期间，雷诺公司为德国法西斯效劳，为德国军队提供大量坦克、飞机发动机和其他武器。因而战争结束后，雷诺公司被法国政府接管，路易·雷诺被逮捕入狱。

战后，在法国政府的支持下，雷诺公司得以进入第二次大发展时期。公司利用国家资本，兼并了许多小型汽车公司，并发挥了雷诺公司的技术潜力，开发出多种汽车新产品。

雷诺公司的商标如图2-51所示，公司总部设在法国比杨古。

雷诺汽车公司汽车产品十分齐全，除乘用车和载货车外，各种改装车、特种车应有尽有。雷诺公司下设乘用车、商用车、自动化设备以及工业产品四个部门，统管国内外所有子公司业务。

图 2-50　路易·雷诺在驾驶他的 A 级微型车(1898 年)

图 2-51　雷诺公司的商标

雷诺汽车公司的经典车型有雷诺 Cilo、雷诺 19、雷诺 25 型等。目前,雷诺汽车公司拥有雷诺(见图 2-52)、日产等品牌。

图 2-52　雷诺乘用车

2.5　意大利汽车公司

2.5.1　菲亚特汽车公司

菲亚特汽车公司的总部在都灵,是意大利最大的集团公司,也是世界著名的汽车制造公司之一。该公司是一个结构十分庞大的组织,其所属子公司和几万个销售网点遍布全世界,是一个国际性公司,在近 10 个国家设厂,有多个国家购买其生产许可证。

菲亚特汽车公司年收入相当于意大利国民生产总值的 40% 左右,菲亚特汽车公司结构复杂,实力强大,素有"国中之国"的雅号。

菲亚特汽车公司下设乘用车部、商用和工业车辆部、农业拖拉机部、建筑机械部、钢铁部、零部件部、机床和生产系统部、土木工程和土地利用部、能源部、铁道车辆和轨道运输系统部、旅游和运输部等多个部门。此外,菲亚特公司还拥有一个财政部、其他产品部和一个产品研发中心。

菲亚特汽车公司标志几经变化,目前生产的汽车都用圆形"FIAT"标志(见图2-53)或条型"FIAT"标志(见图2-54),用三位阿拉伯数字表示其型号。

图2-53　圆形"FIAT"标志图

图2-54　条型"FIAT"标志

菲亚特汽车公司的经典车型有:节奏(Ritmo)、米拉费欧丽(Mirafiori)、道路(Strada)、田野(Campagnola)、快意(Punto)和布拉旺(Bravo)、马利昂(Marea)、小帆船(Barchetta)、熊猫(Panda,见图2-55)、布拉娃(Brava)、优利赛(Uiysse)、乌诺(Uno)、杜娜旅行车(Duna Weekend)、派力奥(Palio)等。

图2-55　菲亚特熊猫(Panda)

2.5.2　阿尔法·罗密欧汽车公司

阿尔法·罗密欧汽车公司是意大利第二大汽车公司。于1910年在米兰创建,20世纪80年代末被菲亚特汽车公司兼并,使这个奄奄一息的公司重放异彩。阿尔法·罗密欧公司主要生产乘用车、赛车、载货车,在国外设有子公司。

阿尔法·罗密欧公司标志是米兰市的市徽,也是中世纪米兰的领主维斯康泰公爵的家徽(见图2-56)。标志中的十字部分来源于十字军从米兰向外远征的故事。

右边部分是原米兰大公的徽章,其中的蛇正在吞撒拉逊人的图案有种种传说,比较可信的说法是维其康泰的祖先曾经击退了使城市人民遭受苦难的"恶龙"。

外环圈的上半部则标注有公司的字样"ALFA ROMEO"。这一标志从1911年开始成为阿尔法·罗密欧公司标志和所生产汽车的商标。

阿尔法·罗密欧公司的经典车型有阿尔法(Alfa)、蜘蛛(Spider)、阿尔菲塔(Alfetta)、吉利耶塔(Giulietta)、阿尔法苏(Alfasud)等。

著名的阿尔法·罗密欧跑车(见图2-57)有145/146型、155系列、164系列、GTV、斯派德(Spider)、96款"流云"等。

图 2-56　阿尔法·罗密欧公司标志

图 2-57　阿尔法·罗密欧跑车

2.5.3　蓝旗亚汽车公司

出色的赛车手维琴佐·蓝旗亚(Vicenzo Lancia, 1881—1937 年。也是菲亚特汽车公司的创始人,见图 2-58)于 1906 年在都灵市创办了以自己名字命名的公司。Lancia 在意大利语中是长矛的意思,在长矛上挂一面旗子(长矛是中世纪骑士的主要武器)。

图 2-58　维琴佐·蓝旗亚在驾驶自己设计的汽车

蓝旗亚汽车的标志(见图 2-59)具有双重意义:一是采用了公司创始人维琴佐·蓝旗亚的姓氏;二是借用了蓝旗亚"长矛"的含义。车标以长矛作为画面的主题,代表了企业奋斗的精神,加上旗帜上的公司英文名称(Lancia),简洁地体现了"蓝旗亚"的全部意义。

独具意大利风格和文化韵味的蓝旗亚汽车(见图 2-60)广为世人所喜爱。

图 2-59　蓝旗亚汽车公司标志

图 2-60　蓝旗亚汽车

2.5.4 法拉利汽车公司

法拉利汽车公司于1929年成立,以创始人恩佐·法拉利(Enzo Ferrari,1898—1988年,见图2-61)的姓氏命名。意大利素有"高性能汽车王国"之称,法拉利跑车无疑是王冠上最美的钻石。法拉利公司总部在兰托(Rento),主要生产乘用车和赛车。

图 2-61　恩佐·法拉利(壮年时期和老年时期)

法拉利公司的标志(见图2-62)是一匹黑色的"飞马",底色为摩德纳(工厂所在地)金丝雀羽毛的颜色。这个"飞马"标志原为意大利空军战斗英雄佛朗希斯科·巴拉克的护身符,"飞马"保佑他在历次空战中获胜。巴拉克在生活中也非常喜欢马,他所用的物品都有马的图案,他也是一个技术高超的骑手。

图 2-62　法拉利公司标志

法拉利(见图2-63)一直是高品质跑车的代名词,生产的每款车型都是其他车型望尘莫及的。

图 2-63　法拉利跑车

法拉利公司的经典车型有法拉利F355 Spider、法拉利F50 Ferrari、法拉利F512M、法拉利F456GT等。

2.5.5 兰伯基尼汽车公司

1962年,佛鲁西欧·兰伯基尼(Ferruccio·Lamborghini,1916—1993年,见图2-64)在摩迪纳创建一家生产赛车的公司,1987年被美国的克莱斯勒公司兼并。

佛鲁西欧·兰伯基尼在战后制造了一系列拖拉机(见图2-65)、燃油燃烧器及空调系统,从而为自己的品牌树立了声望。

图2-64 佛鲁西欧·兰伯基尼

图2-65 佛鲁西欧·兰伯基尼和他设计的汽车、拖拉机

兰伯基尼汽车公司的标志是一头公牛(见图2-66),它浑身充满力量,正准备冲击,寓意该公司生产的赛车马力大、速度快、战无不胜。

兰伯基尼汽车(见图2-67)是唯一能在收藏车市场上与"法拉利"叫板的车型。

图2-66 兰伯基尼汽车公司标志

图2-67 兰伯基尼汽车

2.6 英国汽车公司

2.6.1 劳斯莱斯汽车公司

造型典雅的劳斯莱斯汽车浑身散发着王者气息,从诞生之日起就注定拥有高人一等的血统,始终是车主身份与地位的象征。

劳斯莱斯汽车公司由查尔斯·罗尔斯(Charles Rolls,1877—1910年,见图2-68)和亨利·罗伊斯(Henry Royce,1863—1933年,见图2-69)在1904年创立的。

劳斯莱斯的标志分为图文标志和立体标志两种。

劳斯莱斯的图文标志(见图 2-70)中重叠在一起的两个 R 分别代表罗尔斯(Rolls)和罗伊斯(Royce)姓氏的第一个字母,体现了两人融洽、和谐的合作关系。

图 2-68　查尔斯·罗尔斯(Rolls)　　图 2-69　亨利·罗伊斯(Royce)　　图 2-70　劳斯莱斯的图文标志

劳斯莱斯的立体标志(见图 2-71)是一个用镍合金铸造的飞天女神塑像,平时隐藏在发动机进气格栅内部,打开点火开关(点火开关置于 ON 挡)后,在驱动机构的作用下自动弹出,金光闪闪,熠熠生辉,为劳斯莱斯汽车增添了无穷魅力。

图文标志和立体标志的组合(见图 2-72)相得益彰,使劳斯莱斯汽车显得更加雍容华贵,气度不凡。

图 2-71　劳斯莱斯的立体飞天女神标志　　图 2-72　劳斯莱斯汽车图文标志和立体标志相得益彰

劳斯莱斯时代的到来应该从 1907 年 Silver Ghost 的诞生算起。Silver Ghost 被直译为"银色幽灵",亦译成"幻影"。银色幽灵采用 6 缸 7 L 发动机,曲轴在 7 个轴承上旋转,运转极为平顺、柔和。

到 1924 年,一共生产了 6173 辆银色幽灵,这些车辆均由手工制造。劳斯莱斯卓越的设计和严格的品质管理确立了它在世界上的声誉。

劳斯莱斯的经典车型有银色幽灵(Silver Ghost)、银色黎明(Silver Dawn)、银云(Silver Cloud)、银色阴影(Silver Shadow,见图 2-73)、滨海路(Corniche)、银色精灵(Silver Spirit)和银色马刺(Silver Spur)等。

图 2-73 劳斯莱斯银色阴影(Silver Shadow)

2.6.2 捷豹汽车公司

英国捷豹(Jaguar)汽车公司创建于1935年,总部设在英国汽车工业的心脏地带——考文垂。在中国大陆,也有人把 Jaguar 称作美洲虎;而在中国香港和澳门地区,则把 Jaguar 称作"架积"。

捷豹的产品包括超豪华车(Limousine)、敞篷车和跑车等,其标志(见图 2-74)是一只跃起欲飞的豹,意喻捷豹公司及其产品的蓬勃生机与活力。

图 2-74 捷豹(JAGUAR)标志

1989年,捷豹被美国福特公司以40.7亿美元的价格购入,在福特公司的帮助下,捷豹逐渐走出了经济困境。

现在的捷豹(见图 2-75)凭借其个性化的外形,豪华的内饰和设备以及卓越的性能在世界汽车市场中重新占据了重要地位。

图 2-75 捷豹汽车

捷豹(Jaguar)汽车公司的经典车型有 C-type、D-type、E-type、Mark X、XJ12、XJ6、XJS、XK、XJ 系列、R 系列、S-type 等。

2.7 日本汽车公司

2.7.1 丰田汽车公司

丰田汽车公司全名为 Toyota Motor Corporation,是由 1933 年创立的丰田自动编织机制作所的汽车部发展起来的,创始人是丰田喜一郎（Kiichiro Toyoda,1894—1952,见图 2-76）。1937 年丰田自动车工业公司正式创立,1938 年丰田汽车工厂正式投产。

丰田汽车部成立之初,只生产载货汽车,乘用车（见图 2-77）产量很小,并以公司创始人丰田喜一郎的姓氏 TOYODA 作为公司产品商标。

图 2-76 丰田喜一郎

图 2-77 丰田公司生产的第一辆高级乘用车——TOYODA AA 型汽车(1936 年)

由于市场对载货汽车的需求有限,丰田汽车（TOYODA）的销售并不景气,公司发展举步维艰。这时,一位占卜师改变了丰田的标志。占卜师认为,TOYODA 中的 DA 是浊音,意境不好,建议改为 TOYOTA——用日语书写 TOYOTA 时,笔画是 8 画。日本人自古以来认为"8"很吉利,有道路越走越宽广的含义。于是,1937 年丰田汽车正式弃用创始人的姓氏 TOYODA,而改用 TOYOTA（见图 2-78）。不知是命运还是巧合,改名换姓的丰田汽车很快迎来了一个转机——1937 年,日本挑起震惊中外的"七·七事变",发动了全面侵华战争,日军大量采购载货汽车,丰田汽车公司借此得以迅猛发展。

丰田汽车公司目前是日本的第一大汽车公司,也是全球范围内的第一大汽车公司,在世界汽车生产业中有着举足轻重的地位。丰田汽车公司还是日本军用汽车与装甲车的最大生产商,并且每年负责大量日本装甲车与军用汽车的维护工作。

丰田汽车公司车型众多,形成庞大的丰田车系。比较有代表性的车型有皇冠（见图 2-79）、花冠、凯美瑞（佳美）、雷克萨斯（凌志）、普拉多（见图 2-80）、RAV4 等。

图 2-78 丰田汽车公司的标志

图 2-79 皇冠乘用车

图 2-80 丰田普拉多

2.7.2 日产汽车公司

日产汽车公司全名是 Nissan Motor Co. Ltd,创立于 1933 年,是日本的第二大汽车产业集团。

日产集团 1935 年起正式采用大量生产方式进行生产。1953 年起从英国引进技术,生产奥斯汀(Austin)A40 型乘用车。1980 年 1 月公司购买了西班牙 Motor Lberica 公司 35.85%的股权,同年 7 月建立美国日产汽车制造公司(NMMC)。同年 12 月,与意大利阿尔法·罗密欧公司共同出资成立 ARNA 公司。

1981 年 9 月,日产汽车公司与德国大众汽车公司签署了技术合作协议。1982 年 6 月,与美国的 Martin Marietta 公司签订了宇航、防卫技术援助协议。1984 年 2 月,日产汽车公司在国内装配并销售大众汽车公司的桑塔纳乘用车。1985 年 3 月在美国开始生产乘用车。

1999 年,法国雷诺与日产汽车结成独立的合作伙伴关系,在广泛的领域中展开战略性的合作,日产汽车通过联盟将事业区域拓展至全球,其经济规模大幅增长。

2010 年,日产汽车公司法国雷诺和德国戴姆勒这三家汽车业巨头在布鲁塞尔签署协议结成同盟。

目前,日产汽车公司在 20 个国家和地区设有汽车制造基地,并在全球 160 多个国家和地区提供产品和服务。公司经营范围包括汽车、叉车、纺织机械、船舶、船用动力、火箭的制造、销售及相关业务。

日产汽车公司的标志如图 2-81 所示。比较有代表性的车型有公爵王、帕拉丁、蓝鸟、骊威（见图 2-82）、逍客、骐达等。

图 2-81　日产汽车公司的标志

图 2-82　日产骊威

2.7.3　三菱汽车公司

三菱汽车公司（Mitsubishi Motors Corp）是 1970 年从日本三菱重工业株式会社的自动车制造部门独立而成的跨国汽车制造商，总部在东京港区。

1975 年推出的平衡轴技术使三菱发动机达到前所未有的超静音、平稳运转的效果，在业界赢得了广泛的声誉。

1982 年 6 月，三菱汽车公司与美国福特公司就提供发动机达成协议，同年 10 月在美国设立汽车销售公司。

三菱汽车公司持有韩国现代汽车公司 7.5% 的股权，并提供小型乘用车生产许可证。三菱汽车公司还为奔驰公司在西班牙的子公司提供发动机和生产技术。1985 年 4 月，三菱公司与克莱斯勒公司签署了在美国合资生产乘用车的协议。

三菱汽车公司以三枚菱形钻石为标志（见图 2-83），以凸显其深邃、雅致，如菱形钻石般璀璨的造车艺术。

三菱汽车公司的主要研发基地（十胜研发所和东京研发所）和生产基地（水岛厂区和名古屋厂区）都在日本，在海外亦有多个合资企业和生产基地，主要生产普及型乘用车、微型载货车、重型载货车和大客车。

三菱汽车在中国大陆的合作伙伴为福建东南汽车股份有限公司，在中国台湾的合作伙伴是"中华汽车工业公司"和裕隆汽车制造股份有限公司。

三菱汽车公司的主要代表性车型有蓝瑟系列、帕杰罗系列（见图 2-84）和欧蓝德系列等。

图 2-83　三菱汽车公司的标志

图 2-84　三菱帕杰罗越野车

2.7.4 本田汽车公司

本田汽车公司(本田技研工业株式会社,Honda Motors Co. Ltd)是世界上最大的摩托车生产厂家,汽车产量和规模也排名在世界前列。本田汽车公司由本田宗一郎(1906—1991年,见图2-85)于1948年创立,公司总部在东京。

本田汽车公司是生产经营轻型汽车、两轮摩托车、耕耘机、通用发动机和发电机的综合性公司。该公司的两轮摩托车产量占世界摩托车总产量的1/3以上,是世界上最大的摩托车制造企业。

本田汽车公司的标志如图2-86所示。"H"是本田英文拼写"HONDA"的第一个大写字母。挺拔、外倾、上扬的字母H犹如鹰的翅膀,意喻本田技术的飞跃发展,象征着本田公司前途无量。

图2-85 本田宗一郎

本田汽车公司的代表性车型有雅阁(Accord,早期译为阿科德,见图2-87)、思域(Civic,早期译为市民)、飞度(Fit)、奥德赛(ODYSSEY)以及高端品牌讴歌(Acura,早期译为阿库拉)等。

图2-86 本田公司的标志

图2-87 本田雅阁乘用车

2.7.5 日本其他汽车公司

日本汽车公司除了以上四家主要生产厂家外,还有铃木汽车公司(Suzuki Motor Limited)、马自达汽车公司(Mazda Motor Company)、斯巴鲁汽车公司(Subaru Motor Company)等。

铃木汽车公司(SUZUKI)成立于1954年,发轫于1909年建立的铃木织机制作所(又是一个搞织布机出身的),以生产两轮摩托车起家,主打产品为摩托车、微型汽车、轻型货车。

铃木汽车公司的标志为铃木拼音(SUZUKI)的第一个字母S变形而来(见图2-88)。

马自达汽车公司最初是靠为葡萄酒瓶生产软木塞起家,逐

图2-88 铃木汽车公司的标志

步发展、壮大的。公司名称来源于西亚人传说中神的名称——阿弗拉·马自达（Afura·Mazda），象征古代文明，具有聪明、理性和协调。传说中以动力（牛、马）和木轮构成的车，也源自此神的缔造。

1961年，马自达向德国汪克尔（Wankel）公司购买了转子发动机（rotary engine）的专利权，并在此基础上进行了深入研发，陆续推出了一系列装备转子发动机的乘用车和跑车（如RX7,RX8等）。

马自达汽车公司的标志如图2-89所示。

斯巴鲁汽车公司（Subaru Motor Company）是富士重工有限公司（日本最大的军用飞机制造商，比日本另外两大军用飞机制造商三菱重工和川崎航空还要厉害）旗下专业从事汽车制造的公司，是生产多种类型、多用途运输设备的制造商。

斯巴鲁汽车公司的标志如图2-90所示。Subaru是金牛星座中的一个星团，在它的群星之中，有六颗星星是用肉眼可以看到的，意喻在众多汽车品牌中，Subaru汽车是极为耀眼和醒目的。

图2-89 马自达汽车公司的标志

图2-90 斯巴鲁汽车公司的标志

这些公司生产的主要车型有：马自达3、马自达6、铃木奥拓、铃木Waggon、斯巴鲁森林人（见图2-91)等。

图2-91 斯巴鲁森林人

2.8 韩国汽车公司

2.8.1 现代汽车公司

现代汽车公司创建于1967年，主要生产乘用车、载货车、大客车和专用车，是韩国现代集团的骨干企业。

现代汽车公司的标志(见图 2-92)在椭圆中有一个斜花体字母"H"。"H"是现代汽车公司英文名(Hyundai Motors Company)第一个单词的首字母。

现代汽车公司的标志,首先体现了"现代汽车公司腾飞于世界"这一理念,其次还象征现代汽车公司在和谐与稳定中发展。标志中的椭圆即代表汽车的转向盘,又可以看作是地球,与其间的 H 结合在一起恰好代表了现代汽车遍布全世界的意思。现代汽车公司标志(斜花体字母"H")不同于日本的本田汽车商标(正体"H")。汽车商标安装在汽车散热器格栅上,表示车名的文字商标标注在车尾。

现代汽车公司生产的车型主要有福尼(Pony)、雅绅特(Accent)、蓝特拉(Lantra)、索纳塔(Sonata)、玛齐(Marcia)、宏伟(Grandeur)、伊兰特(Elantra,见图 2-93)等。

图 2-92　现代汽车公司标志

图 2-93　现代伊兰特(Elantra)

2002 年,韩国现代汽车公司与北京汽车投资有限公司共同出资建立北京现代汽车有限公司(简称北京现代),开始在中国首都北京生产韩国汽车,并一举占领北京的出租车市场和私家车市场。

与全球其他领先的汽车公司相比,创立于 1967 年的现代汽车历史很短。但它从建厂到能够独立、自主地开发新车型只用了短短的 18 年(1967—1985 年)时间——单凭这一点,就足以让中国的汽车企业肃然起敬。

面对韩国现代汽车公司的发展成就,中国汽车界从业者应该感到汗颜。

2.8.2　大宇汽车公司

大宇汽车公司的前身是 1967 年金宇中创建的新韩公司,后改为新进公司,1983 年改名为大宇汽车公司,是韩国大宇集团的骨干企业。

大宇汽车公司使用形似地球和正在开放的花朵作为公司标志(见图 2-94),生产的汽车也使用这个标志作为商标。

"大宇"标志象征高速公路大动脉向未来无限延伸,表现了大宇的未来和发展意志;椭圆代表世界、宇宙;向上展开的"花朵"形象体现了大宇家族的创造力和挑战意识。整个标志表现了大宇家族的智慧、创造、挑战、牺牲的企业精神,表现出大宇集团的"儒家"风范。

大宇汽车公司于 2000 年破产,被美国通用汽车公司收购,现属于通用汽车公司旗下的品牌。

大宇汽车公司生产的车型有超级沙龙(Super Salon)、王子(Prince)、希望(Espero)、蓝天(Clelo)、赛手(Racer)、巧龙(Tico)、旅行家(Nubira,见图 2-95)等。

图 2-94　大宇汽车公司标志

图 2-95　大宇旅行家（Nubira）

2.8.3　起亚汽车公司

起亚汽车公司创建于 1944 年，是韩国最早生产汽车的企业，现在主要生产乘用车和汽车零部件，现在隶属于韩国现代集团。

起亚汽车公司的标志是英文"KIA"（见图 2-96），象征公司如腾空飞翔的雄鹰，喻示起亚公司无限发展的潜力。

起亚汽车公司生产的车型有嘉华、狮跑、赛拉图（见图 2-97）等。

图 2-96　起亚汽车公司标志

图 2-97　起亚赛拉图

2001 年，韩国起亚汽车公司、东风汽车公司、江苏悦达投资股份有限公司按照 50%、25%、25% 的股权结构在江苏盐城共同组建中韩合资企业——东风悦达起亚汽车有限公司，主要生产 K3、K2/K2 两厢、K5 Nu、智跑、秀尔（SOUL）、福瑞迪（Forte）、赛拉图、锐欧（RIO）、狮跑系列乘用车。

2.9　中国汽车公司

2.9.1　中国第一汽车集团公司

中国第一汽车集团公司（原第一汽车制造厂）简称"一汽集团"或"中国一汽"或"一汽"，英文品牌标志为 FAW，FAW 是第一汽车制造厂（First Automobile Work shop）的英文缩写。一汽集团是中央直属国有特大型汽车生产企业，总部位于吉林省长春市，前身是第一汽车制造厂，由毛泽东主席题写厂名。

一汽集团组建于 1982 年，以第一汽车制造厂为主体，以解放牌汽车系列产品为龙头，由直属企业、合资企业和配套企业组成的多层次联合体。

一汽是我国最早生产汽车的工厂,是我国汽车工业的摇篮。一汽于1986年完成换型改造工程,形成年产8万辆CA141系列货车的生产规模。一汽与德国大众汽车公司合资成立一汽大众汽车有限公司,生产奥迪牌高级乘用车和高尔夫、捷达牌普及型乘用车。

一汽集团直属的主要汽车制造厂有:吉林轻型车厂、长春轻型车厂、青海汽车制造厂、无锡汽车制造厂、常州客车厂、大连柴油机厂、长春汽车发动机厂、哈尔滨汽车齿轮厂等。

一汽集团的图形标志是"第1汽车"中"1汽"两字艺术化的组合,置于隐喻地球的椭圆内,整个标志镶嵌在汽车的进气格栅上(见图2-98)。近期,又开始使用图文标志,即在图形标志的下方附注"FAW"字样或"中国一汽"字样(见图2-99)。

图2-98 一汽集团的图形标志

图2-99 一汽集团的图文标志

一汽早期生产的解放牌载货汽车,其标志为毛泽东主席手书的"解放"两字,周围以冲压的五角星、祥云为衬托,如图2-100所示。

图2-100 一汽早期生产的解放牌载货汽车标志

在后期生产的红旗乘用车上,又采用毛泽东主席手书的汉字"红旗"和置于椭圆内的阿拉伯数字"1"的组合图案以及立体的红旗为标志,如图2-101所示。

一汽集团的自有品牌有"红旗明仕"(见图2-102)、"红旗世纪星""红旗旗舰"等。在解放系列载货汽车和轻、微型客车中,解放CA1091和解放J6(见图2-103)已经成为拳头产品,畅销不衰。

除此之外,一汽集团还生产奥迪、高尔夫、捷达、宝来、花冠、威驰、马自达6等合资品牌乘用车。

图 2-101　后期生产的红旗乘用车标志　　　　　图 2-102　"红旗明仕"

图 2-103　解放 J6 重型载货汽车

2.9.2　东风汽车公司

东风汽车公司(原中国第二汽车制造厂),是依靠我国自己的力量设计、建设和装备的汽车生产企业。经过近 50 年的建设和发展,东风公司相继建成了十堰、襄樊、武汉三大汽车生产基地、众多专业厂、全资/控股子公司及合资企业,成为集生产、科研、开发、经营为一体的跨地区、跨行业的现代化汽车企业集团。

东风公司始建于 1969 年。1975 年 7 月 1 日,第一个基本车型 2.5 t 越野车 EQ240 生产能力初步形成。1978 年 7 月 15 日,第二基本车型 5 t 民用载货车 EQ140 生产能力建成。1981 年,在国内率先成立企业集团——东风汽车工业联营公司(东风汽车集团)。

1986—1992 年,二汽在襄樊开辟和建设包括年产 3 万吨铸件、6 万台康明斯 B 系列发动机以及国内规模最大、功能最全的汽车试验场在内的第二个生产基地。同时,引进开发了EQ1141G 八平柴、EQ1118G 六平柴系列重型车。

1992 年,二汽正式更名为东风汽车公司。为适应市场结构调整,东风公司开展了以乘用车建设为重点的第三次创业。目前,东风公司的合资企业有神龙公司(与法国雪铁龙合作)、东风日产(与日本日产合作)东风悦达起亚(与韩国起亚合作),子公司有东风康明斯发动机有限公司、东风襄樊专用汽车有限公司、汉阳特种汽车制造厂、杭州汽车制造厂、云南汽车厂、柳州汽车制造厂、郑州轻型汽车制造厂等。

东风汽车公司采用圆环内的"双飞燕"为标志(见图 2-104),整个标志镶嵌在汽车的进气格栅上,如图 2-105 所示。

图 2-104 东风汽车公司的"双飞燕"标志

图 2-105 镶嵌在汽车的进气格栅上的东风标志

2.9.3 上海汽车集团股份有限公司

上海汽车集团股份有限公司简称"上汽集团",主要业务涵盖整车(包括乘用车、商用车)、零部件(包括发动机、变速箱、动力传动、底盘、内外饰、电子电器等)的研发、生产、销售、物流、车载信息、二手车等汽车服务贸易业务以及汽车金融业务。

上汽集团所属主要整车企业包括乘用车公司、商用车公司、上海大众、上海通用、上汽通用五菱、南京依维柯、上汽依维柯红岩、上海申沃等。

上汽集团目前主要生产荣威(ROEWE,来自上海汽车之前收购的罗孚品牌,见图 2-106)、名爵(Morris Garages,是一个源自英国的汽车品牌,见图 2-107)、宝骏(来自上汽通用五菱,见图 2-108)以及其他众多合资车型。

图 2-106 荣威(ROEWE)汽车标志

图 2-107 名爵(Morris Garages)汽车标志

图 2-108 宝骏汽车标志

2.9.4 天津一汽夏利汽车股份有限公司

天津一汽夏利汽车股份有限公司是中国第一汽车集团公司控股的经济型乘用车制造企业,是一家集整车制造、发动机、变速器生产以及科研开发于一体的股份制公司。

公司的前身是天津汽车夏利股份有限公司,成立于 1997 年 8 月 28 日。

夏利汽车的标志如图 2-109 所示,其主打车型夏利 N3(见图 2-110)、N5、N7 在国内微型乘用车市场上一直产销两旺,发展势头良好。

2002 年 6 月 14 日,中国第一汽车集团公司与天津汽车工业(集团)有限公司联合重组,一汽集团持有公司50.98%的股份,对公司拥有控股权,企业正式融入一汽体系之中,天津一汽夏利汽车股份有限公司由此得名。

图2-109　夏利汽车的标志

图2-110　夏利N3乘用车

公司目前主要拥有一个自有品牌(夏利)和三个合作品牌(威姿、雅酷、威乐)以及两个合资品牌(威驰、花冠),天内牌系列汽车发动机、天齿牌变速器也是企业的拳头产品。

2.9.5　中国重型汽车集团公司

中国重型汽车集团有限公司,简称"中国重汽"(见图2-111),是我国最早研发和制造重型汽车(见图2-112)的企业,也是国内重型汽车行业的龙头企业。重汽集团组建于1983年,总部在济南市。

图2-111　中国重汽标志

图2-112　中国重汽金王子自卸车

中国重汽的前身成立于1958年,当时名为济南汽车制造厂。1960年4月该厂试制了中国第一辆重型汽车——黄河牌JN150型8吨重型汽车,结束了中国不能生产重型汽车的历史。1983年,国家为彻底改变汽车工业"缺重"局面,解决重型汽车工业低水平发展状况,组建了中国重汽集团,性质为中央直属企业,隶属国务院领导。2000年,国务院决定对中国重汽集团实施改革重组,主体部分下放山东省政府管理,2001年在此基础上成立了新的中国重汽集团。

中国重汽主要组织开发研制、生产销售各种载重汽车、特种汽车、客车、专用车、改装车、专用校车、发动机及机组、汽车零部件、专用底盘等产品,是我国重型汽车行业驱动形式和功率覆盖最全的企业。

2.9.6 重庆长安汽车股份有限公司

重庆长安汽车股份有限公司,简称"长安汽车"或"重庆长安"(见图 2-113 和图 2-114),为中国长安汽车集团股份有限公司旗下的核心整车企业。长安汽车悠久的历史可追溯到洋务运动时期(源于 1862 年李鸿章创建的上海洋炮局),曾开创中国近代工业之先河。

图 2-113　长安汽车旧标志　　　　图 2-114　长安汽车新标志

多年来,长安汽车坚持以自强不息的精神,通过自我积累、滚动发展,旗下现有重庆、河北、南京、江苏、江西、北京六大国内产业基地,11 个整车和 2 个发动机工厂;马来西亚、越南、美国、墨西哥、伊朗、埃及六大海外产业基地;福特、铃木、马自达等多个国际战略合作伙伴。

长安汽车始终坚持走自主创新之路,着力提升自主研发能力,建立了重庆、上海、北京、哈尔滨、江西、意大利都灵、日本横滨、英国诺丁汉、美国底特律"五国九地、各有侧重"的研发格局;拥有核心研发人员 3000 余人。长安汽车综合研发实力连续多年稳居中国汽车行业第一,并荣膺"2014 中国汽车年度盛典年度风云企业"大奖。

长安汽车旗下的主要公司有重庆长安汽车股份有限公司(简称"重庆长安")、重庆长安铃木汽车有限公司(简称"长安铃木")、长安福特马自达汽车有限公司(简称"长安福特马自达汽车")、长安福特马自达汽车有限公司南京公司、长安福特马自达发动机有限公司、南京长安汽车有限公司、河北长安汽车有限公司等。

图 2-115　长安逸动(EADO)汽车(自主品牌)

长安汽车旗下的主要有逸动(见图 2-115)、致尚、XT、CX20、悦翔、奔奔、奔奔 MINI(见图 2-116 和图 2-117)、奔奔 LOVE、睿骋以及众多合资品牌车型。

图 2-116　长安奔奔 MINI 汽车(自主品牌)　　　图 2-117　长安奔奔标志

2.9.7 浙江吉利控股集团有限公司

浙江吉利控股集团有限公司是国内汽车行业十强中唯一一家民营乘用车生产经营企业，始建于1986年，经过多年的建设与发展，在汽车、摩托车、汽车发动机、变速器、汽车电子电器及汽车零部件制造领域取得辉煌业绩。

吉利汽车的标志如图2-118～图2-120所示。

图2-118 吉利汽车旧标志　　图2-119 吉利汽车新标志　　图2-120 吉利帝豪(Emgrand)标志

浙江吉利控股集团有限公司现有吉利美人豹、自由舰、金刚（见图2-121）、吉利远景（见图2-122）、帝豪、全球鹰等八大系列30多个品种的乘用车。

图2-121 吉利金刚乘用车　　　　　图2-122 吉利远景乘用车

吉利汽车拥有较强的乘用车整车、发动机、变速器和汽车电子电器的开发能力，每年可以推出4～5款全新车型和机型；拥有一批行业顶尖的汽车技术专家。特别是2010年收购沃尔沃汽车公司之后，吉利汽车的自主研发能力得以显著提升。

以"造老百姓买得起的好车，让吉利汽车走遍全世界"为企业理念的吉利控股集团代表着中国民族汽车工业的希望。

2.9.8 奇瑞汽车有限公司

奇瑞汽车有限公司成立于1997年，总部位于安徽芜湖。

奇瑞公司现有乘用车公司、发动机公司、变速器公司、汽车工程研究总院、规划设计院、试验技术中心等生产、研发单位，具备很强的整车及零部件生产能力。

奇瑞汽车公司的标志如图2-123所示。

图2-123 奇瑞汽车公司的标志

现已投放市场的整车有 QQ3、QQ6、A1、瑞麒 2、开瑞 3、A5、瑞虎 3（见图 2-124）、东方之子、旗云（见图 2-125）、Cross 十个系列数十款产品。

图 2-124　奇瑞瑞虎 3

图 2-125　奇瑞旗云

2.9.9　沈阳华晨金杯汽车有限公司

沈阳华晨金杯汽车有限公司的前身是沈阳金杯客车制造有限公司，于 2003 年 1 月正式更名，是华晨中国汽车控股有限公司的核心生产企业。

华晨金杯拥有两个整车品牌、三大整车产品。这两个整车品牌即"中华"（见图 2-126）和"金杯"（见图 2-127）系列；三大整车产品包括拥有自主品牌的中华乘用车（见图 2-128）、国内同类车型中市场占有率接近 60% 的金杯海狮轻型客车、引进丰田高端技术生产的金杯阁瑞斯多功能商务车。

图 2-126　中华汽车标志　　　图 2-127　金杯汽车标志　　　图 2-128　中华尊驰乘用车

2.9.10　中国其他汽车公司

除上述 9 家汽车公司之外，我国较大的汽车生产企业还有北京汽车集团有限公司（简称"北汽集团"，见图 2-129 和图 2-130）、安徽江淮汽车股份有限公司（简称"江淮汽车"，见图 2-131 和图 2-132）、长城汽车股份有限公司（简称"长城汽车"，见图 2-133）、力帆实业（集团）股份有限公司（简称"力帆汽车"，见图 2-134）、比亚迪股份有限公司（见图 2-135）、辽宁曙光汽车集团公司（见图 2-136 和图 2-137），等等。

图 2-129　北汽集团标志　　　　图 2-130　北汽福田标志

图 2-131　江淮汽车商用车标志　　图 2-132　江淮汽车乘用车(和悦)标志

图 2-133　长城汽车标志　　　　图 2-134　力帆汽车标志

图 2-135　比亚迪汽车标志(BYD,Build Your Dreams,成就梦想)　　图 2-136　曙光汽车标志

图 2-137　曙光挑战者 SUV

复习思考题

1. 欧洲著名的汽车公司有哪些？
2. 美国著名的汽车公司有哪些？
3. 日本著名的汽车公司有哪些？
4. 中国著名的汽车公司有哪些？

第 3 章 慧眼识车看分明——汽车分类与性能

教学提示：汽车种类繁多，结构各异，熟悉汽车的分类和性能指标，对于理性认识汽车具有重要意义。

教学要求：本章主要介绍汽车的分类和汽车的性能指标。要求学生了解汽车的性能指标，熟悉汽车的类别和分类方法。

3.1 我国汽车分类

汽车(Motor Vehicle，Automobile)是由自身的动力装置驱动，具有 4 个或 4 个以上车轮的非轨道承载车辆，其主要用途是载运人员和(或)货物。

汽车的类型较多，分类方法也很多，通常可按其用途、动力装置类型、行驶道路条件、行驶机构的特征、发动机位置及驱动形式、乘客座位数及汽车总质量等进行分类。

3.1.1 按用途分类

根据原国家标准 GB/T 3730.1—1988 的规定，按用途不同，汽车分为普通运输汽车、专用汽车和特殊用途汽车等类型。

1. 普通运输汽车

普通运输汽车可分为轿车、客车和货车，并按照各自的主要特征参数分级，即轿车按照发动机的工作容积(排量)、客车按照车辆的总长度、货车按照汽车的总质量分级。

1) 轿车

轿车是供个人使用的、载运少量乘员(2~9 人)的汽车，其分级见表 3-1。

表 3-1 轿车的分级

轿车分级	发动机工作容积(排量)/L	图 例
微型轿车	≤1.0	图 3-1
普及型轿车	1.0~1.6	图 3-2
中级轿车	1.6~2.5	图 3-3
中高级轿车	2.5~4.0	图 3-4
高级轿车	>4.0	图 3-5

图 3-1 奇瑞 QQ 微型轿车(排量 0.8 L)

图 3-2 捷达普及型轿车(排量 1.6 L)

图 3-3 桑塔纳志俊中级轿车(排量 1.8 L)

图 3-4 别克君威中高级轿车(排量 3.0 L)

2) 客车

客车是供公共服务用的、载运较多乘员(9 人以上)的汽车,其分级见表 3-2。

图 3-5 红旗元首级 HQE 高级轿车（V12 型发动机 排量 6.0L）

表 3-2 客车的分级

客车分级	车辆总长度/m	图　　例
微型客车	≤3.5	图 3-6
轻型客车	3.5～7.0	图 3-7
中型客车	7.0～10	图 3-8
大型客车	10～12	图 3-9
特大型客车	铰接式客车与双层客车	图 3-10，图 3-11

图 3-6　长安之星 6350 型微型客车

图 3-7　沈阳金杯 SY6480A1C-ME 型轻型客车

图 3-8　金龙海格 H8（KLQ6858）型中型客车

图 3-9　郑州宇通 ZK6120HY1 型大型客车

图 3-10 中大 YCK6140HG 特大型高档豪华客车

图 3-11 北京京华 BK6180D 型特大型铰接客车

3）货车

货车是用于载运货物的运输汽车，其分级见表 3-3。

表 3-3 货车的分级

货车分级	汽车总质量/t	图　　例
微型货车	≤1.8	图 3-12
轻型货车	1.8～6.0	图 3-13
中型货车	6.0～14	图 3-14
重型货车	>14	图 3-15

图 3-12 昌河福瑞达 CH1020E 微型货车

图 3-13 沈阳金杯 SY1040BL6S 轻型货车

图 3-14 东风 EQ1088TZ 中型厢式货车

图 3-15 解放 J6 重型货车

现行国家标准《GB/T 3730.1—2001 汽车和挂车类型的术语和定义》(替代 GB/T 3730.1—1988)将汽车分为乘用车和商用车两大类。

所谓乘用车(passenger car)是指在设计和技术特性上主要用于载运乘客及其随身行李和临时物品的汽车,包括驾驶人座位在内最多不超过 9 个座位,它也可以牵引一辆挂车。乘用车包括普通乘用车、活顶乘用车、高级乘用车、小型乘用车、敞篷车、舱背乘用车(这 6 种俗称轿车)、旅行车、多用途乘用车(MPV)、短头乘用车、越野乘用车、专用乘用车(旅居车、防弹车、救护车和殡仪车)等。

现行国家标准《GB/T 3730.1—2001 汽车和挂车类型的术语和定义》是依据国际标准(ISO 3833)制定的,实现了与国际接轨。同时,废除了"轿车"的提法,改称为"乘用车",使汽车回复到代步工具的本真地位,也有助于消除"人分高低贵贱"的传统等级观念,促进社会和谐。

现行国家标准对乘用车的详细分类见表 3-4。

表 3-4 乘用车的分类

序号	术 语	定 义
1	普通乘用车 saloon (sedan)	车身:封闭式,侧窗中柱有或无 车顶(顶盖):固定式,硬顶。有的顶盖一部分可以开启 座位:4 个或 4 个以上座位,至少两排;后座椅可折叠或移动,以形成装载空间 车门:2 个或 4 个侧门,可有一后开启门
2	活顶乘用车 convertible saloon	车身:具有固定侧围框架的可开启式车身。可开启式车身可以通过使用一个或数个硬顶部件和/或合拢软顶将开启的车身关闭 车顶(顶盖):车顶为硬顶或软顶,至少有两个位置:①封闭;②开启或拆除 座位:4 个或 4 个以上座位,至少两排 车门:2 个或 4 个侧门 车窗:4 个或 4 个以上侧窗
3	高级乘用车 pullman saloon (pullman sedan) (executive limousine)	车身:封闭式,前后座之间可以设有隔板 车顶(顶盖):固定式,硬顶。有的顶盖一部分可以开启 座位:4 个或 4 个以上座位,至少两排。后排座椅前可安装折叠式座椅 车门:4 个或 6 个侧门,也可有一个后开启门 车窗:6 个或 6 个以上侧窗

续表

序号	术语	定义
4	小型乘用车 coupe	车身：封闭式，通常后部空间较小 车顶(顶盖)：固定式，硬顶。有的顶盖一部分可以开启 座位：2个或2个以上的座位，至少一排 车门：2个侧门，也可有一个后开启门 车窗：2个或2个以上侧窗
5	敞篷车 Convertible (open tourer) (roadster) (spider)	车身：可开启式 车顶(顶盖)：车顶可为软顶或硬顶，至少有两个位置：第一个位置遮覆车身；第二个位置车顶卷收或可拆除 座位：2个或2个以上的座位，至少一排 车门：2个或4个侧门 车窗：2个或2个以上侧窗
6	舱背乘用车 hatchback	车身：封闭式，侧窗中柱可有可无 车顶(顶盖)：固定式，硬顶。有的顶盖一部分可以开启 座位：4个或4个以上座位，至少两排。后坐椅可折叠或可移动，以形成一个装载空间 车门：2个或4个侧门，车身后部有一舱门
7	旅行车 station wagon	车身：封闭式，车尾外形可提供较大的内部空间 车顶(顶盖)：固定式，硬顶。有的顶盖一部分可以开启 座位：4个或4个以上座位，至少两排。座椅的一排或多排可拆除，或装有向前翻倒的座椅靠背，以提供装载平台 车门：2个或4个侧门，并有一后开启门 车窗：4个或4个以上侧窗
8	多用途乘用车 multipurpose passenger car (multipurpose vehicle)	上述序号1~7车辆以外的，只有单一车室载运乘客及其行李或物品的乘用车。但是，如果这种车辆同时具有下列两个条件，则不属于乘用车 条件1：除驾驶人以外的座位数不超过6个；只要车辆具有可使用的座椅安装点，就应算"座位"存在 条件2：$P-(M+N \cdot 68) > N \cdot 68$ 式中：P——最大设计总质量 M——整车整备质量与1位驾驶人身体质量之和 N——除驾驶人以外的座位数
9	短头乘用车 forward control passenger car	一种乘用车，它一半以上的发动机长度位于车辆前风窗玻璃最前点以后，并且转向盘的中心位于车辆总长的前四分之一部分内
10	越野乘用车 off-road passenger car	在其设计上所有车轮同时驱动(包括一个驱动轴可以脱开的车辆)，或其几何特性(接近角、离去角、纵向通过角、最小离地间隙)、技术特性(驱动轴数、差速锁止机构或其他形式机构)和它的性能(爬坡度)允许在非道路上行驶的一种乘用车

续表

序号	术 语	定 义
11	专用乘用车 special purpose passenger car	运载乘员或物品并完成特定功能的乘用车,它具备完成特定功能所需的特殊车身和(或)装备 例如：旅居车、防弹车、救护车、殡仪车等
	旅居车 motor caravan	旅居车是一种至少具有下列生活设施结构的乘用车： 座椅和桌子 睡具,可由座椅转换而来 炊事设施 储藏设施
	防弹车 armoured passenger car	用于保护所运送的乘员和(或)物品并符合装甲防弹要求的乘用车
	救护车 ambulance	用于运送病人或伤员并为此目的配有专用设备的乘用车
	殡仪车 hearse	用于运送死者并为此目的而配有专用设备的乘用车

注：定义中的车窗指一个玻璃窗口,可由一块或几块玻璃组成(例如通风窗为车窗的一个组成部分)。

商用车(commercial vehicle)是指在设计和技术特性上用于运送人员和货物的汽车,并且可以牵引挂车。商用车包括客车(小型客车、城市客车、长途客车、旅游客车、铰接客车、无轨电车、越野客车、专用客车)、半挂牵引车、货车(普通货车、多用途货车、全挂牵引车、越野货车、专用作业车、专用货车)等。

现行国家标准对商用车的详细分类见表3-5。

表3-5 商用车的分类

序号	术 语	定 义
1	客车 bus	在设计和技术特性上用于载运乘客及其随身行李的商用车辆,包括驾驶人座位在内座位数超过9座。客车有单层的或双层的,也可牵引一挂车
	小型客车 minibus	用于载运乘客,除驾驶人座位外,座位数不超过16座的客车
	城市客车 city-bus	一种为城市内运输而设计和装备的客车。这种车辆设有座椅及站立乘客的位置,并有足够的空间供频繁停站时乘客上下车走动用
	长途客车 interurban coach	一种为城间运输而设计和装备的客车。这种车辆没有专供乘客站立的位置,但在其通道内可载运短途站立的乘客
	旅游客车 touring coach	一种为旅游而设计和装备的客车。这种车辆的布置要确保乘客的舒适性,不载运站立的乘客
	铰接客车 articulated bus	一种由两节刚性车厢铰接组成的客车。在这种车辆上,两节车厢是相通的,乘客可通过铰接部分在两节车厢之间自由走动。 这种车辆可以按两节刚性车厢永久联结,只有在工厂车间使用专用的设施才能将其拆开

续表

序号	术语	定义
1	无轨电车 trolley bus	一种经架线由电力驱动的客车,这种电车可指定用作多种用途
1	越野客车 off-road bus	在其设计上所有车轮同时驱动(包括一个驱动轴可以脱开的车辆)或其几何特性(接近角、离去角、纵向通过角、最小离地间隙)、技术特性(驱动轴数、差速锁止机构或其他形式机构)和它的性能(爬坡度)允许在非道路上行驶的一种车辆
1	专用客车 special bus	在其设计和技术特性上只适用于需经特殊布置安排后才能载运人员的车辆
2	半挂牵引车 Semi-trailer Towing vehicle	装备有特殊装置用于牵引半挂车的商用车辆
3	货车 goods vehicle	一种主要为载运货物而设计和装备的商用车辆,它能否牵引挂车均可
3	普通货车 general purpose goods vehicle	一种在敞开(平板式)或封闭(厢式)载货空间内载运货物的货车
3	多用途货车 multipurpose goods vehicle	在其设计和结构上主要用于载运货物,但在驾驶人座椅后带有固定或折叠式座椅,可运载3人以上乘客的货车
3	全挂牵引车 trailer towing vehicle	一种牵引杆式挂车的货车,它本身可在附属的载运平台上运载货物
3	越野货车 off-road goods vehicle	在其设计上所有车轮同时驱动(包括一个驱动轴可以脱开的车辆)或其几何特性(接近角、离去角、纵向通过角、最小离地间隙)、技术特性(驱动轴数、差速锁止机构或其他形式的机构)和它的性能(爬坡度)允许在坏路上行驶的一种车辆
3	专用作业车 special goods vehicle	在其设计和技术特性上用于特殊作业的货车。例如,消防车、救险车、垃圾车、应急车、街道清洗车、扫雪车、清洁车等
3	专用货车 specialized goods vehicle	在其设计和技术特性上用于运输特殊物品的货车。例如,罐式车、乘用车运输车、集装箱运输车等

2. 专用汽车

专用汽车是用基本车型改装,装上专用设备或装置,完成某种或某些专门作业任务的汽车。按其用途可分作业型专用汽车和运输型专用汽车。

1) 作业型专用汽车

作业型专用汽车是指在汽车上安装各种特殊设备进行特定作业的汽车。例如,公安消防车(见图3-16)、广播电视转播车(见图3-17)、商业售货车、医疗救护车、环卫环保作业车、市政建设工程作业车、农牧副渔作业车、石油地质作业车、机场作业车等。

图 3-16　公安消防车

图 3-17　广播电视转播车

2) 运输型专用汽车

运输型专用汽车是车身经过改装，用来运输专门货物的汽车。例如，运输易污货物的闭式车厢货车、运输易腐食品的冷藏车厢货车、运输砂土矿石的自卸汽车（见图 3-18）、运输流体或粉状固体的罐车（见图 3-19）。此外，还有挂车、半挂车、集装箱货车等。

图 3-18　自卸汽车（后翻式）

图 3-19　混凝土输送车

3. 特殊用途汽车

1) 竞赛汽车

竞赛汽车（见图 3-20）是按照特定的竞赛规范而设计或改装的汽车。在进行竞赛时，竞赛汽车各种零部件的性能都将经受极其严峻的考验，因而竞赛汽车都经过精心设计，并集中采用了大量高新科技成果。

图 3-20　法拉利 F1 一级方程式赛车

2) 娱乐汽车

随着人民生活水平的提高，要求汽车不仅满足运输需要，而且还要满足精神生活的需要。娱乐汽车的例子如装备卧具和炊具的旅游汽车（流动住房）、高尔夫球场专用汽车（见图 3-21）、海滩游玩汽车等。

图 3-21　高尔夫球场专用汽车

3.1.2　按动力装置类型分类

1. 内燃机汽车

1) 活塞式内燃机汽车

活塞式内燃机可按活塞的运动方式分为往复活塞式和旋转活塞式等类型。

图 3-22　美国通用汽车公司的火鸟 XP 21 型燃气轮机动力汽车（1954 年）

目前，汽车几乎都采用往复活塞式内燃机作为动力装置。按照燃料的不同，内燃机汽车又分为汽油机汽车、柴油机汽车和代用燃料汽车。目前，代用燃料主要有合成液体石油、液化石油气（LPG）、压缩天然气（CNG）、醇类等。

2) 燃气轮机汽车

燃气轮机汽车（见图 3-22）是一种涡轮式内燃机汽车。与活塞式内燃机相比，燃气轮机功率大、质量小、转矩特性好，对燃油没有严格限制；但耗油量较多、噪声较大、制造成本较高。

2. 电动汽车

电动汽车是指以电动机为驱动装置,并有自身供电能源的车辆(不包括依靠架线供电行驶的车辆)。

1) 蓄电池式电动汽车(ZEV)

由于传统的铅酸电池具有质量大、比能量低、充电时间长、寿命短等缺点,使这种电动汽车在车速和续驶里程等方面还无法与轻巧强劲的内燃机汽车相媲美。但是,这种汽车却具有许多优点:不需要石油燃料、零排放、操纵简便、噪声小以及可在特殊的环境(如太空、海洋、真空)下工作。研制出轻巧、高效、价廉的蓄电池是这种车辆进一步发展的关键。

2) 燃料电池式电动汽车(FCEV)

这种车辆是使燃料在转化器中产生反应而释放出氢气,再将氢气输入燃料电池中与氧气结合而发出电力,推动电动机工作。燃料电池式电动汽车的技术问题已基本解决,但汽车的性能仍不及内燃机汽车,而且价格较昂贵。

3) 复合式汽车(HEV)

复合式汽车又称混合动力汽车,是装备两套动力装置的车辆。这种车辆通常装有内燃机-发电机组以及蓄电池。汽车低负荷时,发电机组除向驱动汽车的电动机供电外,多余的电能存入蓄电池;汽车高负荷时,蓄电池也参与供能。这种车辆的优点是发电机组的内燃机的排量小(小型柴油机排量仅 1.0 L),而且可调节至恒定的最佳工作状态(效率高达 43%),其油耗和排放仅为同级别内燃机汽车的 1/3,而且克服了蓄电池式电动汽车动力性差、续驶里程短的致命缺点。

可见,复合式汽车是使电动汽车和内燃机汽车两者扬长避短的折中式车型。虽然复合式汽车结构复杂,但如能大批量生产以降低成本,则会有很好的发展前景。

3. 喷气式汽车

喷气式汽车是依靠航空发动机或火箭发动机以及特殊燃料,并以喷气反作用力驱动的轮式汽车。普通汽车和竞赛汽车都不允许采用这种结构形式,这种汽车只能用于创造速度纪录。

英国研究人员研制的新型"猎犬 SSC"喷气式汽车(见图 3-23),速度高达 1690 km/h,是一辆比子弹还要快的超音速汽车。"猎犬 SSC"喷气式汽车外形类似铅笔,长 12.8 m,高 2.7 m,重 6.4 t,以火箭的喷气式发动机为动力。

(a) 左前

(b) 右后

图 3-23 "猎犬 SSC"喷气式汽车

4. 其他动力装置汽车

如早期的蒸汽机汽车和新研制的太阳能汽车(见图 3-24)等。

图 3-24　太阳能汽车

3.1.3　按行驶道路条件分类

1. 公路用汽车

公路用汽车是指适于公路和城市道路行驶的汽车。这种汽车的外廓尺寸(总长、总宽、总高)和单轴负荷等均受交通法规的限制。

根据交通量及其使用任务、性质，我国的公路划分为：高速公路和一、二、三、四级公路。在公路网中起骨架作用的公路称为干线公路，起连接作用的称支线公路。经国家确定的具有全国性政治、经济、国防意义的公路称为国家干线公路，亦称国道。

国道采用 3 位数字编号，首位数字为 1 的，是指以北京为中心的国道；首位数字为 2 的，是指南北方向(纵向)的国道；首位数字为 3 的，是指东西方向(横向)的国道。

2. 非公路用汽车

非公路用汽车分为两类：一类是其外廓尺寸和单轴负荷等参数超过公路用汽车法规的限制，只能在矿山、机场、工地、专用道路等非公路地区使用；另一类是能在无路地面上行驶的高通过性汽车，称为越野汽车。

越野汽车可以是乘用车、客车、货车或其他用途的汽车。根据国家标准 GB/T 3730.1—2001 的规定，越野汽车按总质量分级，见表 3-6。

表 3-6　越野汽车的分级

分　级	汽车总质量/t	图　例
轻型越野汽车	≤5.0	图 3-25
中型越野汽车	5.0～13.0	图 3-26
重型越野汽车	>13.0	图 3-27

图 3-25　北京 BJ2020VA 轻型越野汽车

图 3-26　EQ2080 中型越野汽车

图 3-27　重型越野汽车

3.1.4　按行驶机构的特征分类

1. 轮式汽车

通常按驱动形式分为非全轮驱动和全轮驱动两种类型。汽车的驱动形式常用符号"$n×m$"表示,其中 n 是车轮总数(装在同一个轮毂上的双轮胎仍算 1 个车轮),m 是驱动轮数。例如,普通乘用车和大多数汽车通常属于 4×2(非全轮驱动)类型,而越野汽车属于全轮驱动类型,有 4×4(BJ2020 轻型越野汽车)、6×6(EQ2080 中型越野汽车)、8×8(三江航天 WS2400 重型越野汽车,见图 3-28)、12×12(万山 WS2900 重型越野汽车,见图 3-29)等。

图 3-28　三江航天 WS2400 重型越野汽车

图 3-29　万山 WS2900 重型越野汽车

2. 采用其他类型行驶机构的汽车

采用其他类型行驶机构的汽车主要有履带式(见图 3-30)、雪橇式(见图 3-31)汽车,从广义上讲还可包括气垫式(见图 3-32)、公路铁路两用车(见图 3-33)等汽车。

图 3-30　履带式汽车

图 3-31　雪橇式汽车

图 3-32　气垫式汽车

图 3-33 公路铁路两用车

3.1.5 按发动机位置及驱动形式分类

按发动机位置及驱动形式分，乘用车可分为前置发动机前轮驱动乘用车、前置发动机后轮驱动乘用车、后置发动机后轮驱动乘用车及四轮驱动乘用车；客车可分为前置发动机后轮驱动客车、中置发动机后轮驱动客车和后置发动机后轮驱动客车；货车基本上都采用前置发动机后轮驱动形式。

3.1.6 按乘客座位数及汽车总质量分类

国家标准 GB/T 15089—2001 按乘客座位数及汽车总质量对汽车进行了分类，见表3-7。

表 3-7 机动车辆及挂车分类（GB/T 15089—2001[①]）

汽车类型			乘客座位数[②]	厂定汽车最大总质量/t	说　明
M 类	至少有 4 个车轮并且用于载客的机动车辆	M_1 类	≤9	—	包括驾驶人座位在内，座位数不超过 9 座的载客车辆
		M_2 类	≤9	≤5.0	包括驾驶人座位在内，座位数不超过 9 个，且最大设计总质量不超过 5.0t 的载客车辆
		M_3 类	>9	>5.0	包括驾驶人座位在内，座位数超过 9 个，且最大设计总质量超过 5.0t 的载客车辆
N 类	至少有 4 个车轮并且用于载货的机动车辆	N_1 类	—	≤3.5	最大设计总质量不超过 3.5t 的载货车辆
		N_2 类	—	3.5～12	最大设计总质量超过 3.5t，但不超过 12 t 的载货车辆
		N_3 类	—	>12	最大设计总质量超过 12 t 的载货车辆

续表

汽车类型		乘客座位数[2]	厂定汽车最大总质量/t	说明
O类	挂车(包括半挂车)	O₁类	—	≤0.75	最大设计总质量不超过0.75 t的挂车
		O₂类	—	0.75~3.5	最大设计总质量超过0.75 t,但不超过3.5 t的挂车
		O₃类	—	3.5~10	最大设计总质量超过3.5 t,但不超过10 t的挂车
		O₄类	—	>10	最大设计总质量超过10 t的挂车

注:① 该标准还包括两轮或三轮机动车辆(L类)和满足特定要求的M类、N类的越野车(G类)的分类。
② 包括驾驶人座位在内。

3.1.7 国产汽车产品型号编制规则

国产汽车型号应能表明其厂牌、类型和主要特征参数等。该型号由拼音字母和阿拉伯数字组成,包括首部、中部和尾部三部分。

(1) 首部——由2个或3个拼音字母组成,是企业识别代号。如:CA代表"一汽"、EQ代表"二汽"、BJ代表北京、NJ代表南京、SY代表沈阳等。

(2) 中部——由4位数字组成,分为首位、中间两位和末位数字三部分,其含义见表3-8。

表3-8 汽车型号中部4位阿拉伯数字的含义

首位数字(1~9)表示车辆类别		中间两位数字表示各类汽车的主要特征参数	末位数字
1	表示载货汽车	数字表示汽车的总质量(t)[1]	表示企业自定序号
2	表示越野汽车		
3	表示自卸汽车		
4	表示牵引汽车		
5	表示专用汽车		
6	表示客车	数字×0.1 m表示车辆的总长度[2]	
7	表示乘用车	数字×0.1 L表示汽车发动机工作容积	
8	(暂缺)		
9	表示半挂车或专用半挂车	数字表示汽车的总质量(t)	

注:① 汽车总质量大于100 t时,允许用3位数字。
② 汽车总长度大于10 m时,数字×1 m。

(3) 尾部——由拼音字母或加上阿拉伯数字组成,可以表示专用汽车的分类或变型车与基本型的区别。

例如:型号CA1092表示一汽集团生产的货车,总质量9 t,末位数字2表示在原车型

CA1091 的基础上改进的新车型。型号 CA7226L 表示一汽集团生产的乘用车,发动机工作容积 2.2 L,序号 6 表示安装 5 缸发动机的车型,尾部字母 L 表示加长型(即小红旗加长型中级乘用车)。

3.2 国外汽车分类

3.2.1 欧系汽车分类法

目前,也有许多欧洲汽车公司按照排量或者轴距对乘用汽车进行分类。其中,以德国大众汽车公司的乘用车分类法最具代表性。

在欧系分类法中,通常把乘用车分为 A、B、BC、D、E、EF 和 G 级。其等级划分主要依据轴距、排量、质量等参数,字母顺序越靠后,该级别车的轴距越长、排量和质量越重,豪华程度也越高。

1. A 级车(包括 A0、A00)

A 级车(包括 A0、A00)车是指小型乘用车。

A00 级乘用车的轴距在 2~2.2 m,发动机排量小于 1 L,例如奥拓、奇瑞 QQ、通用五菱 SPARK(见图 3-34)就属于 A00 级乘用车。

A0 级乘用车的轴距为 2.2~2.3 m,排量为 1~1.3 L,比较典型的是两厢夏利乘用车;一般所说的 A 级车其轴距范围在 2.3~2.45 m,排量在 1.3~1.6 L,德国大众的捷达、波罗 POLO(见图 3-35)都算得上是 A 级车当中的明星。

图 3-34 通用五菱 SPARK

图 3-35 波罗 POLO

2. B 级车

B 级车是中档乘用车。B 级中档乘用车轴距在 2.45~2.6 m,排量在 1.6~2.4 L。

近年来,B 级车市场逐渐成为国内汽车企业拼杀的主战场,奥迪 A4、帕萨特、中华骏捷(见图 3-36)、东方之子等众多车型均属于 B 级车阵营。

3. C 级车

C 级车是高档乘用车。C 级高档乘用车的轴距在 2.6~2.8 m,发动机排量为 2.3~3.0 L,国内名气最大的 C 级车非奥迪 A6L(见图 3-37)莫属。

图 3-36　中华骏捷

图 3-37　奥迪 A6 L

4. D 级车

D 级车指的是豪华乘用车。D 级豪华乘用车大多外形气派，车内空间极为宽敞，发动机动力也非常强劲，其轴距一般均大于 2.8 m，排量基本都在 3.0 L 以上。

目前，常见的 D 级车有奔驰 S 系列、宝马 7 系（见图 3-38）、奥迪 A8 和劳斯莱斯、宾利等几个品牌的车型。

图 3-38　宝马 760

5. E 级车

E 级为高级车，如奔驰 E 级、E280（见图 3-39）和 E200K 等。

6. F 级车

F 级车一般为赛车，如宝马索伯车队的 F1 赛车 BMW Sauber F1.08（见图 3-40）。

图 3-39　奔驰 E280

图 3-40　BMW Sauber F1.08

3.2.2　设计理念分类法

近年来，汽车设计理念发生了很大的变化和进步。除上述分类方法之外，按汽车设计理念不同，还可以分为 SUV、CUV、SRV 等，下面逐一加以介绍。

1. PICK-UP

PICK-UP 即皮卡（俗称半截美）。顾名思义，是一种采用乘用车车头和驾驶室，同时带有敞开式货车车厢的车型。其特点是既有乘用车般的舒适性，又不失动力强劲，而且比乘用车的载货和适应不良路面的能力更强。

最常见的皮卡车型是双排座皮卡（见图 3-41），这种车型目前保有量最大，也是人们在市场上见得最多的皮卡。

图 3-41　中兴旗舰皮卡

2. SUV

SUV 的全称是 Sport Utility Vehicle，即运动型多用途车，20 世纪 80 年代起源于美国，是为迎合年轻白领阶层的爱好而在皮卡底盘上发展起来的一种厢式车。

SUV 离地间隙较大，在一定的程度上既有乘用车的舒适性又有越野车的越野性能。福布斯杂志评选的 2007 年度十佳 SUV 有凯迪拉克 Escalade（见图 3-42）、陆虎 Range Rover（见图 3-43）、荷兰的世爵 D12、本田阿库拉 MDX、别克 Enclave 等。

图 3-42　凯迪拉克 Escalade

图 3-43　陆虎 Range Rover

3. CRV

CRV 是本田的一款车，国产的版本叫作东风本田 CR-V（见图 3-44），取英文 City Recreation Vehicle 之意，即城市休闲车。

图 3-44　本田 CR-V

4. SRV

SRV 的英文全称是 Small Recreation Vehicle，意为小型休闲车，一般指两厢乘用车，如吉利豪情 SRV（见图 3-45）和上海通用赛欧 SRV（见图 3-46）。

5. RAV

RAV 源于丰田的一款小型运动型车 RAV4（见图 3-47）。丰田公司的解释是，将 Recreational（休闲）、Activity（运动）、Vehicle（车）三个词的首字母连写，就成了 RAV，又因为该车是四轮驱动，所以又加了个 4。

图 3-45 吉利豪情 SRV

图 3-46 赛欧 SRV

图 3-47 丰田 RAV4

6. HRV

HRV 源于上海通用别克凯越 HRV 乘用车(见图 3-48),取 Healthy(健康)、Recreational(休闲)、Vigorous(活力)之意,是一个全新的汽车设计概念。

图 3-48 别克凯越 HRV 乘用车

7. MPV

MPV 的全称是 Multi-Purpose Vehicle,即多用途汽车。

MPV 集乘用车、旅行车和厢式货车的功能于一身,车内每个座椅都可调整,并有多种组合方式。例如,将中排座椅靠背翻下即可变为桌台,前排座椅可作 180°回转调节等。

长城 2.0L MPV 嘉誉(见图 3-49)、金杯阁瑞斯(见图 3-50)、上海通用 GL8、普力马、奥德赛等都属于 MPV。

近年来,MPV 趋于小型化,并出现了所谓的 S-MPV,S 是小(Small)的意思,车身紧凑,一般为 5~7 座。江西昌河北斗星(见图 3-51)是 S-MPV 的典型代表。

图 3-49 长城 2.0 L MPV 嘉誉

图 3-50 阁瑞斯 MPV

图 3-51 北斗星 S-MPV

8. CUV

CUV 是英文 Car-Based Utility Vehicle 的缩写,是以乘用车底盘为设计平台,融乘用车、MPV 和 SUV 特性为一身的多用途车,也称为 Crossover。

CUV 最初在 20 世纪末起源于日本,之后在北美、西欧等地区流行,开始成为崇尚既有乘用车驾驶感受和操控性,又有多用途运动车的功能,喜欢 SUV 的粗犷外观,同时也注重燃油经济性与兼顾良好的通过性的这类汽车用户的最佳选择。

三菱欧蓝德(Outland,见图 3-52)和长城哈弗(见图 3-53)都是典型的 CUV。

图 3-52 三菱欧蓝德(Outland)CUV

9. NCV

NCV 的全称是 New Concept Vehicle,即新概念汽车。NCV 以乘用车底盘为平台,兼顾了乘用车的舒适性和 SUV 的越野性。

奇瑞瑞虎(见图 3-54)和黄海法萨特(见图 3-55)都属于 NCV。作为新概念乘用车,NCV 比家用乘用车的使用范围更广。

图 3-53　长城哈弗 CUV

图 3-54　瑞虎 NCV

图 3-55　黄海法萨特

10. RV

RV 的全称是 Recreation Vehicle,即休闲车,是一种适用于娱乐、休闲、旅行的汽车,首先提出 RV 汽车概念的国家是日本。

RV 的覆盖范围比较广泛,没有严格的范畴。从广义上讲,除了乘用车和跑车外的轻型乘用车,如 MPV 及 SUV、CUV 等都可归属于 RV。

如图 3-56 所示的宝马 BMW X5 就是一款相当出色的 RV。

图 3-56　宝马 BMW X5

3.3 汽车性能指标

各种不同用途的汽车对其性能要求也各有侧重,微型乘用车要求经济实用,高级乘用车要求动力强劲、豪华舒适,载货车要求多拉快跑,越野汽车要求越障过沟……

概括起来,离不开5个方面的性能要求:动力性、经济性、机动性、安全性和舒适性。这些性能在汽车使用期的保持和恢复构成了汽车的可靠性和可维修性。

3.3.1 动力性

汽车的动力性通常用三个参数来评价,称为动力性指标。

1. 汽车的最高车速 v_{amax}(km/h)

在水平的良好路面(混凝土或沥青路面)上汽车所能达到的最高行驶速度。一般来说,发动机最大功率越高,汽车的 v_{amax} 就越大。

2. 汽车的加速时间 t(s)

汽车在水平良好路面上由原地起步的加速时间和超车加速时间,它表征了汽车的加速能力。

3. 汽车的最大爬坡度 i_{max}(%)

汽车满载时在良好路面上以Ⅰ挡行驶时可爬越的最大坡度。载货汽车使用范围较广,要求有足够的爬坡能力,一般 $i_{max} \approx 30\%$;越野汽车需要在野外无路条件下行驶,要求爬坡能力更高,通常 i_{max} 达 60% 甚至更大。

3.3.2 经济性

汽车的经济性即燃料经济性,指单位燃料消耗量所完成的运输工作量。常用的评价指标是在规定条件下行驶单位里程所消耗的燃料量,如百公里油耗(L/100 km);也有反过来用的,如美国用 MPG,即消耗每加仑燃料所能行驶的英里数。为比较不同货车的运输成本,有时也采用运送单位质量的货物至单位里程所消耗的燃料量作为经济性指标,即 L/(100 t·km)。

根据不同的行驶条件规定,用于评价经济性的油耗指标有等速油耗、道路循环油耗和汽车测功器循环油耗三类。

对于不同燃料的汽车,比较其经济性应从总能耗出发,该能耗包括燃料提取、运输等整个过程中所消耗的能量。

3.3.3 机动性

机动性是具有广泛内涵的一种性能,简单地说就是指它的快速运动能力。对于民用车辆而言,机动性主要涉及主动机动性,即指汽车在额定载重下以足够高的平均速度通过各种坏路、坎坷不平地段、无路地带(松土、沙漠、雪地、沼泽等)和克服各种障碍的能力,这种机动性常称为通过性或越野性。

汽车通过性通常用通过性尺寸指标和通过性支承—牵引指标来评价。前者是与防止汽车间隙失效有关的汽车本身的尺寸参数,后者则表征汽车以足够高的平均速度通过各种坏路和无路地带的能力。

通过性尺寸指标中属于防止顶起失效的有汽车的纵向通过半径、横向通过半径和最小离地间隙(见图3-57),属于触头失效和托尾失效的是接近角和离去角,反映通过弯道能力和转弯所需最小空间的指标是转弯直径和转弯通道圆(均在方向盘极限位置时测定),如图3-58所示。当然,除上述几何参数外,汽车本身的长、宽、高和轮胎直径也是一种通过性几何参数。

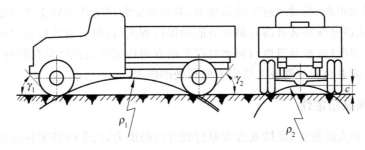

图3-57 汽车的通过性几何参数

γ_1—接近角;γ_2—离去角;ρ_1—纵向通过半径;ρ_2—横向通过半径;c—最小离地间隙

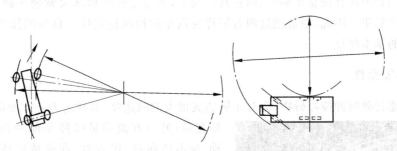

图3-58 汽车的转弯直径和转弯通道圆

通过性支承—牵引指标可以用挂钩牵引力来描述。挂钩牵引力定义为车辆的土壤推力与土壤阻力之差,它反映了土壤的强度储备,用以使车辆加速、上坡、克服道路不平的阻力和牵引连接在挂钩上的挂车或其他装备。显然,单位汽车质量的挂钩牵引力越大,汽车的越野行驶能力越强。

对各种越野车辆,为提高其越障能力,通常要求:①最小离地间隙接近轮胎半径;②接近角和离去角不小于45°;③车身下应平坦;④采用多轴驱动;⑤采用大直径轮胎;⑥具有较小的纵向和横向通过半径;⑦具有较小的转弯直径;⑧车体结构具有与地面几何形状相适应的能力。

为提高其在松土上的行驶能力,往往要求:①具有最小的自重;②采用大直径、低压轮胎;③良好的轮胎设计;④采用多轴驱动;⑤装备自锁差速器;⑥一定的最大轴荷限制。

3.3.4 安全性

汽车的交通安全要素由车辆、道路、驾驶人三者组成。对汽车设计人员来说,其责任是保证汽车自身具有良好的安全性能,它主要涉及主动安全性、被动安全性和环境安全性。主动安全性包括汽车的制动性和操纵稳定性;被动安全性主要是撞车安全性、防火安全性和防盗安全性;环境安全性则涉及废气排放和噪声控制。

1. 汽车的制动性能

汽车的制动性能包括制动效能、制动效能的恒定性、制动时汽车的方向稳定性三个方面。制动效能是指汽车在行驶中能强制性地减速到停车,或者下长坡时维持一定车速的能力,其评价指标通常是制动距离、制动减速度或制动力;制动效能的恒定性主要指在高速或下长坡时的连续制动中,制动器温度显著升高时制动效能的保持程度(抗热衰退性),也包括制动器浸水后制动效能的保持程度(抗水衰退性);制动时汽车的方向稳定性是指汽车在制动中不发生跑偏、侧滑或丧失转向能力而能按驾驶人给定方向行驶的能力。

2. 汽车的操纵稳定性

汽车按照驾驶人的操作,维持或改变原行驶方向的能力;汽车的稳定性是指汽车行驶过程中,受地面、大气等外界因素干扰后,能自行尽快恢复原行驶状态和方向,而不产生失控、倾翻、侧滑等现象的能力。操纵性和稳定性是两个不同的概念,但又有紧密联系。

操纵性的丧失往往使整车侧滑、回转甚至翻车,而稳定性的破坏又常使车辆无法控制,从而造成灾难性后果。因此,通常把这两者统称为汽车的操纵稳定性。良好的操纵稳定性是汽车行车安全的基本保证。

3. 撞车安全性

车辆高速行驶时冲撞障碍物,会对车辆造成很大的减速度,其冲击力一方面造成车体的破坏变形;另一方面乘员以撞车前的初速向前方移动,撞击转向盘、仪表盘、前窗玻璃或前座位的背面,这就是所谓的二次碰撞。侧面碰撞或正面碰撞时,驾驶人下意识地打转向盘作避让动作又常造成汽车倾翻。撞车和倾翻时,若车门因变形而脱扣,乘员常会被甩落车外而遭受更大的伤害。

近年来,随着车速的提高,汽车安全气囊在防冲撞损伤方面的明显效果受到人们的普遍重视,许多国家已把装置前座安全气囊(见图 3-59)作为新车的标准装备。

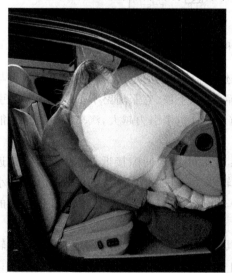

图 3-59 汽车安全气囊

4. 防火安全性

汽车在使用中有时会发生失火事故,其失火原因有电线短路、燃烧系统起火、吸烟、排气管过热等,因撞车、翻车起火造成重大伤亡的事例也很多。因此,汽车要求具有防火安全性。

5. 防盗安全性

汽车作为财产也有财产安全的问题,车被盗一直是令车主头痛的事。现在已有很多防盗报警系统出现,不少汽车在出厂时就装有防盗报警系统。这类系统通过车主的遥控器使之启动,可在盗贼作案时用灯光和声音示警,并通过车主的遥控器向车主报警。遥控器可控制中央门锁系统使盗贼无法进入车内,或通过密码系统使盗贼无法发动汽车。

3.3.5 舒适性

舒适性最基本的要求是行驶平顺性,即汽车在一般使用速度范围内行驶时,要保证乘坐者不致因车身振动而引起不舒适和疲乏的感觉,以及保证所运货物的完整无损。这一特性实际上反映了汽车对路面不平度的隔振性能。

对于汽车平顺性的评价指标,虽然做了很多试验研究工作,但由于不同人对振动的敏感程度在频率上和强度上均有很大差异,即涉及主观评价标准问题,所以目前还没有非常一致的意见。不过,近年来国际标准化组织在综合大量资料的基础上,提出的"人体承受全身振动的评价指南(ISO 2631—1978(E))"已被许多国家采用。该标准用加速度的均方根值给出了在1~80 Hz振动频率范围内,人体对振动反应的三种不同感觉界限。

1. 暴露极限

当人体承受的振动强度在这个极限之内,将保持健康或安全。通常把此极限作为人体可以承受的振动频率和振动强度的上限。

2. 疲劳——降低工作效率界限

这个界限与保持工作效率有关,当驾驶人承受的振动在此界限内时,能保持正常驾驶。

3. 舒适性降低界限

此界限与保持舒适有关,它影响人在车上进行吃、谈、读、写等动作。

复习思考题

1. 现行国家标准(GB/T 3730.1—2001)是如何对国产汽车进行分类的?
2. 欧洲是如何对汽车进行分类的?
3. 按照设计理念的不同,汽车可以分为哪几类?
4. 汽车的主要性能指标有哪些?

第4章 钢筋铁骨铸精灵 ——汽车基本构造

教学提示：作为路面高速行走机械，汽车的构造是非常精密和复杂的。汽车通常由发动机、传动装置、行驶和控制装置、车身及电气设备等部分组成。

教学要求：本章主要介绍汽车的基本构造。要求学生熟悉发动机、底盘、车身和电气系统的基本构成和工作原理。

4.1 汽车总体构造

1. 发动机

发动机（见图 4-1）是汽车的动力装置，其作用是使供入其中的燃料燃烧而发出动力。一般汽车都采用往复活塞式内燃机。车用发动机一般由机体、曲柄连杆机构、配气机构、燃料供给系、冷却系、润滑系、点火系（汽油发动机用）和启动系等几部分组成。

图 4-1 发动机（解剖照片）

2. 传动装置

传动装置（见图 4-2）是将发动机输出的动力传给驱动车轮的装置，包括离合器、变速器、驱动轴、差速器等部件。

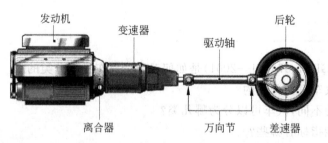

图 4-2 传动装置

3. 行驶和控制装置

行驶和控制装置（见图 4-3）是将汽车各总成及部件连接成一个整体，起到支承全车并保

图 4-3　行驶和控制装置

证汽车正常行驶的装置,包括制动器、转向器、悬架、车轮等部件。

4. 车身

车身(见图 4-4)是形成驾驶人和乘客乘坐空间的装置,也是存放行李等物品的工具。因此,要求车身既要为驾驶人提供方便的操作条件,又要为乘客提供舒适的环境;既要保护全体乘员的安全,又要保证货物完好无损。

也就是说,车身既是保安部件又是承载部件。在现代汽车中,车身又是技术与艺术有机结合的工艺品。乘用车车身由本体、内外装饰和车身附件等组成。

5. 电气设备

电气设备(见图 4-5)是汽车的重要组成部分,由电源、发动机点火系(汽油机)和启动系、照明信号装置、空调、仪表和报警系统以及辅助电器等组成。

图 4-4　车身　　　　　　　　　图 4-5　电气设备

对于高级乘用车,更多地采用了现代新技术,尤其是电子技术,如微处理机(汽车计算机)、中央计算机系统及各种人工智能装置等,从而显著地提高了汽车的性能。

图 4-6 所示为典型乘用车的总体构造。

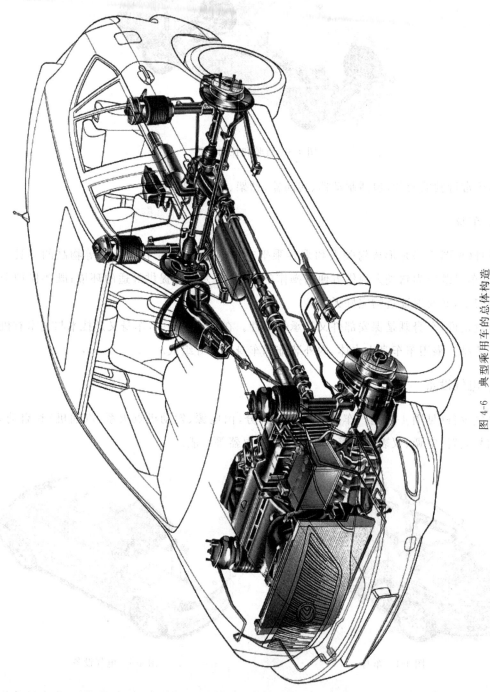

图 4-6 典型乘用车的总体构造

4.2 发动机构造

4.2.1 发动机工作原理与分类

1. 发动机的分类

发动机是将自然界某种能量直接转换为机械能并拖动某些机械进行工作的机器。将热能转化为机械能的发动机,称为热力发动机(简称热机),其中的热能是由燃料燃烧产生的。

内燃机是热力发动机的一种,其特点是液体或气体燃料和空气混合后直接输入机器内部燃烧而产生热能,然后再转变成机械能。

另一种热机是外燃机,如蒸汽机、汽轮机或燃气轮机等,其特点是燃料在机器外部燃烧以加热水,产生高温、高压的水蒸气,再输送至机器内部,使所含的热能转变为机械能。

内燃机与外燃机相比,具有热效率高、体积小、质量小、便于移动、起动性能好等优点,因而广泛应用于飞机、船舶以及汽车、拖拉机、坦克等各种车辆上。但是内燃机一般要求使用石油燃料,且排出的废气中所含有害气体成分较高。为解决能源与大气污染的问题,目前国内外正致力于排气净化以及其他新能源发动机的研究开发工作。

根据车用内燃机将热能转化为机械能的主要构件形式的不同,可分为活塞式内燃机和燃气轮机两大类。前者又可按活塞运动方式不同分为往复活塞式和旋转活塞式两种。往复活塞式内燃机在汽车上应用最广泛。汽车发动机(指汽车用活塞式内燃机)可以根据不同的特征分类。

(1) 按着火方式分类:可分为压燃式与点燃式发动机两类。压燃式发动机为压缩汽缸内的空气或可燃混合气,产生高温,引起燃料着火的内燃机;点燃式发动机是将压缩汽缸内的可燃混合气,用点火器点火燃烧的内燃机。

(2) 按使用燃料种类分类:可分为汽油机、柴油机、煤气机、液化石油气发动机及多种燃料发动机等。

(3) 按冷却方式分类:可分为水冷式、风冷式发动机两类。以水或其他冷却液为冷却介质的称作水冷式发动机(见图4-7);以空气为冷却介质的称作风冷式发动机(见图4-8)。

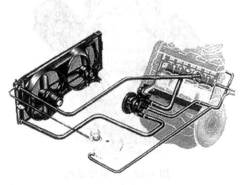

图 4-7 水冷式发动机

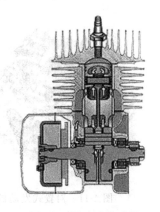

图 4-8 风冷式发动机

(4) 按进气状态分类:可分为非增压(或自然吸气)和增压发动机两类。非增压发动机(见图4-9)为进入汽缸前的空气或可燃混合气未经压气机压缩的发动机,仅带扫气泵而不带增压器的二冲程发动机亦属此类;增压发动机(见图4-10)为进入汽缸前的空气或可燃混合气已经在压气机内压缩,借以增大充量密度的发动机。

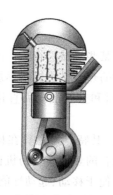 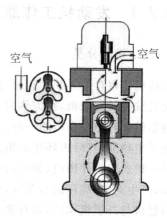

图4-9 非增压(自然吸气)发动机　　　　图4-10 增压发动机

(5) 按冲程数分类:可分为二冲程和四冲程发动机两类。在发动机内,每一次将热能转变为机械能,都必须经过吸入新鲜充量(空气或可燃混合气)、压缩(当新鲜充量为空气时还要输入燃料),使之发火燃烧而膨胀作功,然后将生成的废气排出汽缸这样一系列连续过程,称为一个工作循环。

对于往复活塞式发动机,可以根据每一工作循环所需活塞行程数来分类。凡活塞往复四个单程(曲轴旋转两转)完成一个工作循环的称为四冲程发动机;活塞往复两个单程(曲轴旋转一转)完成一个工作循环的称为二冲程发动机。

(6) 按汽缸数及布置方式分类:仅有一个汽缸的称为单缸发动机,有两个以上汽缸的称为多缸发动机;汽缸中心线与水平面垂直、呈一定角度和平行的发动机,分别称为立式、斜置式与卧式发动机;多缸发动机根据汽缸间的排列方式可分为直列式(汽缸呈一列布置,见图4-1)、对置式(汽缸呈两列布置,且两列汽缸之间的中心线呈180°,见图4-11)和V形(汽缸呈两列布置,且两列汽缸之间夹角为V形,见图4-12)发动机。

 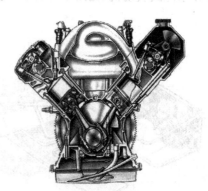

图4-11 对置式发动机　　　　图4-12 V形发动机

2. 内燃机产品名称和型号编制规则

根据国家标准(GB/T 725—1991)的规定，我国内燃机名称和型号编制方法如下。

(1) 内燃机产品名称均按所采用的燃料命名，例如柴油机、汽油机、煤气机、沼气机、双(多种)燃料发动机等。

(2) 内燃机型号由阿拉伯数字、汉语拼音字母和 GB/T 1883—1989 中关于汽缸布置所规定的符号组成。

(3) 内燃机型号由下列 4 部分组成(见图 4-13)。

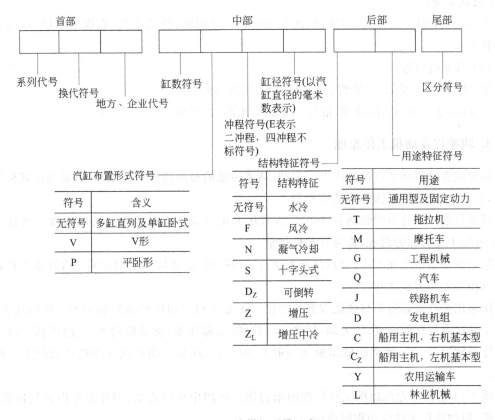

图 4-13　内燃机型号组成

首部：包括产品系列代号、换代符号和地方、企业代号，由制造厂根据需要自选相应字母表示，但需要经行业标准化归口单位核准、备案。

中部：由缸数符号、汽缸布置形式符号、冲程符号和缸径符号(汽缸直径的毫米数取整数)组成。

后部：结构特征符号和用途特征符号，分别按图 4-13 中附表的规定。

尾部：区分符号。同系列产品因改进等原因需要区分时，由制造厂选用适当符号表示。

以下为型号编制示例。

(1) 柴油机型号。

① 165F——单缸、四冲程、缸径 65 mm、风冷、通用型。

② R175A——单缸、四冲程、缸径 75 mm、水冷、通用型(R 为 175 产品换代符号，A 为系列产品改进的区分符号)。

③ R175ND——单缸、四冲程、缸径 75 mm、凝气冷却、发电机组用(R 含义同上)。

④ 495T——4 缸、直列、四冲程、缸径 95 mm、水冷、拖拉机用。

⑤ YZ6102Q——6 缸、直列、四冲程、缸径 102 mm、水冷、车用(YZ 为扬州柴油机厂代号)。

⑥ 12VE230ZCZ——12 缸、V 形、二冲程、缸径 230 mm、水冷、增压、船用主机、左机基本型。

⑦ 6E430SDZZCZ——6 缸、二冲程、缸径 430 mm、水冷、十字头式、可倒转、增压、船用主机、左机基本型。

⑧ G6300DZC——6 缸、四冲程、缸径 300 mm、可倒转、船用主机、右机基本型(G 为产品系列代号)。

(2) 汽油机型号。

① 1E65F——单缸、二冲程、缸径 65 mm、风冷、通用型。

② 4100Q——4 缸、四冲程、缸径 100 mm、水冷、汽车用。

3. 四冲程发动机工作原理

往复式发动机活塞在汽缸内上下运动,活塞所处的最高位置称为上止点,最低位置称为下止点,上、下止点间的距离称为活塞行程。

活塞每走一个行程曲轴转过 180°。活塞从上止点到下止点所扫过的容积称为汽缸工作容积;各缸工作容积的总和,称为发动机排量。

燃烧室是指活塞在上止点时,由活塞顶、汽缸壁和汽缸盖所组成的空间。汽缸总容积是燃烧室容积与工作容积之和。

压缩比是汽缸总容积与燃烧室容积之比。压缩比对发动机性能影响很大。压缩比大,压缩终了时缸内气体的温度、压力高,燃烧速度快,膨胀做功多,发动机功率大、油耗低。汽油机压缩比通常为 7~11,而柴油机压缩比一般为 16~22,这是柴油机比汽油机省油的主要原因之一。

图 4-14 是四冲程汽油机工作原理的示意图。从图中可以看出,四冲程是由进气冲程、压缩冲程、做功冲程和排气冲程组成的。

在进气冲程中,进气门打开、排气门关闭,活塞从上止点往下止点行进,吸入混合气;压缩冲程中,进、排气门均关闭,活塞由下止点行进到上止点,压缩混合气为做功做准备;在接近压缩上止点时,火花塞产生火花,点燃混合气,做功冲程便开始了,气体燃烧产生的巨大推力将活塞从上止点往下推;在接近下止点处排气门打开,活塞上行排出废气,这就是排气冲程。在上止点附近先打开进气门,接着又关闭排气门,就开始了下一循环。

四冲程柴油机的工作循环与汽油机类似,所不同的是在进气冲程中柴油机吸入的是新鲜空气,而不是空气与燃料的混合物。

在柴油机中,由于柴油不易蒸发,是通过喷油器(亦称喷油嘴)在压缩冲程终了时用高压喷入燃烧室的。

此外,柴油自燃温度低,加上柴油机压缩比高,因此不需要用火花塞点火,而是靠压燃(自燃)着火。

(a) 进气冲程　　　　(b) 压缩冲程　　　　(c) 做功冲程　　　　(d) 排气冲程

图 4-14　四冲程汽油机工作原理图

4.2.2　发动机的总体构造

发动机是一部复杂的机器,不同类型或即使同类型发动机,其具体结构也各不相同,但其基本构造都是相似的。

通常,汽油机由两大机构五大系统组成,柴油机由两大机构四大系统组成(无点火系)。

1. 机体组

发动机的机体组包括汽缸盖、汽缸盖罩盖、汽缸体及油底壳等。汽缸盖和汽缸体的内壁共同组成燃烧室的一部分,是承受高温、高压的机件。

机体作为发动机各机构、各系统的装配基体,其本身的许多部分又分别是曲柄连杆机构、燃料供给系、冷却系和润滑系的组成部分。

在进行结构分析时,常把机体列为曲柄连杆机构。有的发动机将汽缸体分铸成上下两部分,上部称为汽缸体,下部称为曲轴箱。

机体是构成发动机的骨架,是发动机各机构和各系统的安装基础,其内、外安装着发动机的所有主要零件和附件,承受各种载荷。因此,机体必须要有足够的强度和刚度。机体组主要由汽缸体、曲轴箱、汽缸盖和汽缸垫等零件组成。

1) 汽缸体

水冷发动机的汽缸体和上曲轴箱常铸成一体,称为汽缸体—曲轴箱,也可称为汽缸体(见图4-15)。汽缸体一般用灰铸铁或铝合金铸成,汽缸体上部的圆柱形空腔称为汽缸,下半部为支承曲轴的曲轴箱,其内腔为曲轴运动的空间。在汽缸体内部铸有许多加强筋、冷却水套和润滑油道等。

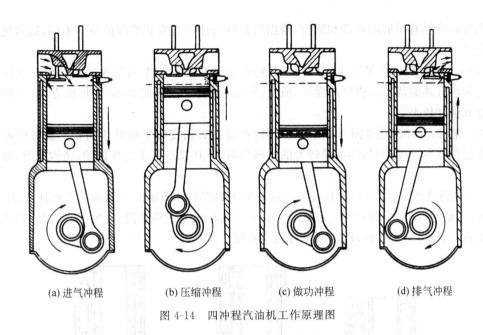

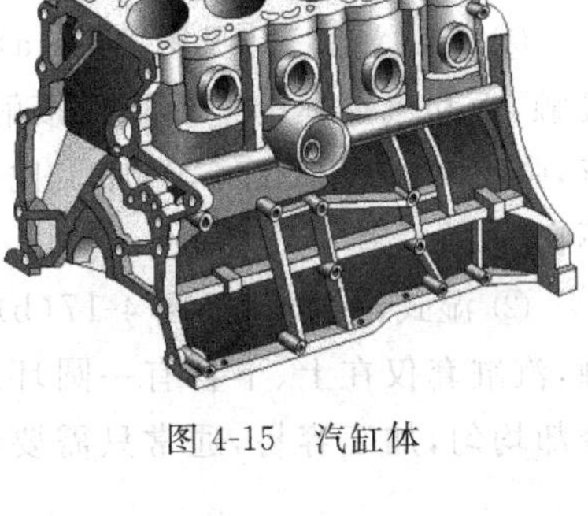

图 4-15　汽缸体

汽缸体应具有足够的强度和刚度,根据汽缸体与油底壳安装平面的位置不同,通常把汽缸体分为以下三种形式。

(1) 一般式汽缸体[见图4-16(a)]。其特点是油底壳安装平面和曲轴旋转中心在同一高度。这种汽缸体的优点是机体高度小,质量轻,结构紧凑,便于加工,曲轴拆装方便;但其缺点是刚度和强度较差。

(2) 龙门式汽缸体[见图4-16(b)]。其特点是油底壳安装平面低于曲轴的旋转中心。它的优点是强度和刚度都好,能承受较大的机械负荷;但其缺点是工艺性较差,结构笨重,加工较困难。

(3) 隧道式汽缸体[见图4-16(c)]。这种形式的汽缸体曲轴的主轴承孔为整体式,采用滚动轴承,主轴承孔较大,曲轴从汽缸体后部装入。其优点是结构紧凑、刚度和强度好,但其缺点是加工精度要求高,工艺性较差,曲轴拆装不方便。

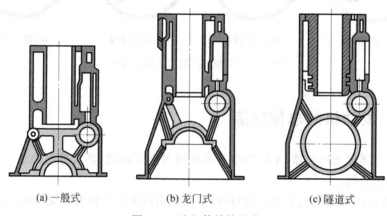

(a) 一般式　　　　(b) 龙门式　　　　(c) 隧道式

图4-16　汽缸体结构形式

为了能够使汽缸内表面在高温下正常工作,必须对汽缸和汽缸盖进行适当的冷却。冷却方法有两种:一种是水冷;另一种是风冷。水冷发动机的汽缸周围和汽缸盖中都加工有冷却水套,并且汽缸体和汽缸盖冷却水套相通,冷却水在水套内不断循环,带走部分热量,对汽缸和汽缸盖起冷却作用。

汽缸直接镗在汽缸体上叫作整体式汽缸,整体式汽缸强度和刚度都好,能承受较大的载荷,这种汽缸对材料要求高、成本高。如果将汽缸制造成单独的圆筒形零件(即汽缸套),然后再装到汽缸体内。这样,汽缸套采用耐磨的优质材料制成,汽缸体可用价格较低的一般材料制造,从而降低了制造成本。

同时,汽缸套可以从汽缸体中取出,因而便于修理和更换,并可大大延长汽缸体的使用寿命。汽缸套有干式汽缸套和湿式汽缸套两种。

① 干式汽缸套[见图4-17(a)]的特点是汽缸套装入汽缸体后,其外壁不直接与冷却水接触,而和汽缸体的壁面直接接触,壁厚较薄,一般为1~3 mm。它具有整体式汽缸体的优点,强度和刚度都较好,但加工比较复杂,内、外表面都需要进行精加工,拆装不方便,散热不良。

② 湿式汽缸套[见图4-17(b)]的特点是汽缸套装入汽缸体后,其外壁直接与冷却水接触,汽缸套仅在上、下各有一圆环地带和汽缸体接触,壁厚一般为5~9 mm。它散热良好,冷却均匀,加工容易,通常只需要精加工内表面,而与水接触的外表面不需要加工,拆装方

便,但缺点是强度、刚度都不如干式汽缸套好,而且容易产生漏水现象,需要采取必要的防漏措施。

2) 曲轴箱

汽缸体下部用来安装曲轴的部位称为曲轴箱,曲轴箱分上曲轴箱和下曲轴箱两部分。上曲轴箱与汽缸体铸成一体,下曲轴箱用来储存润滑油,并封闭上曲轴箱,故又称为油底壳(见图 4-18)。

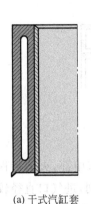
(a) 干式汽缸套

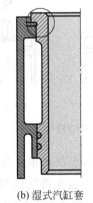
(b) 湿式汽缸套

图 4-17 汽缸套

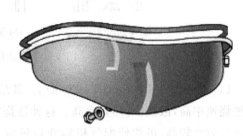

图 4-18 油底壳

油底壳受力很小,一般采用薄钢板冲压而成,其形状取决于发动机的总体布置和机油的容量。油底壳内装有稳油挡板,以防止汽车颠簸时油面波动过大。油底壳底部还装有放油螺塞,通常放油螺塞上装有永久磁铁,以吸附润滑油中的金属屑,减少发动机的磨损。在上下曲轴箱接合面之间装有衬垫,防止润滑油泄漏。

3) 汽缸盖

汽缸盖(见图 4-19)安装在汽缸体的上面,从上部密封汽缸并构成燃烧室。它经常与高温高压燃气接触,因此承受很大的热负荷和机械负荷。水冷发动机的汽缸盖内部制有冷却水套,缸盖下端面的冷却水孔与缸体的冷却水孔相通,利用循环水来冷却燃烧室等高温部分。

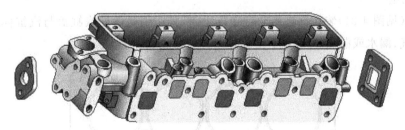

图 4-19 汽缸盖

缸盖上还装有进、排气门座,气门导管孔,用于安装进、排气门,还有进气通道和排气通道等。汽油机的汽缸盖上加工有安装火花塞的孔,而柴油机的汽缸盖上加工有安装喷油器的孔。顶置凸轮轴式发动机的汽缸盖上还加工有凸轮轴轴承孔,用以安装凸轮轴。

汽缸盖一般采用灰铸铁或合金铸铁铸成。由于铝合金的导热性能好,有利于提高压缩比,所以近年来铝合金汽缸盖应用得越来越多。

汽缸盖是燃烧室的组成部分,燃烧室的形状对发动机的工作影响很大,由于汽油机和柴油机的燃烧方式不同,其汽缸盖上组成燃烧室的部分差别较大。汽油机的燃烧室主要在汽缸盖上,而柴油机的燃烧室主要在活塞顶部的凹坑内。

汽油机燃烧室常见的三种形式如图 4-20 所示。

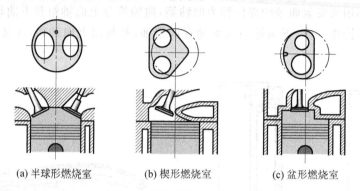

(a) 半球形燃烧室　　(b) 楔形燃烧室　　(c) 盆形燃烧室

图 4-20　汽油机燃烧室的结构形式

(1) 半球形燃烧室[见图 4-20(a)]。其结构紧凑,火花塞布置在燃烧室中部,火焰行程短,故燃烧速率高,散热少,热效率高。这种燃烧室结构上也允许气门双行排列,进气口直径较大,故充气效率较高,虽然使配气机构变得较复杂,但有利于排气净化,在乘用车发动机上广泛应用。

(2) 楔形燃烧室[见图 4-20(b)]。其结构简单、紧凑,散热面积小,热损失也小,能保证混合气在压缩行程中形成良好的涡流运动,有利于提高混合气的混合质量,进气阻力小,提高了充气效率。气门排成一列,使配气机构简单,但火花塞置于楔形燃烧室高处,火焰传播距离长些,切诺基汽车发动机采用这种形式的燃烧室。

(3) 盆形燃烧室[见图 4-20(c)]。其汽缸盖工艺性好,制造成本低,但因气门直径易受限制,进、排气效果要比半球形燃烧室差。捷达乘用车发动机、奥迪乘用车发动机采用盆形燃烧室。

4) 汽缸垫

汽缸垫(见图 4-21)装在汽缸盖和汽缸体之间,其功用是保证汽缸盖与汽缸体接触面的密封,防止漏气、漏水或漏油。

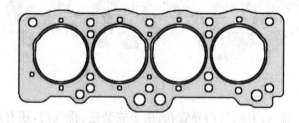

图 4-21　汽缸垫

汽缸垫的材料要有一定的弹性,能补偿结合面的不平度,以确保密封,同时要有良好的耐热性和耐压性,在高温高压下不烧损、不变形。目前应用较多的是铜皮—石棉结构的汽缸垫,由于铜皮—石棉汽缸垫翻边处有三层铜皮,压紧时较之石棉不易变形。有的发动机还采用在石棉中心用编织的钢丝网或有孔钢板为骨架,两面用石棉及橡胶黏结剂压成的汽缸垫。

安装汽缸垫时,首先要检查汽缸垫的质量和完好程度,所有汽缸垫上的孔要和汽缸体上的孔对齐。其次要严格按照说明书上的要求拧紧汽缸盖螺栓。拧紧汽缸盖螺栓时,必须由中心对称地向四周扩展的顺序分2次或3次进行,最后一次拧紧到规定的力矩。

2. 曲柄连杆机构

曲柄连杆机构(见图4-22)是发动机实现工作循环,完成能量转换的主要运动零件。曲柄连杆机构由机体组、活塞连杆组和曲轴飞轮组等组成。

在做功行程中,活塞承受燃气压力在汽缸内作直线运动,通过连杆转换成曲轴的旋转运动,并从曲轴对外输出动力。而在进气、压缩和排气行程中,飞轮释放能量又把曲轴的旋转运动转化成活塞的直线运动。

3. 配气机构

配气机构的功用是根据发动机的工作顺序和工作过程,定时开启和关闭进气门和排气门,使可燃混合气或空气进入汽缸,并使废气从汽缸内排出,实现换气过程。

图 4-22 曲柄连杆机构

配气机构大多采用顶置气门式配气机构(见图4-23),一般由气门组(见图4-24)、气门传动组和气门驱动组组成。

图 4-23 顶置气门式配气机构

图 4-24 气门组

4. 燃料供给系

汽油机燃料供给系(见图4-25)的功用是根据发动机的要求,配制出一定数量和浓度的混合气,供入汽缸,并将燃烧后的废气从汽缸内排到大气中去;柴油机燃料供给系的功用是把柴油和空气分别供入汽缸,在燃烧室内形成混合气并燃烧,最后将燃烧后的废气排出。

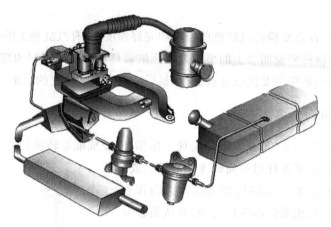

图 4-25　汽油机燃料供给系

5. 点火系

在汽油机中,汽缸内的可燃混合气是由电火花点燃的,为此在汽油机的汽缸盖上装有火花塞,火花塞头部伸入燃烧室内。能够按时在火花塞电极间产生电火花的全部设备称为点火系(见图 4-26),点火系通常由蓄电池、发电机、分电器、点火线圈和火花塞等组成。

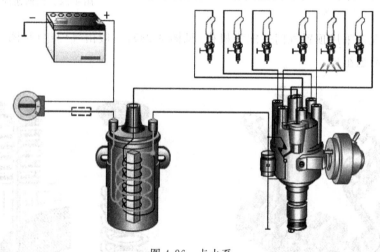

图 4-26　点火系

6. 冷却系

冷却系(见图 4-27)的功用是将受热零件吸收的部分热量及时散发出去,保证发动机在最适宜的温度状态下工作。水冷发动机的冷却系通常由冷却水套、水泵、风扇、水箱、节温器等组成。

7. 润滑系

润滑系(见图 4-28)的功用是向作相对运动的零件表面输送定量的清洁润滑油,以实现液体摩擦,减小摩擦阻力,减轻机件的磨损并对零件表面进行清洗和冷却。润滑系通常由润滑油道、机油泵、机油滤清器和一些阀门组成。

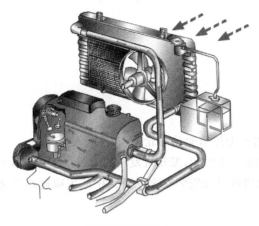

图 4-27 冷却系

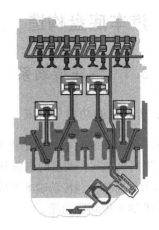

图 4-28 润滑系

8. 启动系

发动机由静止状态过渡到工作状态,需用外力转动曲轴,在外力作用下曲轴从开始转动到发动机开始自动怠速运转的全过程,称为发动机的启动。

汽车发动机常用的启动方式有人力启动和电动机启动两种。

(1) 人力启动最简单,只需将启动手摇柄端头的横销嵌入发动机曲轴前端的启动爪内,以人力转动曲轴即可。但这种方法劳动强度大,且不方便。

目前,在汽车上人力启动只作为备用方式而保留着。

(2) 电动机启动(见图 4-29)是由直流电动机经传动机构拖动发动机启动的,由于操作轻便,启动迅速可靠,且具有重复启动的能力,因此被广泛采用。

启动机(见图 4-30)一般由三部分组成:直流电动机、操纵机构和离合机构。

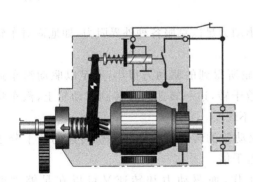

图 4-29 电动机启动原理图

图 4-30 启动机

按启动机的操纵方式的不同,操纵机构有直接操纵式和电磁操纵式两种。

目前,电磁操纵式启动机的应用最为广泛。

4.3 汽车底盘构造

4.3.1 汽车传动系

1. 传动系的功用与组成

汽车传动系的基本功用是将发动机发出的动力传给驱动车轮,使汽车行驶。

常见的机械式传动系的组成及布置形式如图 4-31 所示,发动机发出的动力经过离合器 1、变速器 2,由万向节 3 和传动轴 8 组成的万向传动装置以及安装在驱动桥 4 中的主减速器 7、差速器 5 和半轴 6 传到驱动轮。

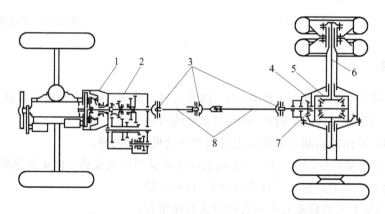

图 4-31 机械式传动系的组成及布置形式
1—离合器;2—变速器;3—万向节;4—驱动桥;5—差速器;6—半轴;7—主减速器;8—传动轴

传动系应具有如下功能。

1) 减速和变速

汽车的起步与驱动,要求作用在驱动轮上的驱动力足以克服各种外界阻力,如地面对车轮滚动的阻力、空气对车身的阻力等。

汽车发动机发出的转矩若直接传给车轮,车轮所得到的驱动力很小,不足以驱动汽车运动;另一方面,发动机的转速较高,一般为每分钟数千转,这一转速直接传到驱动轮上,汽车将达到几百公里的时速,这样高的车速既不实用,也不现实。

因此,要求传动系应具有减速增矩作用,使驱动轮的转速降低到发动机转速的若干分之一,相应地使驱动轮的转矩增大到发动机转矩的若干倍。

为了使发动机能保持在有利转速范围内工作,而驱动力和转速又可以在足够大的范围内变化,应当使传动系的传动比能在最大值与最小值之间变化,即传动系应起变速的作用。

因此,在传动系中设置了主减速器和变速器以满足上述要求。

2) 实现汽车倒驶

汽车除了前进以外,在某些情况下还需要倒向行驶,而发动机是不能反向旋转的。这就要求传动系能够改变驱动轮的转动方向,以实现汽车的倒向行驶,一般是在变速器中设置一个倒挡来实现这一需求。

3) 中断传动

在启动发动机后、汽车行进中换挡以及对汽车进行制动时，要暂时切断动力的传递路线。为满足此要求，在发动机与变速器之间设置一个可由驾驶人控制分离或结合的机构，称为离合器。

另外，在变速器中设置空挡，即各挡位齿轮都处于非传动状态，满足汽车在发动机不停止运转时能较长时间中断动力传递的要求。

4) 差速作用

汽车在转弯行驶时，左、右驱动车轮在同一时间内滚动的距离不同，如果两侧的驱动轮用一根刚性轴驱动，则两轮转动的角速度必然相同。

因而，在汽车转弯时必然产生车轮相对地面滑动的现象，这将使转向困难，汽车的动力消耗增加，传动系内部某些零件和轮胎磨损加剧。

为避免这些情况的出现，在驱动桥内安装了差速器，使左右驱动车轮能以不同的角速度旋转。

动力由主减速器先传到差速器，再由差速器分配给左、右半轴，最后传到驱动轮上。

2. 离合器

1) 离合器的功用

离合器(见图4-32)是汽车传动系中直接与发动机相连接的部件。

内燃机只能在无负荷的情况下起动，所以在汽车起步前必须先将发动机与驱动轮之间的传动路线切断。

另外，汽车在换挡和制动前也需要切断动力传递。为此，在发动机与变速器之间设有离合器。离合器的功用就是由驾驶人控制，根据需要随时切断和接通发动机传给传动系的动力，从而保证了汽车的平稳起步、换挡平顺，同时还可以防止传动系过载(过载时离合器自动打滑)。

2) 离合器的组成

离合器可分为摩擦式离合器、液力离合器和电磁离合器等。摩擦式离合器有干式和湿式两种，湿式是将摩擦片浸在油中工作，干式是摩擦片在干燥状态下工作。

图4-32　离合器

通常，湿式离合器采用多片形式而成为行星自动变速器的组合元件，乘用车常用的单片离合器都是干式离合器。单片摩擦式离合器的压紧元件有膜片弹簧和螺旋弹簧两种形式，其工作原理是相同的，均由主动部分、从动部分、压紧机构和操纵机构四部分构成。

3. 变速器

1) 变速器的功用

汽车上广泛使用的活塞式发动机，其输出的扭矩和转速变化范围很小，而汽车在行驶中所遇到的复杂的道路条件和使用条件要求汽车的驱动力和车速能在相当大的范围内变化。为此，在汽车的传动系中设置了变速器。

变速器的主要功用如下。

(1) 在较大的范围内改变汽车的行驶速度和汽车驱动轮上转矩的数值；

(2) 在发动机旋转方向不变的前提下，利用倒挡实现汽车倒向行驶；

(3) 在发动机不熄火的情况下，利用空挡中断动力传递，可以使驾驶人松开离合器踏板，离开驾驶位置，且便于汽车起动、怠速、换挡和动力输出。

2）变速器的分类

按传动比变化方式不同，变速器可分为有级式、无级式和综合式三种。

(1) 有级式变速器（见图4-33）应用最为广泛，传动方式采用齿轮传动（包括普通齿轮传动和行星齿轮传动）。它具有若干个数值一定的传动比，传动比的变化呈阶梯式或跳跃式。目前，乘用车和轻、中型载货汽车装用的有级式变速器多为3～6个前进挡和一个倒挡。

(2) 无级式变速器有电力式和液力式两种，传动部件分别为直流串激电动机和液力变矩器。其传动比在一定数值范围内可以连续多级变化。

近年来，金属带（链）式无级变速器（Continuously Variable Transmission，CVT，见图4-34）在中高档乘用车中的应用日渐增多。

图 4-33 有级式变速器

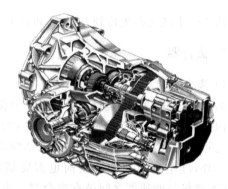

图 4-34 奥迪 multitronic CVT 剖视图

(3) 综合变速器是由液力变矩器和齿轮式有级变速器组成的电控液力机械式变速器（见图4-35），其传动比可以在最大值和最小值之间的几个间断的范围内作无级变化。

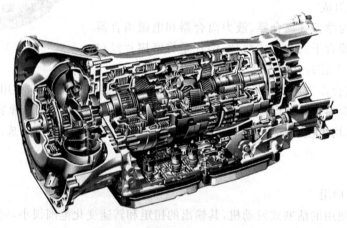

图 4-35 电控液力机械式变速器

按操纵方式不同，变速器还可分为强制操纵式变速器、自动操纵式变速器和半自动操纵式变速器三种类型。

在多轴驱动的汽车上,还配有分动器,通过分动器可以将动力分别传到不同的驱动轴上。

4. 万向传动装置

1) 功用

在汽车上,万向传动装置主要用于变速器与驱动桥之间、变速器与分动器之间实现变角度的动力传递(见图 4-36),在转向驱动桥和某些汽车的转向操纵机构中也有应用。

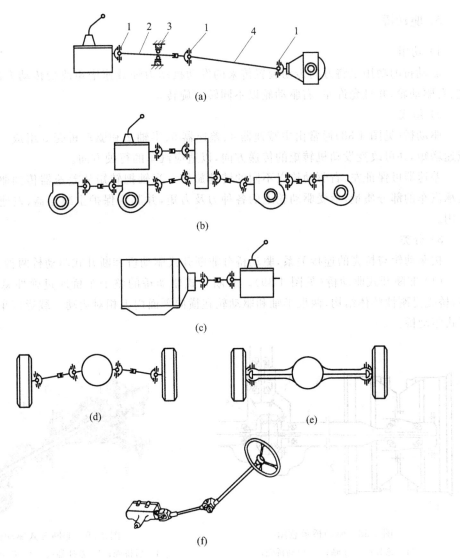

图 4-36　万向传动装置在汽车上的应用
1—万向节；2—前传动轴；3—中间支承；4—传动轴

2) 组成

万向传动装置(见图 4-37)一般由万向节和传动轴组成,必要时还可加装中间支承。

图 4-37 万向传动装置
1—变速器；2—中间支承；3—后驱动桥；4—后传动轴；5—球轴承；6—前传动轴

5. 驱动桥

1）功用

驱动桥的功用是将万向传动装置传来的发动机动力经减速增矩改变传动方向后，分配给左、右驱动轮，并且允许左、右驱动轮以不同转速旋转。

2）组成

驱动桥（见图4-38）通常由主减速器4、差速器5、半轴2和驱动桥壳3组成。主减速器可减速增矩，并可改变发动机转矩的传递方向，以适应汽车的行驶方向。

差速器可保证左、右驱动轮以不同的转速旋转。半轴把转矩从差速器传到驱动轮。桥壳支承汽车的部分质量，承受驱动轮上的各种力及力矩，并起到保护主减速器、差速器和半轴的作用。

3）分类

按驱动轮与桥壳的连接关系，驱动桥分非断开式驱动桥和断开式驱动桥两种。

（1）非断开式驱动桥（见图4-39）。非断开式驱动桥的整个车桥通过弹性悬架与车架相连，桥壳是刚性整体结构，两根半轴和驱动轮在横向平面内无相对运动。载货汽车多采用非断开式驱动桥。

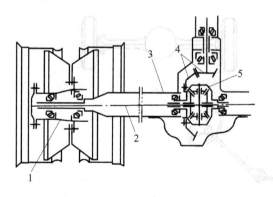

图 4-38 驱动桥示意图
1—轮毂；2—半轴；3—驱动桥壳；
4—主减速器；5—差速器

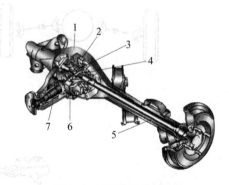

图 4-39 非断开式驱动桥
1—后桥壳；2—差速器壳；3—差速器行星齿轮；4—差速器半轴齿轮；5—半轴；6—主减速器从动齿轮齿圈；7—主减速器主动小齿轮

（2）断开式驱动桥（见图4-40）。一些乘用车和越野汽车为了提高汽车行驶的平顺性和通过性，在它们的全部或部分驱动轮上采用独立悬架，即两侧驱动轮分别用弹性悬架与车架相连，两驱动轮彼此可独立地相对于车架或车身上下跳动。

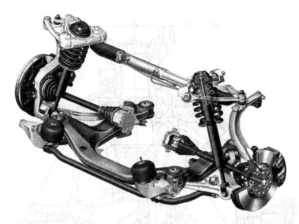

图 4-40 断开式驱动桥

主减速器固定在车架或车身上,驱动桥壳制成分段并以铰链方式相连,同时半轴也分段且各段之间用万向节连接。

4) 主减速器

主减速器(见图 4-41)的功用是将输入的转矩增大并相应降低转速,并可根据需要改变转矩的方向。

主减速器由主动锥齿轮、从动锥齿轮、圆锥滚子轴承及其他附件组成,如图 4-42 所示。

图 4-41 主减速器　　　　图 4-42 主减速器的组成

主减速器种类繁多,有单级式和双级式;有单速式和双速式;还有贯通式和轮边式等。

单级主减速器只有一对锥齿轮传动,具有结构简单、质量轻、体积小、传动效率高等优点。

图 4-43 所示为东风 EQ1090E 型汽车单级式主减速器。主动锥齿轮 18 和从动锥齿轮 7 为一对双曲面齿轮,其传动比 $i_0=6.33$。为保证主动锥齿轮有足够的刚度,主动锥齿轮 18 与轴制成一体,前端支承在互相贴近而小端相向的两个圆锥滚子轴承 13 和 17 上,后端支承在圆柱滚子轴承 19 上,形成跨置式支承。从动锥齿轮 7 用螺栓固装在差速器壳 5 上,与差速器壳一起通过两个圆锥滚子轴承 3 支承在主减速器壳 4 上。

在从动齿轮的背面,装有支承螺栓 6,以限制其过度变形而影响齿轮的正常工作。装配时,支承螺栓与从动锥齿轮端面之间的间隙为 0.3~0.5 mm。

主减速器中所储存的齿轮油,靠从动齿轮转动时甩到各个齿轮、轴和轴承上进行润滑。

为保证主动齿轮轴前端的圆锥滚子轴承 13 和 17 得到可靠润滑,在主减速器壳体中铸出

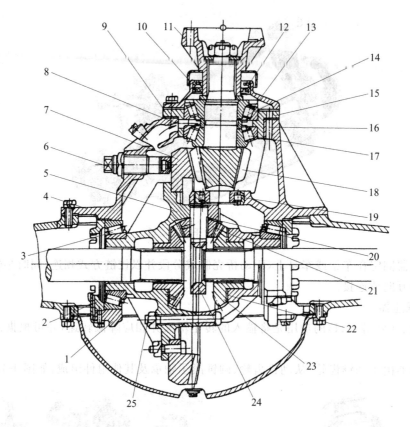

图 4-43 单级式主减速器

1—差速器轴承盖；2—轴承调整螺母；3、13、17—圆锥滚子轴承；4—主减速器壳；5—差速器壳；6—支承螺栓；7—从动锥齿轮；8—进油道；9、14—调整垫片；10—防尘罩；11—叉形凸缘；12—油封；15—轴承座；16—回油道；18—主动锥齿轮；19—圆柱滚子轴承；20—行星齿轮垫片；21—行星齿轮；22—半轴齿轮推力垫片；23—半轴齿轮；24—行星齿轮轴（十字轴）；25—螺栓

了进油道 8 和回油道 16。齿轮转动时，飞溅起的润滑油从进油道 8 通过轴承座 15 的孔进入两圆锥轴承小端之间，在离心力作用下，油液自轴承小端流向大端。

流出圆锥滚子轴承 13 大端的润滑油经回油道 16 流回主减速器内。在主减速器壳体上装有通气塞，防止桥壳内气压过高而使润滑油渗漏。

万向传动装置传来的动力经叉形凸缘 11 传给主动锥齿轮 18，经从动锥齿轮 7 减速改变方向后，由螺栓传给差速器壳 5，最后由差速器半轴齿轮 23、半轴传到两侧驱动轮，使驱动轮旋转。

红旗 CA7220、一汽奥迪 100、捷达、高尔夫和上海桑塔纳等型乘用车均采用单级式主减速器。

5）差速器

汽车直线行驶时，行星齿轮自身不转动，只随行星齿轮轴、差速器保持架、大锥齿轮绕半轴轴线公转，两个半轴齿轮就由行星齿轮带动以同样的转速旋转。

当汽车转弯时，行星齿轮不仅如前述同样地绕半轴轴线公转，而且还通过绕行星齿轮轴本身的自转，使两根半轴有不同的转速。

对于普通差速器(见图 4-44),由于行星齿轮的作用,两根半轴传递着相同的转矩。如果某一侧半轴的阻力消失(如一侧车轮陷于淤泥中),另一侧半轴也无法传递转矩,车辆便无法开动。

图 4-44 普通差速器

为了改善这一缺陷,又开发出了各种差速自锁装置,保证在一轮打滑情况下,另一轮可实现单轮驱动。限于篇幅,这里不再赘述。

4.3.2 汽车行驶系

1. 汽车行驶系概述

汽车行驶系由车架、悬架、车轴和车轮组成。车架对汽车并不一定是必需的,只有在非承载式车身结构中需用车架连接并支承车身、发动机和传动系、悬架等零件,承受和传递底盘零件传来的外力,还提供撞车时所需的强度和吸收冲击能量的能力。

2. 车桥

车桥(也称车轴)通过悬架与车架(或承载式车身)相连接,两端安装汽车车轮。车架所受的垂直载荷通过车桥传到车轮;车轮上的滚动阻力、驱动力、制动力和侧向力及其弯矩、转矩又通过车桥传递给悬架和车架,故车桥的作用是传递车架与车轮之间的各向作用力及其所产生的弯矩和转矩。

1) 转向桥

转向桥利用转向节使车轮偏转一定的角度以实现汽车的转向,同时还承受和传递车轮与车架之间的垂直载荷、纵向力和侧向力以及这些力所形成的力矩。转向桥通常位于汽车的前部,因此也常称为前桥。

图 4-45 所示为北京 BJ1040 型汽车转向桥(前桥)。

前轴由两个前轴拳形件和一根无缝钢管焊接而成。这种结构可用于轻型汽车,而且不需大型锻造设备来制造前轴。主销推力轴承采用球轴承,可使转向操纵轻便。

由转向节上耳油嘴注入的润滑脂,经主销内的轴向和径向油孔进入主销与衬套之间的摩擦表面,使之得到润滑。车轮转角限位螺钉用来限制转向轮最大偏转角。

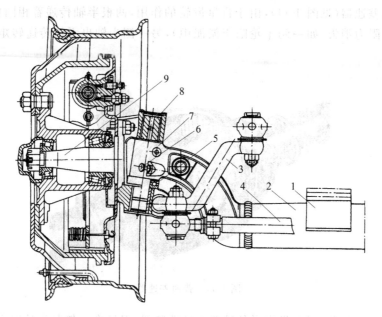

图 4-45　北京 BJ1040 型汽车转向桥(前桥)
1—钢板弹簧座；2—前轴；3—转向节臂；4—转向横拉杆；5—推力轴承；6—车轮转角限位螺钉；7—前轴拳形件；8—主销；9—转向节

2) 转向轮定位

为了保持汽车直线行驶的稳定性、转向的轻便性和减轻轮胎的磨损,转向轮、转向节和前轴三者之间与车架必须保持一定的相对位置,这种具有一定相对位置的安装称为转向轮定位,也称前轮定位。

正确的前轮定位应做到：可使汽车直线行驶稳定而不摆动；转向时转向盘上的作用力不大；转向后转向盘具有自动回正作用；轮胎与地面间不打滑以减少油耗；延长轮胎使用寿命。

前轮定位参数包括：主销后倾、主销内倾、前轮外倾及前轮前束。

3. 车轮与轮胎

1) 车轮

汽车的车轮由轮毂、轮辋以及这两部分的连接件组成。车轮要求坚固、轻便和平衡。现代汽车所使用的车轮主要可分为三种：压制钢盘车轮、钢丝辐条车轮和轻合金铸造车轮(见图 4-46),其中压制钢盘车轮因易于大量生产,成本较低,刚度适中,轻便、坚固而应用最广泛；后两种车轮成本较高,多为跑车和赛车采用。

车轮安装一般都由 4 个或 5 个螺栓固定在轮毂凸缘上,由于车轮是高速旋转件,需要定位,因此螺栓往往制成锥形,使车轮能自动定位。

载货汽车为防止行驶时螺母自行松脱,左轮轮盘固定螺栓用左旋螺纹,右边的则用右旋螺纹。

2) 轮胎

汽车轮胎安装在轮辋上,直接与路面接触。轮胎的种类繁多,可按其用途、结构、材料、胎面花纹以及充气压力等区分。

(a) 压制钢盘车轮　　(b) 钢丝辐条车轮　　(c) 轻合金铸造车轮

图 4-46　三种形式的车轮

轮胎承受着汽车的重力,因此必须有承受载荷的能力。由于轮胎有一定的弹性,与汽车悬架共同来缓和汽车行驶时所受的冲击力,以保证汽车有良好的乘坐舒适性和行驶平顺性。

轮胎又要传递地面的驱动力、制动力,因此必须与地面有良好的附着性能,这通常靠各种花纹来增强。汽车的充气轮胎按胎体中帘线排列方向不同,可分普通斜交线胎、带束斜交胎和子午线胎等。

在乘用车上也有应用无内胎轮胎的,这种轮胎由于消除了内、外胎间的摩擦,工作温度低,适于高速行驶,而且结构简单、质量较小。

按照轮胎气压的大小分为高压轮胎(充气压力 0.5~0.7 MPa)、低压轮胎(充气压力0.2~0.5 MPa)和超低压轮胎(充气压力<0.2 MPa)三种。

普通车辆的轮胎多为低压轮胎,载货车随载重量的增加,轮胎压力提高。超低压轮胎主要用于坏路或无路条件下行驶。

有的机动性要求很高的越野车装有自动充、放气系统,可根据路面条件调节轮胎气压。

4. 悬架

悬架是车架(或承载式车身)与车桥(或车轮)之间一切传力连接装置的总称。现代汽车尽管有不同结构形式的悬架,但一般都是由弹性元件、减振器和导向装置三部分组成,它们分别起缓冲、减振和导向作用,同时又都起传力作用。

悬架只要具备上述各种功能,在结构上并不是非设置上述三套单独的装置不可。例如,常见的钢板弹簧除起弹性元件的缓冲作用外,多片重叠时又可借片间摩擦起减振作用,同时也可担负起传递各种力和力矩的作用,故可不装减振器和其他导向机构。

悬架有两大类,即非独立悬架和独立悬架(见图 4-47)。

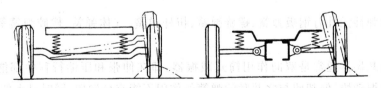

(a) 非独立悬架　　(b) 独立悬架

图 4-47　非独立悬架和独立悬架

非独立悬架的特点是由一根整体式车桥连接两侧的车轮,车轮与车桥一起通过弹性元件与车架(或车身)相连。

独立悬架每一侧车轮单独地通过弹性元件与车架(或车身)相连。采用独立悬架时,车桥显然是断开的。非独立悬架由于结构简单、成本低、强度高而广泛用于货车和大客车。独立悬架由于提高了汽车的舒适性,并有利于降低汽车重心而在乘用车上用得相当普遍。

也有一些车前轮采用独立悬架,后轮采用非独立悬架。独立悬架的结构类型很多,按车轮的振摆形式可分为横摆臂式、纵摆臂式、沿主销移动等几种形式(见图4-48)。

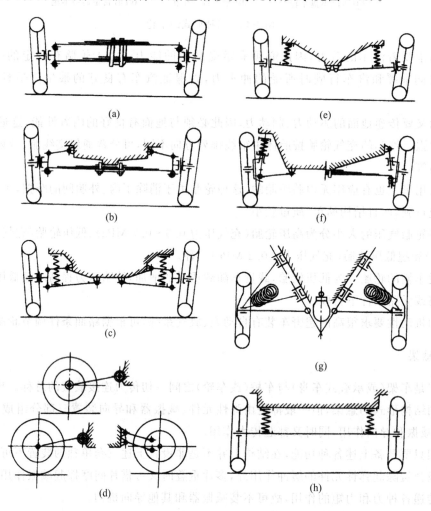

图 4-48 几种典型的独立悬架示意图

悬架中的弹性元件有钢板弹簧、螺旋弹簧、扭杆弹簧、气体弹簧、橡胶弹簧等,其中前两种应用最多。

汽车上的减振器通常是双向作用筒式减振器,即在伸张和压缩行程中都能起阻尼作用。阻尼大则消除振动快,但却使与之并联的弹簧的作用不能充分发挥,同时过大的阻尼力还可能导致减振器连接零件及车架的损坏。

4.3.3 汽车转向系

1. 转向系的功用

汽车在行驶中,经常需要改变行驶方向。汽车上用来改变汽车行驶方向的机构称为汽车转向系。汽车行驶方向的改变是由驾驶人通过操纵转向系来改变转向轮(一般是前轮)的偏转角度实现的。

转向系不仅可以改变汽车的行驶方向,使其按驾驶人规定的方向行驶,而且还可以克服由于路面侧向干扰力使车轮自行产生的转向,恢复汽车原来的行驶方向。

2. 转向系的组成

汽车转向系根据其转向能源的不同,可以分为机械转向系和动力转向系两大类。

(1) 机械转向系以驾驶人的体力作为转向能源,又称为人力转向系。机械转向系(见图 4-49)一般由三部分组成,即转向操纵机构、转向器和转向传动机构。

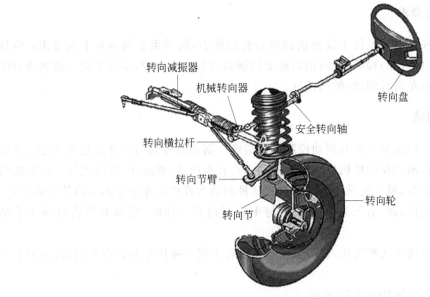

图 4-49 机械转向系的结构

驾驶人操纵转向器工作的机构叫作转向操纵机构,包括转向盘、转向轴等机件。转向轴下端的齿轮与齿条构成转向器。转向器是一个减速增矩机构,经转向器放大的力矩传给转向传动机构。

转向直拉杆(齿条)、转向节臂、转向横拉杆等机件构成转向传动机构。当驾驶人向左或向右转动转向盘时,转向轴即通过齿轮带动转向器内的齿条向左或向右移动,并推动转向横拉杆向左或向右移动,使车轮绕着主销轴线向左或向右偏转,从而实现汽车转向。

(2) 动力转向系是在机械转向系基础上加设一套转向加力装置而成的,兼用驾驶人体力和发动机(或电动机)动力作为转向能源,并且以发动机(或电动机)动力作为主要能源。

4.3.4 汽车制动系

1. 制动系的功用

目前，汽车的行驶速度不断提高，道路状况越来越复杂，为了在技术上保证汽车的安全行驶，提高汽车的平均行驶车速，以提高运输生产率，在各种汽车上都设有专用的制动机构（俗称刹车），使行驶中的汽车降低速度甚至停车或者使已经停下来的汽车保持不动。

2. 制动系的类型

一般汽车应包括两套独立的制动系：行车制动系和驻车制动系。

行车制动系是由驾驶人用脚来操纵的，故又称脚制动系（脚刹车）。其功用是使正在行驶中的汽车减速或在最短距离内停车。

驻车制动系多由驾驶人用手操纵，故又称手制动系（手刹车）。其功用是使已停在各种路面上的汽车驻留原地不动。

3. 对制动系的要求

为保证汽车能在安全的条件下发挥出高速行驶的能力，制动系必须满足下列要求：应具有足够的制动力，工作可靠；操纵轻便；前后桥上的制动力分配应合理，左右车轮上的制动力应相等；制动应平稳；避免自行制动；散热性好。

4. 制动系的组成

各种制动装置一般由制动器和制动控制机构组成。制动器按其构造分为盘式、蹄式（或鼓式）和带式（或箍式），制动控制机构按其操纵传动方式有机械式、液压式、气压式等。驻车制动装置通常又称手制动器，属于机械式制动系统。这种制动装置作用在变速器后的传动轴上时，称为中央制动式手制动器；若安装在车轮上与车轮制动器一体时，则称为车轮制动式手制动器。

行车制动装置以液压式和气压式应用最广泛，前者多用于乘用车和轻型车，后者多用于中型以上的客车和货车。

典型的汽车制动系统如图 4-50 所示。

为了保证制动的可靠性，无论是气压或液压式的多采用双管路制动系统，如前、后轮分开的双管路系统和对角线（左前轮、右后轮一条管线，右前轮、左后轮一条管线）交叉的双管路系统。

目前行车制动装置用的制动器，货车用蹄式的为多，乘用车用盘式的为多，特别是乘用车的前轮制动器几乎都是盘式的。

这是因为盘式制动器制动效能虽不如蹄式的高，但制动效能的稳定性好，几乎不发生蹄式制动器所具有的自动增力作用，在高速制动和反复制动时也很少发生衰减作用。

此外，制动盘左右两侧制动作用的不平衡现象极少，于是汽车能保持良好的方向稳定性。

目前，汽车行车制动系统多增加了电子防抱死控制功能，以进一步提高行车安全性。

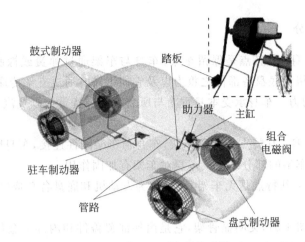

图 4-50　典型的汽车制动系统

4.4　车身与附属设备

4.4.1　车身的功用与组成

汽车车身是运送乘客、货物和驾驶人工作的场所，车身应具备使乘客和货物免受尘土、雨雪、振动、噪声、废气侵袭，使驾驶人工作便利的条件。车身上的一些结构措施和设备还应有助于行车安全和减轻交通事故造成的人身伤害。

车身的造型应能保证有效地引导周围的气流，以减少空气阻力和燃料消耗，且有助于提高汽车行驶稳定性和改善发动机冷却条件，保证车身内部通风良好。

汽车车身主要包括：车身壳体、车门、车窗、前后钣制件、车身附件、车身内外装饰件、座椅、通风、暖风、冷风、空调装置等。货车和专用汽车上还包括货箱和其他专用设备。

4.4.2　车身的类型

车身是汽车的基本骨架，也是最大的部件，它决定汽车的基本形状、大小和用途。

车身壳体是一切车身零、部件的安装基础，通常指纵、横梁和支柱等主要承力元件以及与它们相连的钣制件共同组成的刚性空间结构，其分类如下所述。

1. 按结构形式分

（1）骨架式车身：有完整的骨架，车身蒙皮固定在它上面。

（2）半骨架式车身：有部分骨架，如单独的立柱、拱形梁及其他加固件。各骨架可彼此相连或借蒙皮相连。

（3）无骨架式车身：没有骨架，代替骨架的是各蒙皮板相互连接时所形成的加强肋或板壳。

2. 按受力情况分

（1）非承载式车身：其特点是保留车架，车身与车架通过弹簧或橡胶柔性连接。车架的刚度大，它承受发动机及底盘各部件之重力以及它们工作时通过支架传递的力、汽车行驶时由路面通过悬架传来的力。车身承受本身重力与所装载的客货重力以及汽车行驶时所引起的惯性力和空气阻力。

（2）半承载式车身：其特点是保留车架，车身与车架刚性连接，车身除承受非承载式中所述各载荷外，还分担车架的部分载荷。车身对车架有加固作用。

（3）承载式车身：其特点是无车架，车身作为发动机和底盘各总成的安装基础，上述各种载荷均由车身承受。

乘用车车身（见图 4-51）无明显骨架，它是由外部覆盖件和内部钣金件焊接成的一空间结构。乘用车车身一般采用承载式或非承载式。

图 4-51　乘用车车身

4.4.3　汽车仪表

汽车仪表是驾驶人通过视觉了解汽车工作状态的必备部件，其种类很多，但大致分为读取数值的仪表（如车速表）和判断车况是否正常的仪表（或装置）两大类。

这些仪表安装在驾驶人最容易看得见的驾驶人座椅对面的仪表板上（见图 4-52）。

图 4-52　桑塔纳 3000 乘用车仪表板

由于仪表是靠驾驶人视觉来了解汽车工作状态，因此，应具有良好的目视性（容易辨认）。将仪表设置在正面的仪表板上，可减少驾驶人视线从前方路面移开的概率。

需要频繁读数的仪表,若安装在仪表板中间则会增加驾驶人视线的移动量而带来不便。不需经常确认的报警灯等,可安装在目视性较差的部位。报警灯只是在发生异常时才点亮,它不能指示出具体数值。

4.4.4 安全防护装置

1. 安全带

随着汽车工业的发展,汽车安全问题日益为公众所重视。汽车工程师采取了各种措施以提高汽车的安全性能。其中,安全带(见图4-53)的使用是提高汽车安全性的重要措施之一。

安全带通过高强度的织带约束乘员的运动,减轻或避免乘员与其他物体碰撞损伤。同时,当汽车失去平衡、倾覆或翻滚时,安全带将人体约束在座椅上,使其避免在车内翻滚而造成二次或多次碰撞。

大量使用实践证明,安全带是最有效的安全防护装置,可大幅度降低碰撞事故的受伤率和死亡率。

现代乘用车必须装备安全带,前排座椅多装用三点式安全带,后排座椅多装用两点式安全带。

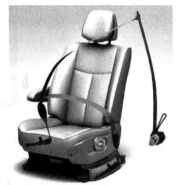

图 4-53 汽车安全带

2. 安全气囊

现在,越来越多的汽车都装备有安全气囊。其目的是辅助保护乘员,基本前提是乘员要佩戴安全带。

当汽车以大于 20 km/h 的运行速度,在正前方±30°的范围发生撞击时,安全气囊就会迅速自动充气弹开,瞬间鼓起一个很大的气囊,犹如缓冲垫填在驾驶人和转向盘之间,从而减轻驾驶人(或乘员)头部及胸部的伤害。

安装于转向盘中的安全气囊系统一般由气体发生器、防护盖、气囊、约束件、溢气孔等组成。

近年来,在驾驶人安全气囊的基础上,又增加了前排乘员侧安全气囊和侧向安全气帘(见图4-54),使得汽车的被动安全性能大为提高。

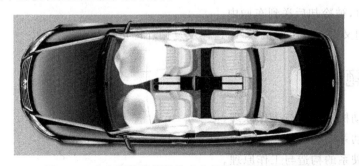

图 4-54 大众辉腾乘用车的安全气囊和侧向安全气帘

4.4.5 汽车空调

现代汽车大都装备有车用空调来提高车内空气质量(温度、湿度、风速等)。

汽车空调一般由通风装置、暖风装置、冷气装置以及空气净化装置等组成。图 4-55 所示为制冷系统工作原理示意图。

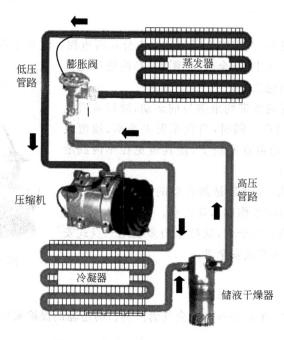

图 4-55 制冷系统工作原理示意图

(1)压缩机运转时,将蒸发器内产生的低温、低压制冷剂蒸气吸入并进行压缩后,在高温、高压的状态下排出,使之进入冷凝器。

(2)高温、高压气态制冷剂流入冷凝器,经冷却,气态制冷剂变成液态制冷剂。

(3)液态制冷剂进入储液干燥过滤器,去除水分和杂质。

(4)高压液态制冷剂从膨胀阀小孔喷出,成为低压雾状制冷剂流入蒸发器。

(5)雾状制冷剂在蒸发器内吸收蒸发器盘管外边空气中的热量汽化,从鼓风机来的空气流经蒸发器表面,被冷却后送到车厢内。

气态制冷剂又重新被压缩机吸入,这样反复循环即可达到制冷目的。

复习思考题

1. 简述汽车发动机的构造与工作原理。
2. 简述汽车传动系的构造与工作原理。
3. 简述汽车行驶系的构造与工作原理。
4. 简述汽车转向系的构造与工作原理。
5. 简述汽车车身和附属设备的构造与工作原理。

第 5 章 千古英名照汗青——车界英豪

教学提示：在百余年的汽车发展史上，涌现出无数杰出的发明家、设计师、企业家和教育家。品味车界英豪的成功经历，对激发学生的学习热情，弘扬和传播汽车文化具有重要意义。

教学要求：本章主要介绍在汽车发展史上涌现出的杰出的发明家、设计师、企业家和教育家。要求学生熟悉车界英豪的成长经历和杰出贡献，并从中汲取前进的动力。

5.1 欧洲的汽车奇才

5.1.1 现代汽车之父——卡尔·本茨

卡尔·本茨(Karl Benz，1844—1929年，见图 5-1)是现代汽车工业的先驱者之一，人称"汽车之父"。

1844 年，卡尔·本茨出生于德国。从中学时期起，卡尔·本茨就对自然科学产生了浓厚的兴趣，1860 年进入卡尔斯鲁厄综合科技学校学习。在这所学校，他较为系统地学习了机械构造、机械原理、发动机制造、机械制造经济核算等课程，为他日后的发展打下了良好基础。

在经历过学徒工、服兵役、娶妻生子等人生经历后，他于 1872 年组建了"奔驰铁器铸造公司和机械工场"，专门生产建筑材料。由于当时建筑业不景气，本茨的工场经营困难，面临倒闭的危险，万般无奈之际，他决定制造发动机获取高额利润以摆脱困境。

图 5-1　卡尔·本茨

于是，他申领了生产奥托四冲程煤气发动机的营业执照，经过一年多的设计与试制，于 1879 年 12 月 31 日制造出第一台单缸煤气发动机(转速为 200 r/min，功率约为 0.7 kW)。不过，这台发动机并没有使本茨摆脱经济困境，他依然面临着破产的危险，生活十分艰苦。但是，清贫的生活并没有改变本茨投身发动机研究的决心，经过多年努力，终于研制成功单缸汽油发动机，并将其安装在自己设计的三轮车上(见图 5-2)，取得了世界上第一个"汽车制造专利权"(1886 年 1 月 29 日)。正是这一天，被确认为是现代汽车的生日。

1893年，卡尔·本茨研制成功了性能先进的"维克托得亚"牌汽车（见图5-3）。该车采用本茨拥有专利权的3 L发动机，转向盘安装在汽车中部。尽管"维克托得亚"汽车性能先进，但由于价格高达3875马克，因而很少有人买得起，成为公司的滞销品。

图5-2　卡尔·本茨发明的单缸汽油发动机三轮车

图5-3　"维克托得亚"牌汽车

这种在技术上为卡尔·本茨带来了极高声誉的汽车，并没有在经济上给他带来多大的转机。后来，卡尔·本茨又对前期生产的"维克托得亚"牌汽车进行了改进，将车厢座位设计成面对面的18个，成为世界上第一辆内燃机驱动的公共汽车。

卡尔·本茨于1899年制造出第一辆赛车，1906年，他和他的两个儿子在拉登堡成立了奔驰汽车公司（在中国该品牌注册为"奔驰"）。1926年6月29日，奔驰汽车公司和戴姆勒汽车公司合并，成立戴姆勒-奔驰汽车公司，总部设在斯图加特市。此后，戴姆勒-奔驰汽车声名鹊起，成为高档汽车的代名词。

在发明汽车的过程中，卡尔·本茨的勇气令人十分钦佩。首先，他甘于清苦，埋头于自己的发明创造。其次，他果断地摒弃了在技术上已十分成熟的蒸汽机而选用了并不被人看好的内燃机作动力，反映了他在观念上的先进性。最后，他既能开发生产反映汽车技术最高水平的"高档车"，又能及时调整产品结构，组织生产适销对路的"普通车"，为公司赢得可观的利润，说明他既有工程师的基本素质，又有企业家的经营技巧。

5.1.2　杰出的汽车设计大师——费迪南德·保时捷

在百余年的汽车发展史上，费迪南德·保时捷（Ferdinand Porsche，国内早期译作费迪南德·波尔舍，1875—1952年，见图5-4）是最为杰出的汽车设计大师之一，他对汽车的杰出贡献主要体现在其高超的产品设计水平和使汽车大众化两个方面。

1875年12月，费迪南德·保时捷出生于波西米亚（原属德国，今属捷克）的一个铁匠之家，15岁进入夜校学习。后来，他一边在电厂工作，一边在维也纳工学院进修。

22岁那年，费迪南德·保时捷设计了一台能安装在汽车车轮内的电动机，以替代当时在汽车上普遍使用的链条传动，并因此获得了第一个专利——"混合传动系统"专利。1900年，他首创的电动汽车出现在巴黎世界工业产品博览会上。从此，他以"电动汽车之父"为世人所知晓。

图5-4　费迪南德·保时捷

1905年，费迪南德·保时捷受聘为戴姆勒公司奥地利分公司技术部经理,由于成功设计了"玛哈"牌汽车而获得了他有生以来的第一枚勋章。1910年,他设计成功更为完善的"公爵"牌乘用车。第一次世界大战后,面对萧条的德国经济,他曾建议戴姆勒公司老板开发平民车,可惜对方未能采纳。1926年,戴姆勒公司与奔驰公司合并,由于他的许多意见与老板相左而于1929年辞职。

辞职后的费迪南德·保时捷于1930年创立了自己的公司——保时捷汽车设计所。他打算先在赛车设计领域作出一番成绩。1934年,他以全新理念设计出了具有16缸增压式发动机的第一辆保时捷赛车(车头约占1/3,车尾占2/3,前后桥配重比为1:1,油箱安置在赛车的中部——无论油量多少都不影响赛车的重心位置),并以7.5万美元的价格将图纸卖给了德国汽车联盟。

这辆外形新颖、性能优良的赛车先后打破了8项世界纪录,夺得过场地赛、越野赛、登山赛等各项赛事的冠军。德国民众虔诚地将这辆赛车取名为"银箭"(见图5-5),表达了他们对它的无限敬意。由于其表现出色,"银箭"造型确定了此后的国际赛车的基本外形。

设计和制造赛车的巨大成功,并没有使费迪南德·保时捷忘记自己开发平民车的理想。从1935年起,他带领设计小组按照"技术成熟,坚固可靠,经济实用"的三条原则开发设计大众型乘用车。1936年10月12日,三辆大众型VW-1乘用车(即后来的甲壳虫汽车,见图5-6)开发成功,并通过了技术鉴定。

图5-5 第一辆保时捷赛车(银箭)

图5-6 大众型VW-1乘用车(亦即后来的甲壳虫汽车)

大众型VW-1乘用车外形与甲壳虫非常相似,风阻极小,采用风冷发动机,便于维护,扭杆独立悬架,行车平稳,整车自重650 kg,最大输出功率26 hp(1 hp=735W),最高车速100 km/h,百公里耗油小于7 L。

1937年5月,大众汽车公司成立。1939年8月生产出第一批"大众"汽车。但是,由于受第二次世界大战影响,他生产平民车的梦想破灭了,战前累计生产的210辆甲壳虫汽车全部装备了德军。

第二次世界大战结束后,大众公司开足马力,加紧生产由费迪南德·保时捷先前设计的甲壳虫汽车。由于该车占领了平民车这个最大的市场,故取得了极其辉煌的成就,累计产销2100多万辆。无论是繁忙的城市和宁静的乡村,还是人声鼎沸的赛车场,到处都可以看到甲壳虫汽车的影子(见图5-7~图5-9)。

第二次世界大战期间,费迪南德·保时捷曾参与过德军坦克的研制工作,战后被盟军指控为战犯关进法国监狱。

1948年,获释后的费迪南德·保时捷重操旧业,领导保时捷设计有限公司精心设计、制造了50辆功率为30 kW铝质车身的保时捷356型(因先后进行过356次设计变动而得名,见

图 5-10 和图 5-11)跑车。由于该车在一次重大比赛中战胜了许多欧美名车,一夜之间便成为妇孺皆知的英雄,保时捷品牌的地位由此得以确立。

图 5-7 置身繁忙的城市的甲壳虫汽车

图 5-8 置身宁静的乡村的甲壳虫汽车

图 5-9 置身人声鼎沸的赛车场的甲壳虫汽车

图 5-10　保时捷 356 型跑车

图 5-11　费迪南德·保时捷（右）和保时捷 356 型跑车在一起

1952 年 1 月 30 日，就在保时捷 356 型跑车开始为公司赢得荣誉时，费迪南德·保时捷因病去世，终年 77 岁。

5.1.3　柴油机之父——鲁道夫·狄塞尔

柴油机的名称，至今在很多地方仍然被称为"Diesel Engine"或"狄塞尔发动机"。这是因为世界第一台柴油机的发明者是鲁道夫·狄塞尔（Rudolf Diesel，1858—1913 年，见图 5-12），是鲁道夫·狄塞尔首创了压缩点火式内燃机，为内燃机的发展开辟了新的途径。

狄塞尔于 1858 年生于法国，父母都是德国人。在普法战争时，父母把他带到伦敦，后又回到德国。他是在法、德两国接受教育的，在慕尼黑大学攻读工程学，所有课程均以破纪录的最高分通过考试，顺利毕业。

上大学时，他就对蒸汽机表现出极大的兴趣。1892 年，34 岁的狄塞尔偶然中受到面粉厂粉尘爆炸的启发，设想将吸入汽缸的空气高度压缩，使其温度超过燃料的自燃温度，再用高压空气将燃料吹入汽缸，使之着火燃烧。他因此发明了一种机械装置，并取得了发明专利，这种装置可以将空气压进容器并且和煤粉充分混合直至被压燃，直接为机械提供动力。

第二年，即 1893 年，MAN 公司根据这一专利，制造出了世界上第一台柴油发动机的原型机，并取名叫"狄塞尔"发动机。

然而，狄塞尔并不满足于这一发明，经过 5 年的试验，1897 年制成了第一台具有实用价值的高压缩比自动点火内燃机，即压燃式柴油机。这是一台输出功率 25 hp、四冲程、单缸立式柴油机(见图 5-13),汽缸直径为 15 cm,活塞冲程为 40 cm。它加长了燃烧过程前的压缩过程,这是内燃机技术的第二次突破。历史上第一台柴油机由此诞生。这款发动机能将 26% 的燃料潜能转变成动力。

图 5-12　柴油机发明者鲁道夫·狄塞尔、第一台柴油机原型机以及 MAN 公司和布兴汽车的 LOGO

图 5-13　MAN 公司收藏的世界第一台具有实用价值的狄塞尔柴油机

其实,早在 1893 年,尚处于试验期间,狄塞尔已制造出一款技术上并不成熟的柴油机。当时因为急于出售,这款柴油机制造了 20 台,可是为时不久,用户就纷纷要求退货,令狄塞尔开始陷入经济困境。

1913 年,压力越来越大的狄塞尔终于不堪忍受经济上的困境,跳海自杀,时年只有 55 岁。狄塞尔没有能够看到他发明的发动机装在汽车上。

1936 年,奔驰公司制造出第一台装有狄塞尔发动机的乘用车。一直到 1950 年前后,柴油机才得以在载货汽车上广泛应用。

后人为纪念鲁道夫·狄塞尔的杰出贡献,将柴油发动机称为"狄塞尔发动机"。德国邮政局还专门发行邮票(见图 5-14)和宣传画(见图 5-15),以此向这位不朽的发明家表示敬意。

图 5-14　狄塞尔发动机纪念邮票

图 5-15　纪念狄塞尔及其发动机的宣传画

5.1.4 挑战极限的发明家——安德烈·雪铁龙

1878年2月5日,作为父母5个孩子中最小的一个,安德烈·雪铁龙(André Citroën,1878—1935年,见图5-16)在法国巴黎出生。安德烈·雪铁龙原籍荷兰,父亲是从事珠宝生意的商人,母亲是波兰人。雪铁龙年轻时就认定科技进步将给人类带来幸福,所以他选择巴黎综合工业学院就读,准备将来当一名工程师。

22岁那年他去波兰外婆家探亲度假,因途中看到一个机械装置上按"人"字形拼成的齿轮而得到灵感,回来后发明了人字形齿轮传动系统,并获得专利。在获得文凭、服完兵役后,他于1913年创立了自己的公司,专门从事人字形齿轮传动系统(见图5-17)的生产。

1912年,安德烈·雪铁龙开始用人字形齿轮作为雪铁龙公司产品的商标(见图5-18)。

图5-16 安德烈·雪铁龙

图5-17 安德烈·雪铁龙的人字形齿轮传动系统

图5-18 雪铁龙公司人字形齿轮商标

1915年,安德烈·雪铁龙创建了雪铁龙汽车公司,这是法国第一家采用流水线生产汽车的厂家。由于采用先进技术,因而在刚成立仅仅第6个年头,年产量即突破100万辆。

第一次世界大战期间,雪铁龙应征入伍,担任炮兵队长。当他发现弹药不足时,主动请缨组建工厂,生产炮弹。在这里,他的组织管理才能得到了极大的发挥,不仅使炮弹日产量创下了5万枚的纪录,而且由于组织得法,使妇女也可参与工作,从而让更多的男人可以投身战场。

1912年,安德烈·雪铁龙去美国旅游。在福特汽车公司,他亲眼看到了由于采用流水线生产方式大幅度降低了T型车的生产成本,领教了科学的企业管理的威力。于是,富于挑战精神的安德烈·雪铁龙决定以同样方式来管理自己的工厂。回国以后,他向媒体夸下海口:"以后要每天生产100辆汽车!"开始人们认为他是痴人说梦,没想到自1919年雪铁龙汽车公司在欧洲率先批量生产A型车(见图5-19)以后,产量迅速提高,到1923年,日产量已达200辆,到1924年,日产量则达300辆。至此,雪铁龙成为当时欧洲最成功的汽车厂家之一。

安德烈·雪铁龙坚持认为:汽车厂卖的不只是汽车,还有无微不至的服务。他逐步完善了汽车购销方式,创立了一年保修期制度,建立分销网络,罗列出零件目录及维修费用一览表,使所有销售点、维修点的费用得以统一。

1922年,他大力推广分期付款售车方式,成立了全国第一个专司分期付款的机构,并在国外创办了不少汽车出租公司,在全国各地形成了一个庞大的汽车服务网络。

图 5-19 欧洲第一款量产车——雪铁龙 A 型

安德烈·雪铁龙在对公司和产品的宣传方面可谓煞费苦心：他在法国各地十字路口竖立起雪铁龙标牌，强化了人们对其品牌的印象；让汽车从高山上翻滚而下以证明车身的坚固可靠；雇用飞机以五彩的烟火在空中划出"Citroën"字样。更为绝妙的是，安德烈·雪铁龙于 1925 年在巴黎埃菲尔铁塔以霓虹灯方式做广告（见图 5-20），使巴黎四周 30 km 范围内随时都可看到"Citroën"的大名。

1923 年，安德烈·雪铁龙发起了穿越撒哈拉大沙漠的大型汽车比赛；1924 年又组织了贯穿全非洲的"黑色之旅"赛车活动；1927 年，美国人林白驾驶飞机穿越北大西洋成功，他竭力说服林白去自己的工厂接受工人们的祝贺，结果第二天的报纸就登了这样的文章——"林白访问雪铁龙"。自 1928 年起，雪

图 5-20 埃菲尔铁塔上的"Citroën"广告

铁龙每月月末在法国 100 家大报刊登大幅广告。1931 年，安德烈·雪铁龙在法国巴黎开办了当时全球最大的汽车商场，除了经销雪铁龙汽车外，还在场内放映电影、举办音乐会，以聚揽人气。

作为真正的技术革命，当 1934 年雪铁龙 7A（见图 5-21）首次向新闻界推介时，就一举赢得最高的赞誉：说它是"如此新颖，如此大胆，拥有如此丰富的独特技术，与前人如此的不同"。当时的汽车一般都是靠后桥驱动。车身还都是木质结构，发动机用螺栓固定在车架上，然后扣

图 5-21 不朽的经典、革命性的前驱车——雪铁龙 7A

上一个钢壳子,因此汽车特别笨重,转向不灵。

前驱技术面临的挑战是把发动机与变速器装在前桥上,靠前轮转向和驱动,重心更低,因此前驱车的抓地性非常出色,深受好评。前驱车的惊人之处远不只限于这种机械布局的变化。它体现的是彻底的创新——前驱车采用全承载式钢制车身,因此没有传统的车架,汽车重量大大地降低,外观有了极大改进,配重更加合理,外形更加流畅,车速得到了很大的提高。7A 车一直生产到 1957 年,共生产了 76 万辆。

造型新颖、技术先进、操纵性好、对道路适应性极强的雪铁龙前轮驱动汽车很快就广受好评,并成为银行劫匪们的最爱(作案后可凭借雪铁龙前轮驱动汽车的优异性能迅速摆脱警察的追捕),因而,被戏称为"强盗车"。

富有的安德烈·雪铁龙在生活上不求豪奢,但却充满了向极限挑战的奋进精神,他不断地投资于工厂和开发新车型,追求技术上的不断进步,他甚至声称"只要主意好,代价不重要"。在工程师勒费伯的建议下,雪铁龙在新研制的汽车上采用了一系列全新的技术——前轮驱动、流线型车身、自承重设计、扭力杆式独立悬架、液压控制车身高度可调系统、自动变速器,等等。

1935 年 7 月,安德烈·雪铁龙因病去世。2008 年,为纪念这位伟大的技术革新者、雪铁龙汽车公司的奠基人安德烈·雪铁龙诞辰 130 周年,法国政府特别发行纪念金币一枚(见图 5-22)。

图 5-22　安德烈·雪铁龙诞辰 130 周年纪念金币

纪念金币正面图案中央为安德烈·雪铁龙肖像,左上方为安德烈·雪铁龙的姓名(André Citroën),右侧为雪铁龙的标志及安德烈·雪铁龙的生卒年份。纪念金币背面图案中央为雪铁龙公司于 1934 年 3 月推出的第一款前轮驱动汽车——雪铁龙 7A,该车也是世界上第一辆前轮驱动汽车。纪念金币的上方为货币面额及法兰西共和国国名,下方为"Liberté、Égalité、Fraternité"(自由、平等、博爱)字样及发行年号。

实际上,今天的雪铁龙公司仍然名震全球,以及他的前轮驱动设计方案在 60 多年后依然风靡世界才是对他最大的褒奖与怀念。

5.2　美国的汽车精英

5.2.1　汽车大王——亨利·福特

全世界享有"汽车大王"美誉的只有亨利·福特(见图 5-23)一人,可谓是前无古人,后无

图 5-23 亨利·福特

来者,是他将人类社会带入了汽车时代。亨利·福特出生于 1863 年 7 月 30 日,其父是一位美国普通农民。但亨利·福特自小就对从事农事颇有怨言,反而对鼓捣钟表等机械充满了浓厚的兴趣,并因此闯过不少祸。幸运的是,对他的"胡闹",其父母从来没有任何埋怨和责罚。

17 岁那年,福特独自一人离开农村的家,来到位于底特律的密歇根汽车制造公司寻找就业机会。但在这家拥有 2000 人的底特律最大的工厂,福特只工作 6 天就辞职了,原因是"该公司优秀的员工需要花费好几个小时才能修复的机器,我只要 30 min 就可以修好,因而其他员工对我十分不满"(福特语)。

后来,他又先后从事过机械修理、钟表修理、船舶修理等工作,并且还一边工作一边参加夜校学习,以便将来能够"不屈居于人下、被别人雇用而过一生,自己开一家制造机械的工厂"。为了实现这一目标,他还离开了新婚妻子,告别了富庶而温馨的家,到爱迪生的通用电气公司(GE)边工作边学习电气知识。

1893 年圣诞节,福特汽油机试验成功,这给了他极大鼓舞,他决心再接再厉,研制出自己的"不用马拉的马车"。1896 年春天,他的第一辆汽车研制、试验成功,福特感到无比高兴。1899 年,福特又成功地制造出了 3 辆汽车,他因此在当地被公认是这一领域的杰出人物。于是,他与别人合作成立了底特律汽车公司并任制造部经理。然而,公司在经营一年后却解散了,原因是几乎所有员工都没有制造汽车的经验;零件质量不好,采购不及时,常常延误工作日程;高成本制造出的汽车无法销出。因此,制造了 20 辆汽车以后,公司就倒闭了。

1901 年 10 月 10 日,福特接受主要凭赛车建立起了商业信誉的温顿的挑战,亲驾自制赛车参赛,结果他出人意料地获得了胜利。于是,在商人们的支持下,他又成立了第二家汽车公司。可是批量生产汽车所需的技术完全不同于单件生产的汽车,修理工出身的福特在当时显然还不能胜任这一重任。当投资者发现他只热心于将金钱花在研制一种无法销售的高价竞赛汽车上时,毫不客气地将其赶出了厂门。这样,福特第二次办汽车厂也以失败而告终。

两次失败并没有将福特吓倒,他仍然谋求在汽车业的发展,并付出了比以往更大的努力:自驾赛车四处表演,不断改进汽车结构。由于经常获得各种比赛的胜利,他一跃而成为"全美第一流的赛车手",并被新闻界誉为"速度之魔"(他的赛车曾在一条 800 m 长的大街上创下了 11 km/h 的速度纪录)。

1903 年 6 月,福特第三次与别人合作,按股份制模式成立了汽车公司,尽管公司只有 10 位雇员,但他们却成功制造了性能稳定的 A 型汽车(见图 5-24)。A 型汽车大获成功,为福特日后的发展奠定了良好的经济基础,在不到一年时间内就售出 650 辆,实现了开门红。第二年,A 型车月产量稳定在 300 辆,第三年达到 360 辆,福特公司因此成为全底特律最为忙碌的工厂。

1906 年,N 型车(见图 5-25)问世,这是一款物美价廉的汽车,外形美观、性能良好,加之随后推出的 R 型、S 型等车,两年之内共售出 8000 多辆。N 型是福特的得意作品之一,它的成功不仅使福特彻底摆脱了贫困的生活,而且为日后的大发展提供了成熟的经验和雄厚的经济基础。

1908 年秋,具有划时代意义的福特 T 型车(见图 5-26 和图 5-27)隆重问世了。

图 5-24　1903 年款 A 型车

图 5-25　1906 年款福特 N 型车

图 5-26　福特 T 型车（软顶）

图 5-27　福特 T 型车（木质硬顶）

　　T 型车在设计思路、生产管理、零售定价、销售组织、售后服务等许多方面都采取了与众不同的策略，展示出亨利·福特独有的天才企业家的胆识和魄力。

　　T 型车的各种零件被首次设计成统一规格，实现了总成互换；在大型总装车间，福特采用由机械传送带运送零件和工具的流水线装配法（见图 5-28），极大地提高了工作效率。

图 5-28 福特 T 型车装配流水线

亨利·福特采用低定价（每辆车只售 850 美元，后又降至 295 美元并大做广告，见图 5-29）的销售策略，使大多数人都能买得起；提供充足的零部件和及时的售后服务保障，消除了用户的后顾之忧。

图 5-29 T 型车促销广告

同时，大幅度提高工人工资，实行"8 小时工作制，日薪 5 美元"（见图 5-30），相当于原工资的 200% 以上，以致汽车界及金融界一致反对，纷纷预言他将破产。

事实证明,上述这些有力措施在提高工作效率、降低生产成本、吸引汽车人才、拓展市场份额等方面发挥了强大的威力。

1914 年,公司非但没有破产,反而以不足 13 000 人生产了 730 000 辆汽车,获利 3000 万美元,福特汽车公司呈现一片繁忙、红火、欣欣向荣的景象(见图 5-31),站在 T 型车前,亨利·福特的脸上露出了欣慰的笑容(见图 5-32)。

图 5-30 福特公司的"日薪 5 美元"招聘广告　　图 5-31 欣欣向荣的福特汽车公司

图 5-32 亨利·福特和他的 T 型车(硬顶)

T 型车的显著特点是结构简单(见图 5-33)、坚固耐用。T 型车配有 15 kW、4 缸发动机(见图 5-34),最高车速可达 72 km/h,油耗 13.4~21.7 L/100 km。

T 型车底盘简洁、强劲、质量轻,拥有独特的三点式悬架系统(见图 5-35),使车架及动力系统免受道路颠簸。与其他公司的汽车相比,T 型车底盘更为坚固耐用。

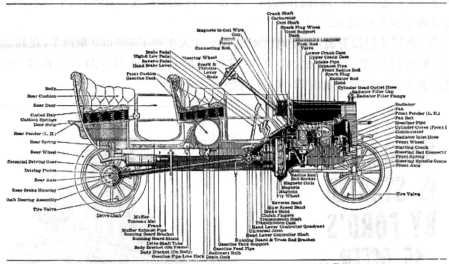

图 5-33　福特 T 型车结构图

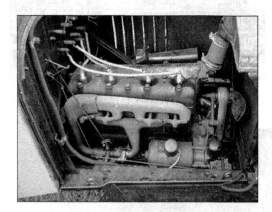

图 5-34　T 型车的发动机

图 5-35　T 型车的悬架系统

　　由于 T 型车价格低廉、使用方便、维护容易，因此销售异常火爆，累计 1500 多万辆的产销量更是创造了空前的纪录。

　　T 型车既使福特获得了巨大的成功，也成为了普通民众的交通工具。达官贵人开着它周游世界（见图 5-36），新娘子开着它回娘家、走亲戚（见图 5-37），警察开着它押解囚犯（见图 5-38），农民用它耕田（见图 5-39），小商人开着它卖菜（见图 5-40），更有甚者，伐木工人居然把 T 型车当作木工机械的动力装置来锯木头（见图 5-41），等等。

　　福特 T 型车彻底改变了人们的生活方式、思维方式和娱乐方式，将人类带入了崭新的汽车时代。

　　20 世纪 20 年代后期，美国开始形成了一个巨大的旧车市场，大批质量相当不错的二手车只需几十甚至十几美元就可买到，这对一向以物美价廉著称的 T 型车是一个极大的冲击。

　　同时，由斯隆领导的通用汽车公司不断推出款式新颖、技术先进的汽车，满足了不同阶层的购买需求，也给 T 型车造成了巨大的竞争压力。1927 年，亨利·福特不得不让自己心爱的 T 型车停产。

图 5-36 周游世界

图 5-37 回娘家、走亲戚

图 5-38 押解囚犯

图 5-39 耕田

图 5-40 卖菜

图 5-41 锯木头

自 1927 年停产 T 型车后,福特公司关闭近 6 个月用于研发新车型,并于 1928 年推出新的 A 型车(见图 5-42)。新 A 型车动力更加强劲有力,配置更加豪华,更具特色,装备转速更高的发动机、先进的四轮制动、转向助力,玻璃也更安全。在随后短短几年内,其销量即突破 500 万辆。

由于转产组织匆忙、耗资巨大,加之接踵而来的经济大萧条的影响,福特公司元气大伤,整个 20 世纪 30 年代都未能恢复,分别被通用(1927 年)和克莱斯勒(1936 年)超过。后来经过公司全体员工的拼力追赶,才在全国第二的位置上站稳脚跟,那种产量独占全国一半以上的日子一去不复返了。

图 5-42 经典的 1928 年款福特 A 型车

1945 年,亨利·福特不得不从董事长的位置上退下来,让位于孙子亨利·福特二世。1947 年 4 月 7 日,亨利·福特因脑溢血于底特律去世,终年 83 岁。

5.2.2 汽车造型设计大师——哈利·厄尔

1. 哈利·厄尔生平及贡献

德国人发明了汽车,但把汽车带入艺术设计圣殿的却是美国人。在汽车艺术设计这座用智慧做穹顶、以创新为支柱的大教堂里,哈利·厄尔是当之无愧的"红衣主教"。

图 5-43 哈利·厄尔

哈利·厄尔(Harley Earl,1893—1969 年,见图 5-43)1893 年 11 月 22 日出生于美国好莱坞。1969 年 4 月 10 日因中风在佛罗里达去世,终年 75 岁。

哈利·厄尔是美国工业设计领域的代表人物,世界上第一个专职汽车造型设计师。还在孩提时代,哈利·厄尔就开始制作具有未来色彩的油泥模型,其中就有许多属于汽车模型设计。

20 世纪 20 年代初,年轻的哈利·厄尔在父亲开设在加州好莱坞的汽车厂学到了许多设计学原理。当时,道路交通工具正处于由马车向汽车过渡的时代,哈利·厄尔看到了马车终将让位于汽车的历史发展趋势,于是将自己的设计方向定位在汽车上。

在著名的斯坦福大学,哈利·厄尔学习了艺术、建筑、工程学等课程后,来到洛杉矶潜心钻研,他的设计天才也逐渐显露出来。

最初,他极为超前的设计理念并不被大多数汽车制造商接受,其作品主要用在电影和私人改装车上。直到通用汽车公司总裁斯隆(Alfred P. Sloan)慧眼识珠,哈利·厄尔才得到施展才华的机会。

1926 年,哈利·厄尔加入通用汽车公司,成为专职汽车造型设计师。1940 年出任通用汽车公司副总裁、通用汽车公司艺术与色彩部主任,负责汽车外形设计。

1928年,哈利·厄尔在汽车设计中引入了镀铬设计,这一技术解决了镍金属装饰的褪色问题。

从20世纪30年代开始,哈利·厄尔倡导的艺术色彩设计对通用汽车产生了意义深远的影响,通用汽车公司的规模也由此急剧扩张,并逐渐成为最为强大的汽车帝国。

哈利·厄尔设计风格热情奔放、富于创新,开创了第二次世界大战后汽车设计的高尾鳍时代。他对汽车设计的影响力达到了无人能及的地步,而通用汽车公司的设计部门也成为当时世界最大的设计中心。

哈利·厄尔的另一个重要贡献是提出了汽车造型设计的新模式——有计划的产品废止制度。按照哈利·厄尔的主张,在设计新的汽车造型的时候,要形成这样一种基本思想——必须有计划地考虑以后几年不断更改部分设计,使汽车造型最少每两年一小变,三年到四年一大变,造成有计划的汽车造型老化(外形不再时髦),促使消费者不断追捧更为新颖的汽车造型,即以汽车造型的不断推陈出新,来引领汽车消费,从而使汽车制造商获得巨大的经济效益。

1938年,别克Y.Job车型把哈利·厄尔的汽车造型设计事业推向极致。这是世界上第一款概念车(当时,针对未来市场设计的车型称为梦幻车(Dream Car),还没有概念车(Concept Car)这个提法)。概念车(Concept Car)是由哈利·厄尔的继任者查克·乔丹(Chuck Jordan)提出来的,但两者的精神实质是完全一致的(查克·乔丹曾于1995年访问吉林工业大学汽车系,并做关于概念车设计方面的演讲,使中国学者受益良多),同时也是船形车身的开始。别克Y.Job有着复杂曲面构建而成的流线型车身,在此后的数十年中,这个超前的设计一直是其他汽车公司争相模仿的对象。

除此以外,别克Y.Job对汽车造型设计领域最大的贡献还在于油泥模型技术的引入,这使得汽车的造型设计更加灵活多样,该技术直至今日仍被广泛采用。

哈利·厄尔创造了美国汽车文化最核心的部分,被称为天才设计大师、梦幻汽车之父(the father of the dream car)。

2. 哈利·厄尔作品赏析

1927年,初露锋芒的哈利·厄尔设计的第一款车Cadillac LaSalle(见图5-44)诞生了。当Cadillac LaSalle来到巴黎参加车展时,为一睹Cadillac LaSalle的风采,疯狂的车迷把展台都挤垮了。

图5-44 1927年款Cadillac LaSalle

哈利·厄尔第一个留名青史的大作应该是1938年Buick Y.Job(见图5-45和

图 5-46)——世界上第一款概念车。Buick Y. Job 的出现,标志着哈利·厄尔的设计趋向成熟,也显露出了他超越时代的伟大。

图 5-45　1938 年款 Buick Y. Job(俯视)

图 5-46　1938 年款 Buick Y. Job(侧视)

Buick Y. Job 继承了 Duesenberg 经典的 Y 字形车尾造型以及 Cord 810 的隐藏式前灯的设计。

但第二次世界大战的爆发打乱了通用汽车公司的生产计划,公司的生产重点转移到军事装备上,Buick Y. Job 没能按照计划大量生产。

战争结束后,哈利·厄尔设计的新车——Buick LeSabre(见图 5-47)再次令全世界震惊,并在 1951 年的巴黎车展上引起巨大的轰动。

图 5-47　Buick LeSabre

Buick LeSabre 的外形设计借鉴了喷气式战斗机,驾驶室有着梦幻般的设计。车尾造型(见图 5-48)更是大胆而张扬,彰显出美国自豪而骄傲的一面。在以后相当长的时间里,这一风格成为美国汽车造型设计的基石。

图 5-48　Buick LeSabre 车尾造型

1954 年,哈利·厄尔再创惊人之举,推出了更像战斗机的火鸟 I 型概念车(Firebird I,内部代号 XP-21,如同战斗机型号,见图 5-49)。

图 5-49　哈利·厄尔与火鸟 I 型概念车(Firebird I)

这款外形更接近于飞机的汽车,在车头内部安装了一个 35 gal(1gal=3.785dm³)的燃油箱,动力系统在座舱后面,车身两侧各有一个三角翼。新颖怪异而又充满乐趣的造型颇受美国空军飞行员的喜爱(见图 5-50)。从后面看,Firebird I 完全就是一架战斗机(见图 5-51)。

图 5-50　美国空军飞行员对 Firebird I 非常喜爱

图 5-51　从后面看，Firebird Ⅰ完全就是一架战斗机

1955 年通用公司商用汽车部（GMC）在哈利·厄尔的主持下设计了全新的商用车——L'Universelle（见图 5-52）。L'Universelle 的造型彻底颠覆了传统，个性化、未来化以及战斗机化的哈利·厄尔风格再次得到了淋漓尽致的发挥。L'Universelle 在当时被冠以 Truck 名称，实际上也是通用公司最早期的厢式货车。

图 5-52　1955 年款 L'Universelle

1956 年，哈利·厄尔推出了更接近家用车的火鸟Ⅱ型概念车（Firebird Ⅱ，见图 5-53）。

图 5-53　1956 年款 Firebird Ⅱ

在 Firebird Ⅱ之后，哈利·厄尔又连续推出了第一代 Corvette 跑车（见图 5-54）、Oldsmobile Golden Rocket（见图 5-55）和 Buick Centurian（见图 5-56），并获得巨大的成功。

图 5-54　第一代 Corvette 跑车

图 5-55　Oldsmobile Golden Rocket

图 5-56　Buick Centurian

1958 年，哈利·厄尔又推出了另一力作——Firebird Ⅲ（见图 5-57）。站在自己设计的火鸟中间（见图 5-58），雄心勃勃的哈利·厄尔在酝酿着下一个作品。

1959 年，哈利·厄尔推出其另一经典杰作——Cadillac Cyclone（见图 5-59）。Cadillac Cyclone 的设计处处让人折服——车门是侧滑的，舱盖是上掀的（见图 5-60），车头两个侧围各自形成一个形如飞机整流罩的圆锥体（见图 5-61），尾灯造型则如同处于全力加速的喷气战斗机的尾喷管（见图 5-62），处处展现着令人震撼的美。

图 5-57　1958 年款 Firebird Ⅲ

图 5-58　哈利·厄尔和他的火鸟们在一起

图 5-59　1959 年款 Cadillac Cyclone

图 5-60　Cadillac Cyclone 奇妙的上下车方式（侧滑式车门，上掀式舱盖）

图 5-61　Cadillac Cyclone 头部特写　　　图 5-62　Cadillac Cyclone 尾部特写

从左后侧看,高挑的尾鳍,流畅的衬裙,光滑圆润、一气呵成的侧围(见图 5-63),如飞机,似导弹,梦幻般的设计令人叹为观止。

图 5-63　Cadillac Cyclone 光滑圆润、一气呵成的侧围

5.3　中国的汽车名人

5.3.1　饶斌

饶斌(1913—1987 年,见图 5-64),吉林省吉林市人。历任长春第一汽车制造厂厂长、第一机械工业部副部长、国家经委副主任、第一机械工业部部长、中国汽车工业公司董事长。

第一汽车制造厂的兴建,是毛泽东和当时的苏联领导人斯大林亲自商定的。1953 年 6 月 9 日,毛泽东签发《中共中央关于三年建成长春第一汽车制造厂的指示》,这一天成为新中国汽车工业的发祥日。

作为第一汽车制造厂的厂长,饶斌全身心投入到轰轰烈烈的建设热潮之中,他不仅是汽车厂厂长,也是建筑公司经理,工作强度很大,以至于回到家常常饭菜没有端上桌,人已酣然入梦。为掌握汽车工业制造技术和建筑技术,他虚心向技术人员和有经验的老工人求教,成为能够推车送浆和操作机床,摘掉不懂汽车工业"白帽子"的领导干部。

1956年7月14日,一汽总装线上开出由中国人自己制造的第一批解放牌载货汽车,结束了中国不能自己制造汽车的历史。图5-65为饶斌陪同毛主席视察一汽。

图5-64 饶斌

图5-65 饶斌陪同毛主席视察一汽

1964年,筹建二汽的工作理所当然地又落到饶斌头上。在一汽,他工作了7年,而在二汽,则一干就是16年。

中国两个重要的汽车制造厂的建设,都凝聚着饶斌的心血。饶斌为中国汽车工业所作的贡献,也一直为国人所铭记。

5.3.2 孟少农

孟少农(1915—1988年,见图5-66),汽车工程专家,中国科学院学部委员(中科院院士)。曾任一汽、二汽副厂长、副总工程师,是中国汽车工业主要奠基人之一。孟少农成功地领导了中国第一汽车制造厂、陕西汽车制造厂和第二汽车制造厂几代产品的研制和开发,为我国汽车工业的发展作出了重要贡献。

孟少农早年留学美国(见图5-67),先后在美国福特汽车公司、锤上兰森机器公司、司蒂贝克汽车公司任技术员和工程师,学习考察汽车、发动机的产品、工艺、工具、机械加工和汽车工厂设计等方面的理论。

图5-66 孟少农

图5-67 在美国留学时风华正茂的孟少农(后中)

在新中国诞生后的几十年中,他坚持在我国汽车工业企业里,全心全意地做技术指导工作,为我国第一汽车制造厂、陕西汽车制造厂、第二汽车制造厂的创建和发展作出了巨大贡献。

图 5-68 为孟少农主持研发的老解放货车。

我国汽车工业从无到有,从小到大;我国汽车产品从单一品种到多品种、系列化;我国汽车工业人才,从寥寥可数,到人才辈出;人才素质由低到高;这些巨大的变化和成就,无一不凝聚着孟少农的智慧和心血。

原中共中央政治局常委、国务院副总理李岚清曾这样评价孟少农:"在汽车工业界,孟少农是杰出的代表人物,他把自己汽车科技知识和毕生精力,无私奉献给了我国的汽车工业,从不计较名誉地位,直到晚年才获得湖北省特等劳动模范、全国五一劳动奖章等光荣称号。但在人们的心目中,由抗日学生、进步青年、红色教授、工程师,到汽车工业的巨星、名家、创业人、拓荒者、军师、泰斗……他的各种美名不计其数,而统称他为同志或老师,我觉得是合适的。"

特别令人敬佩的是,他年届古稀时,仍在思考为我国汽车工业培养人才。孟少农晚年是在口授笔耕、培育后人中度过的。虽然他的健康状况一直欠佳,经常住院治疗,然而他在最后三年中,从未因病停止过给湖北汽车工业学院学生讲课,他常常挂完吊瓶,就去教室讲课。

为缅怀这位我国著名的汽车专家,二汽遵照国家科委提议,为孟少农塑造半身铜像两座,一座安放于湖北汽车工业学院,一座安放于武汉工学院即今武汉理工大学(见图 5-69)。

图 5-68 孟少农主持研发的老解放货车

图 5-69 孟少农半身铜像(安放于武汉理工大学)

5.3.3 郭孔辉

郭孔辉(见图 5-70)是我国著名汽车专家,中国工程院院士。现任吉林大学汽车工程学院院长、教授、博士生导师,中国汽车工程学会副理事长、中国汽车工业协会副理事长等。

郭孔辉是我国汽车行业著名专家,在国内外同行中享有很高的声望,在汽车系统动力学及其相关领域造诣精深。在轮胎力学、汽车动力学以及人—车闭环操纵动力学等方面的研究成果均达到世界先进水平。

郭孔辉是我国最早把近代系统力学与随机振动理论引入汽车科学研究的学者,在汽车振动与载荷方面系统的具有开创性的著述在国内外都有重要的影响,也是我国汽车操纵稳定性、平顺性、制动与驱动稳定性以及轮胎力学等学术领域的主要开拓

图 5-70 郭孔辉

者和学术带头人。

五十年来,他一直进行汽车科学技术的系统研究工作,并取得了巨大的成就。曾经主持了多种新型汽车的开发与多项行业重大课题的研究,取得了大量具有国际先进水平的研究成果,获国家及部级科技进步奖 7 项,在国内外发表论文 250 余篇,出版专著两部,同时为我国汽车工业培养了大批高层次人才。

5.3.4 李书福

李书福(见图 5-71),吉利汽车公司的创始人,浙江吉利控股集团有限公司董事长,被誉为中国汽车工业的"疯子""奇人"和"黑马"。

图 5-71 李书福

李书福的浙江吉利控股集团有限公司始建于 1986 年,由小作坊生产起家,目前已经发展成为国内汽车行业十强中唯一一家民营轿车生产经营企业。经过二十多年的不懈努力,吉利公司已经在汽车、摩托车、汽车发动机、变速器、汽车电子电器及汽车零部件制造领域取得了辉煌业绩。

2010 年 3 月 28 日,中国浙江吉利控股集团有限公司与美国福特汽车公司在瑞典哥德堡举行签字仪式(见图 5-72),正式签署收购沃尔沃汽车公司的协议(见图 5-73),实现了"羞怯的乡村少年迎娶美丽的城市姑娘的梦想(李书福语)",首开中国民营企业收购国外著名汽车公司的先河。

李书福领导的吉利汽车公司,怀着"造中国人的汽车"的梦想,走出了一条民族汽车产业的自主创新之路,也代表着中国民族汽车工业的希望。

正是由于吉利的奋力拼搏,才使得汽车价格由先前的高不可攀降到现在的触手可及。今天,所有花费不到 10 万元人民币就可以购买一辆属于自己的私家汽车的中国人,都要对李书福表示深深的敬意。如果没有李书福和他领导的吉利汽车公司的拼搏和贡献,中国人买车将永远是个梦!

图 5-72 2010 年 3 月 28 日股权交易签订现场

浙江吉利控股集团董事长李书福;福特汽车 CEO Lewis Booth(前排,从左至右);Peter Zhang;Wang Naipeng;Huang Keqina;工信部部长李毅中;瑞典副总理 Maud Olofsson;沃尔沃总裁兼 CEO Stephen Odell;福特财务官 Scott Stewart(后排,从左至右)

图 5-73 中国吉利公司与美国福特公司正式签署收购沃尔沃汽车公司的协议

复习思考题

1. 欧洲有哪些令人钦佩的汽车奇才？
2. 美国的汽车精英有哪些？其杰出之处和伟大贡献在哪里？
3. 谈谈你对中国汽车名人的感悟。
4. 谈谈你对中国汽车工业未来发展的构想。

第6章 百炼千锤浴火生——汽车设计、试验与制造

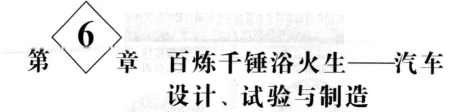

> **教学提示**：汽车设计、试验与制造是一项纷繁复杂的系统工程，每一环节都闪烁着人类智慧的光芒。

> **教学要求**：本章主要介绍汽车设计、试验与制造过程。要求学生熟悉汽车设计的一般流程，了解常见的汽车试验项目和方法，掌握汽车制造的基本工艺流程。

6.1 汽车设计工程

6.1.1 汽车的设计要求

对于汽车这样复杂的机电产品，其设计要求是多方面、多层次、互相关联、互相制约的。为了设计出市场竞争力强的汽车，汽车设计师除了不断创新，将各种新理念、新结构、新材料科学地结合进去外，更需要全面均衡地、有层次地处理各种不同的要求，务使整车的设计在技术、经济、艺术诸方面达到最佳状态。

汽车设计要求大体可归纳为功能性、工艺性、规范性、使用经济性、循环经济性、艺术性、和谐性7个方面。

6.1.2 现代汽车设计技术

现代汽车设计技术主要包括有限元分析、优化设计、系统工程方法、可靠性设计、反求工程、人机工程和计算机辅助设计等。

1. 有限元分析

有限元分析(Finite Element Analysis,FEA)是古典变分方法的一个分支，它直接把所需分析的结构离散化，使用最小位能原理或虚位移原理等力学基本原理，列出计算格式，用电子计算机求解。有限元法在结构离散化时可采用各种单元形式，以适应不同的问题，网格的加密也很方便，边界易贴合。有限元分析的算法无论对弹性和塑性问题均较成熟，对流体问题也有一定的长处。

在汽车设计中，有限元分析除应用于车身(见图6-1)、车架等板梁结构外，还用来对各种零部件、组合结构等进行强度、刚度、热强度、振动模态、稳定性等各种计算分析。

有限元分析方法对设计轻量、安全、合理的车身结构，提高乘坐的舒适性，减少样车试验的

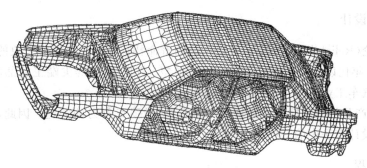

图 6-1　汽车车身有限元分析

数量,降低开发风险,缩短开发周期等均有重大影响,有限元分析现已成为汽车公司新车车身结构设计工作的规范计算分析方法。

2. 优化设计

无论是汽车外形设计、总体设计,还是零部件设计,汽车设计师总是力求从各种可行方案中选择最优方案,这就是优化设计的基本任务。过去工程设计中尽管没有"优化"这一任务,但在实际设计过程中往往通过直觉判断、试验比较,对产品优胜劣汰。

随着科学技术的进步,实际工程问题可以通过数学模型来描述,并发展了最优化数值方法求解所确定的数学模型,这就为优化设计提供了数学工具。目前,有许多优化算法可供选用,其优劣随所解问题的特征而异。

3. 系统工程方法

对于像车辆整体这样复杂的系统,无法简单地定义为一个最优化设计问题。这时,为了能在设计阶段进行较为准确的定性和定量分析,需要采用系统工程方法(System Engineering Analysis),其中主要内容为系统分析。

汽车的系统分析除研究汽车系统结构、系统行为外,还要研究汽车系统的受控方式,研究怎样使汽车系统演化才能达到设计者所追求的目标。用系统分析的方法,可以预先研究系统结构及其相关性,可以通过建模和仿真进行模拟研究(见图 6-2),所以它能在设计阶段之前处理问题,提高了设计开发过程的质量和效率。

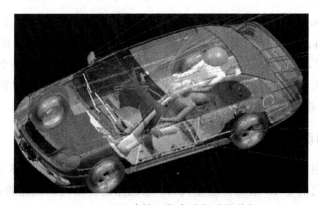

图 6-2　通过建模和仿真进行系统分析

4. 可靠性设计

可靠性理论(Reliability Theory)是以产品的寿命特征作为主要研究对象的一门综合性科学。20 世纪 60 年代以来,可靠性研究由电子、航空、宇航、核能等尖端工业部门,扩展到进行大批量生产的汽车工业部门,并取得可喜成果。

当今,提高产品的可靠性已成为提高产品质量、增强竞争力的关键。因此,可靠性设计已成为汽车现代设计方法中的一项重要内容。

5. 反求工程

反求工程(Reverse Engineering,RE)也称逆向工程、反向工程、反求设计,是指用一定的测量手段对实物或模型进行测量,根据测量数据通过三维几何建模方法重构实物计算机辅助设计(Computer Aided Design,CAD)模型的过程;是一个从样品生成产品数字化信息模型,并在此基础上进行产品设计开发及生产的全过程。

将反求工程用于汽车设计时,三坐标测量机(见图 6-3)是必不可少的重要设备。三坐标测量机(Coordinate Measuring Machine,CMM)又称为三坐标测量仪或三次元,是指在一个六面体的空间范围内,能够进行几何形状、长度及圆周分度等测量并保全数据的仪器。

图 6-3 三坐标测量机

6. 人机工程

人机工程(Ergonomics 或 Human Factors)又称人体工程学,是 20 世纪 50 年代前后迅速发展起来的一门新兴学科。它以工程设计中与人体有关的问题为研究对象,目的在于使设计更好地适应人体的各种要求,从而提高人机系统,即人同其所操纵的机构在内的整个系统的工作效能。

人机工程涉及人体尺寸、心理学、心理生理学、运动生理学、生物工程和医学等许多复杂课题,属于跨学科的边缘科学领域。

7. 计算机辅助设计

在工业发达国家,20 世纪 70 年代就已用计算机辅助设计(CAD)技术进行汽车设计,并逐步发展和完善了自己的 CAD 系统。现在,CAD 系统除进行结构和性能的计算、分析并绘制出零部件的设计图样外,还越来越多地把方案初选、最优决策、规划布置、经验评估等包括进去,构成所谓的"智能化"CAD 系统。

在现代汽车开发工作中,就计算机辅助设计而言,其核心是以产品设计和绘图为主体的 CAD 系统、汽车性能和结构分析为主体的计算机辅助工程分析(Computer Aided Engineering,CAE)系统、模型及其模具制造的计算机辅助制造(Computer Aided Manufacturing,CAM)系统以及造型设计的计算机辅助造型(Computer Aided Styling,CAS)系统。

在许多国内外的大公司中,从整车到各大总成的开发工作现已全面使用了 CAX 技术,最具典型的是汽车车身的开发工作(见图 6-4 和图 6-5),从概念设计阶段到模具制造的全过程都采用了串行和并行的混合开发过程,较全面地实现了 CAD/CAE/CAS/CAM 技术集成。

图 6-4 车身造型设计　　　　　　　　图 6-5 车身覆盖件设计

在汽车规划和布置设计中,使用 CAD 及相关的性能和参数优化设计软件去预测新车型的性能和确定设计参数、进行法规校核、提出最佳的设计图和方案图,合理地进行汽车布置,方便有效地进行系列化车型设计。

8. 虚拟现实技术

虚拟现实(Virtual Reality,VR,见图 6-6)是一种全新的人机界面,它通过计算机构造出形象逼真的三维模型,从而生成一种具有三维视觉效果的特殊环境。该技术通过多种传感器和可视化设备,将视觉、听觉、触觉等作用于用户,使用户融入这种特殊的环境中去操作、控制环境,产生身临其境的感觉,从而实现特殊的设计目的。它具有多感知、沉浸感、交互性、想象性等特征。

图 6-6 虚拟现实技术

虚拟现实技术不仅仅用于车型开发,还可以提供给汽车制造商多方面的模拟数据:市场调查、工程研究、数字化制造及产品模拟、测试、制造、产品支持、数据管理及再使用、商业推广计划等。利用虚拟现实技术还可以进行汽车碰撞试验,不必使用真实汽车便可显示出不同条件下的碰撞结果。

9. 神经网络方法

人工神经网络(Artificial Neural Network,ANN)是一门活跃的边缘性交叉学科,涉及生物、电子、计算机、数学和物理等诸多学科。它是根据生物神经系统的作用原理发展起来的、由多个人工神经元互联组成的大规模的分布式并行信息处理系统。用于模拟人类神经系统的信息处理机制,对复杂的问题进行有效的解决。

车辆工程中模糊、非线性、不确定系统都可以用神经网络理论加以解决。如轮胎的动力学特性模型辨识、基于模糊理论和人工神经网络融合技术的车辆悬架系统的神经网络控制等。

6.1.3 汽车的设计过程

1. 制定产品开发规划

在汽车产品开始技术设计之前,必须制定产品开发规划。第一步是必须确定具体的车型,就是计划生产什么样的汽车。第二步是进行可行性分析,根据用户需求、市场调查、技术条件、工艺分析、成本核算等,预测产品是否符合需求、是否符合生产厂家的技术和工艺能力、是否对国民经济和企业有利。第三步是拟定汽车的初步方案,通过绘制方案图和性能计算,选定汽车的技术规格和性能参数。最后一步是制定出设计任务书,其中写明汽车的形式、主要尺寸、主要质量指标、主要性能指标以及各个总成的形式和性能等具体要求。

产品开发的前期工作,是分析各方面的影响因素,明确产品开发的目的和工作方向。否则,不经过周密调查研究与论证,盲目草率上马,轻则会造成产品先天不足,投产后问题成堆;重则造成产品不符合需求,在市场上滞销,带来重大损失。

2. 初步设计

汽车初步设计的主要任务是完成汽车的形状设计,主要包括以下内容。

1) 汽车总布置设计

总布置设计(又称初步造型),是将汽车各个总成及其所装载的人员或货物安排在恰当的位置,以保证各总成运转协调、乘坐舒适和装卸方便。为了保证汽车各部分合理的相互关系,需要定出许多重要的控制尺寸。

在这个阶段,需要绘制汽车的总布置图,绘出发动机、底盘各总成、驾驶操作场所、乘员和货物的具体位置以及边界形状;也包括零部件的运动(如前轮转向与跳动)范围校核。经过汽车总布置设计,就可确定汽车的主要尺寸和基本形状。

2) 效果图

效果图(见图6-7)是表现汽车造型效果的图画。造型设计师根据总布置设计所定出的汽车尺寸和基本形状,就可勾画出汽车的基本形象。

效果图又可进一步分为构思草图和彩色效果图两种。构思草图是记录造型设计师灵感的速写画(见图 6-8 和图 6-9)。彩色效果图是在构思草图的基础上绘制的较正规的绘画,需要正确的比例、透视关系和表达质感。

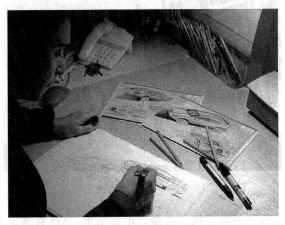

图 6-7　效果图

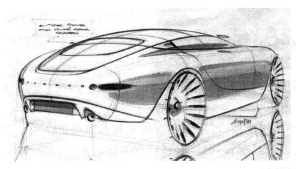

图 6-8　构思草图(右后部)

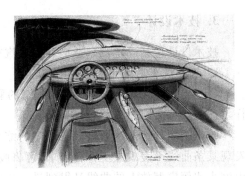

图 6-9　构思草图(车内)

彩色效果图包括外形效果图、车内效果图和局部效果图,其作用是供选型讨论和审查之用。效果图的表现技法多种多样,可采用铅笔、钢笔,也可采用毛笔(水彩画或水粉画)等,而目前较流行的是混合技法——用麦克笔描画、喷笔喷染以及涂抹、遮挡等多种表现技法。只要效果良好,表现技法可不拘一格。

3) 制作缩小比例模型

缩小比例模型(见图 6-10)是在构架上涂敷造型泥雕琢而成的,亦称油泥模型。轿车缩小模型常用 1∶5 的比例,亦即是真车尺寸的 1/5。造型泥是一种油性混合物,又称油泥,在常温下有一定硬度(比肥皂硬些),涂敷前须经烘烤。

缩小比例模型可以在彩色效果图的基础上更进一步表达造型构思,也更加形象具体,比效果图更有真实感,要求比例严格、曲线流畅、曲面光顺。雕琢一个缩小比例汽车模型,需要从各个角度审视,反复推敲、精雕细琢,因而很难在两三天内完成。

4) 召开选型讨论会

经过初步设计,绘制出一批彩色效果图和雕琢出几个缩小比例模型,就可以召开选型讨论会。会议的目的是从若干个造型方案中选择出一个合适的车型方案,以便作为技术设计的依据。

选型讨论会主要讨论审美问题,但也涉及结构、工艺等方面,故通常由负责人召集造型设

图 6-10　制作缩小比例模型

计师、结构设计师和工艺师等参加会议。选型讨论会结束，意味着选定车型的造型构思基本成熟，汽车的初步设计亦宣告结束。

3. 技术设计

技术设计包括确定汽车造型和确定汽车结构两个方面。

1) 确定汽车造型

(1) 绘制胶带图。胶带图是用细窄的彩色不干胶纸带粘贴成的 1∶1（全尺寸）汽车整车图样，可表达零部件形状及外形曲线。

胶带图的外形曲线数据取自选定的缩小比例模型，可用来审查整车外形曲线的全貌。如发现某条曲线不美观或不符合要求，可将胶带揭起重新粘贴，直到满意为止。胶带图完成后，由缩小比例模型放大的曲线又得到进一步的修订。

(2) 绘制 1∶1 整车外形效果图。单纯由缩小比例的绘画表达汽车的外形效果仍不足够，还需要绘制等大尺度（全尺寸）的彩色效果图。

现代造型设计非常重视等大的尺度感。缩小比例图样和全尺寸图样的真实感是截然不同的。打个比方，鸡雏看上去很小巧可爱，若放大 5 倍就显得太胖、太臃肿。汽车也是一样，缩小比例模型上某些圆角或曲线看上去很小巧雅致，放大 5 倍后就可能显得笨拙臃肿了。

因此，汽车形状的最后确定，不能从缩小比例的图样或模型直接放大，而应经过 1∶1 效果图和 1∶1 模型的修正，以符合等大的尺度感和审美要求。

(3) 制作 1∶1 外部模型。1∶1 外部模型是汽车外形定型的首要依据。根据缩小比例模型的放大数据，结合胶带图和 1∶1 效果图的修订情况，就可以制作 1∶1 外部模型（见图 6-11～图 6-13）。

这个模型是在一个带有车轮的构架上涂敷造型泥经细心雕琢而成的。由于要用数以吨计的造型泥，并雕琢得细致、光整、平顺，所以制造一个 1∶1 外部模型的时间很长，通常需要几个星期。

(4) 制作 1∶1 内部模型。1∶1 内部模型（图 6-14）用以审视汽车内部造型效果和检验汽车内部尺寸。1∶1 内部模型与 1∶1 外部模型同时制作，其设计和尺寸相互配合。1∶1 内部模型的形状、色彩、覆盖装饰物的质感和纹理都应制造得十分逼真，使人具有置身于真车室内的感觉。

第 6 章　百炼千锤浴火生——汽车设计、试验与制造

图 6-11　制作 1∶1 外部模型（涂敷造型油泥）

图 6-12　制作 1∶1 外部模型（雕琢）

图 6-13　制作 1∶1 外部模型（接近成型）

（5）造型的审批。1∶1 外部模型、内部模型、效果图完成后，需要交付企业最高领导审批，使汽车最终定型（见图 6-15）。汽车造型设计是促进汽车销售的重要竞争手段，大公司为了击败竞争对手往往会采用频繁推出新车型的手段，对汽车造型设计的需求就十分迫切，所以

汽车造型设计在整个汽车设计过程中占有越来越重要的地位。

图 6-14　1∶1 内部模型（仪表台模型）　　　　图 6-15　汽车最终定型

2) 确定汽车结构

汽车造型审定后，就可以着手进行汽车结构设计。汽车的结构设计，就是确定汽车整车、部件（总成）和零件的结构。也就是说，设计师需要考虑由哪些部件组合成整车，又由哪些零件组合成部件。

设计师必须把所设计的汽车结构用图纸表达出来。图纸是设计师与企业中的工艺师、技工和其他人员交流的"工程语言"。我国颁布了十多项关于机械制图的国家标准，规定了绘制机械产品图纸的方法。在工科院校还设置专门的课程，训练学生掌握这种标准的工程语言。

图纸绘制的方法，是按照投影原理并借助于几个视图、剖面或局部放大等手段，把产品的立体形状和内部结构详细而清晰地表达出来。图纸应按指定的比例绘制并且写出对产品的技术要求。零件图需要详细地标注出各部分的尺寸和公差。总成图应清楚地表达各个零件之间的装配的关系并标注出相关的装配尺寸。设计一辆汽车，需要绘制数以千计的图纸。一些复杂的图纸图面的长度可达 10~15 m。

6.2　汽车试验工程

6.2.1　汽车整车性能试验

汽车性能试验是为了测定汽车的基本性能而进行的试验，主要包括以下几个试验项目。

1. 动力性能试验

动力性能试验对常用的三个动力性能指标，即汽车的最高车速、加速性能和爬坡性能进行实际试验。最高车速试验的目的是测定汽车所能达到的最高车速，我国规定的测试区间是 1.6 km 试验路段的最后 500 m。

加速试验一般包括从起步到给定车速、高速挡或次高速挡，以及从给定初速加速到给定车速两项试验内容，试验通常用非接触式汽车性能试验仪进行。

图 6-16 为重庆力帆 520 乘用车进行性能测试的情形,安装在发动机舱盖和前保险杠上的设备即为非接触式汽车性能试验仪。

爬坡试验包括最大爬坡度与爬长坡两项内容。最大爬坡度试验最好在坡度均匀、测量区间长 20 m 以上的人造坡道上进行,如果人造坡道的坡度对所测车不合适(例如坡道过大或过小),可采用增、减载荷或变换挡位的方法做试验,然后折算出最大爬坡度。

图 6-17 为军用汽车在进行爬坡试验,图 6-18 为奥迪乘用车进行雪地爬坡试验的情形。

图 6-16 重庆力帆 520 乘用车在进行性能测试

图 6-17 军用汽车在进行爬坡试验

(a) 仰视

(b) 俯视

图 6-18 奥迪乘用车雪地爬坡试验

爬长坡试验主要用来检查汽车能否通过坡度为 7%～10%、长 10 km 以上的连续长坡,试验中不仅要记录爬坡过程中的换挡次数、各挡位使用时间和爬坡总时间,还要观察发动机冷却系统有无过热、供油系统有无气阻或渗漏等现象。

2. 燃料经济性试验

通常做道路试验或做汽车测功机(亦称转鼓试验台)试验,后者能控制大部分的使用因素,重复性好,能模拟实际行驶的复杂情况,能采用各种方法测量油耗,还能同时测量废气排放。

3. 制动性能试验

汽车制动性能的优劣直接关系到汽车行驶的安全性,可用制动效能和制动效能的稳定性进行评价。常进行制动距离试验、制动效能试验(测定制动踏板力和制动减速度关系曲线)、热衰退和恢复试验、浸水后制动效能衰退和恢复试验等。

4. 操纵稳定性试验

操纵稳定性试验类型较多,如用转弯制动试验评价汽车在弯道行驶制动时的行驶方向稳定性;用转向轻便性试验评价汽车的转向力是否适度;用蛇形行驶试验来评价汽车转向时的随从性、收敛性、转向力大小、侧倾程度和避免事故的能力;用侧向风敏感性试验来考察汽车在侧向风作用下直线行驶状态的保持性;用抗侧翻试验考察汽车在为避免交通事故而急打转向盘时汽车是否有侧翻危险;用路面不平度敏感性试验来考察汽车高速行驶时承受路面干扰而保持直线行驶的能力;用汽车稳态回转试验确定汽车稳态转向特性等。

图 6-19 所示为汽车进行侧倾试验的情形。

图 6-19 侧倾试验

5. 平顺性试验

平顺性主要是根据乘坐者的舒适程度来评价的,所以又称为乘坐舒适性,其评价方法通常根据人体对振动的生理感受和保持货物的完整程度来确定。汽车平顺性试验可以在汽车试验场进行,也可以在室内试验台上进行(见图 6-20)。

图 6-20 平顺性测试试验

典型的试验有汽车平顺性随机输入行驶试验和汽车平顺性单脉冲输入行驶试验,前者用以测定汽车在随机不平的路面上行驶时,其振动对乘员或货物的影响;后者用以评价汽车行驶中遇到大的凸起物或凹坑冲击振动时的平顺性。

6. 通过性试验

一般在汽车试验场和专用路段上进行通过性试验。通过性试验主要体现考察汽车在坏路或无路(坡路、有障碍路以及耕地、沙漠、雪地、沼泽等松软地面)条件下的通行能力。

7. 安全性试验

安全性试验项目很多,而且耗资巨大(尤以汽车碰撞试验为甚)。

1) 碰撞试验的作用和意义

汽车碰撞试验(Crash Test)以再现交通事故的方式来分析汽车在碰撞过程中车内乘员与车辆相对运动状态、乘员及车辆伤害状态等,通过分析结果可以改进车辆结构安全性设计和增设汽车乘员保护装置。

通过对试验车辆上安放假人的伤害值评价,可以得到对汽车整体安全性能的综合评价;通过进行汽车碰撞试验还可以对汽车座椅、座椅头枕、安全带、门锁和车门铰链、转向系统、安全气囊、油箱、儿童约束系统等部件进行安全性能评价,对汽车车身上的安全带连接部、座椅连接部、车身结构强度与吸能能力、车内凸起物等因素进行安全性能评价。

汽车碰撞试验是在试验室内完成的。通过牵引,使汽车以一定的速度撞向事先设置好的障碍物,测量并记录相关数据,然后根据各种测试数据来判断试验车的安全性。其意义在于在汽车的设计制造阶段就将汽车的安全性作为极其重要的评价指标,并通过一系列的试验获得各种关键数据以提高汽车的被动安全性,最大限度地保障人员安全。

2) 汽车碰撞防护装置

(1) 安全带:汽车前部发生碰撞时,首先是汽车要停止运动,车内乘员在惯性力作用下仍以原来速度继续向前运动,乘员将会与转向盘、仪表台、前挡风玻璃相碰,因而可能受到严重伤害;佩戴安全带的乘员可以随着汽车停止运动而逐渐停止向前运动。目前汽车上广泛采用三点式安全带。

(2) 保险杠:保险杠能在汽车发生正面碰撞时,吸收撞击能量,缓和冲击,降低撞车伤害。

(3) 安全气囊:如果碰撞剧烈,乘员向前运动更快,即使系了安全带,在完全停止运动前,仍会与车内物相碰。气囊的作用是保护乘员,减少其与车内物相碰的可能性,均匀地分散头、胸的碰撞力,吸收乘员运动能量,降低乘员严重受伤的概率。

3) 汽车碰撞试验

研究汽车被动安全性能的目的是力求在事故中最大可能地避免或减轻对乘员造成的伤害。所以,通过伤害生物力学对交通事故的保护客体——人体的伤害进行研究,了解造成伤害的机理、人体对碰撞的忍受能力,以制定伤害评价指标,是汽车碰撞安全性研究的基础。

提高汽车碰撞安全性的目的是在汽车发生碰撞时确保乘员生存空间、缓和冲击、防止发生火灾等。根据上述汽车碰撞安全性要求,试验方法可以分成以下三类:实车碰撞试验、滑车模拟碰撞试验和台架试验。

汽车发生事故中主要是正面碰撞、侧面碰撞、偏置碰撞、追尾碰撞和车辆翻滚等。所以对实车主要作正面碰撞试验、侧面碰撞试验、偏置碰撞试验、追尾碰撞试验和车辆翻滚试验。

碰撞试验是指被检验汽车以某一速度与一个刚性或者可变形壁障发生碰撞的试验。其目的是考察保险杠、车厢前部前围板区域所能吸收冲击能量的程度,考验车厢结构强度,借助车内假人的传感器所记录的数据,换算出和法规相对应的伤害指标,判断试验样车的碰撞安全性。

4) 被动安全性评价

（1）乘员安全性评价。碰撞试验假人（Dummy，见图6-21）又称为拟人试验装置（Anthropomorphic Test Devices），是用于评价碰撞安全性的标准人体模型。

假人的尺寸、外形、质量、刚度和能量吸收性能与相应的人体十分相似，所以当假人处于模拟的碰撞事故条件下，其动力学响应与相应的人体也十分相近。

在假人身上装备有各种传感器（见图6-22），用于测量人体各部位的加速度、负荷、挤压变形量等。通过对这些物理量的分析、处理可以定量地评价汽车的碰撞安全性。

按人体类型分，假人可分为成年人假人和儿童假人。成年人假人按体型大小又分为中等身材男性假人、小身材女性假人和大身材男性假人等。

目前，随着碰撞试验技术的发展，已经研发出一系列的假人，形成了碰撞试验假人家庭（见图6-23），甚至有孕妇假人（见图6-24）可供研究在实车碰撞中对孕妇和胎儿的伤害情况。

图6-21 碰撞试验假人（Dummy）

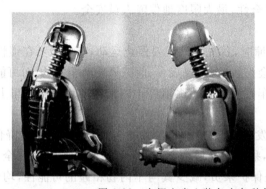 

图6-22 在假人身上装备有各种传感器

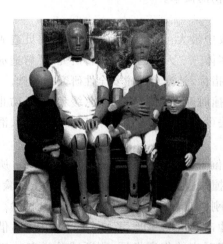 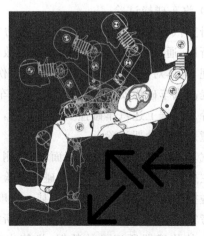

图6-23 碰撞试验假人家庭　　　图6-24 碰撞试验孕妇假人

在汽车碰撞试验中最常用的是中等身材假人,其代表欧美男性第 50 百分位成年人的平均身材。为了在设计中考虑不同的人体体型,又按照欧美人体分布的两端极限,分别开发了小身材和大身材假人。小身材女性假人代表欧美第 5 百分位女性成年人的体型,大身材男性假人代表欧美第 95 百分位男性成年人的体型。儿童假人的身高、体重是指定年龄组儿童的平均身高和体重,而不考虑性别。

在国内进行实车碰撞试验时,可选用符合我国人体数据的第 50 百分位成年男子假人,并穿有外衣、长裤和鞋子。通过第 50 百分位男性 Hybrid Ⅲ 假人的伤害程度进行安全性评价,根据头部、胸部、腿部等主要部位的伤害程度对试验样车的被动安全性进行评价。

假人头部伤害指数(Head Injury Criterion,HIC)不得大于 1000。

表 6-1 为正面碰撞假人伤害评价等级表。

表 6-1 正面碰撞假人伤害评价等级表

项 目	好	可以接受	尚 可	差
头部伤害指数(HIC)	<750	750~899	900~999	≥1000
胸部压缩	<50 mm	50~59 mm	60~74 mm	≥75 mm
胸部加速度	<60 g	60~74 g	75~89 g	≥90 g
大腿轴向力	<7.3 kN	7.3~9.0 kN	9.1~10.8 kN	≥10.9 kN
小腿指数	<0.8	0.8~0.9	1.0~1.1	≥1.2

(2) 结构安全性评价。对碰撞过程中汽车结构性能的评价,主要是衡量乘员存活空间的完整性。通过对变形测量、技术报告、照片和高速摄影进行分析,评定汽车结构安全性等级。

表 6-2 为正面碰撞试验汽车结构安全性评价等级。

表 6-2 正面碰撞试验汽车结构安全性评价等级

等级	伤害的可能性	色标	等级	伤害的可能性	色标
5 星	<10%	蓝绿	2 星	35%~45%	红
4 星	10%~19%	鲜绿	1 星	>45%	黑
3 星	20%~34%	黄			

(3) 乘员约束。在所有碰撞事故中均须对乘员约束系统(安全带、座椅、安全气囊和头部约束,见图 6-25)进行评价。表 6-3 为乘员约束系统的评价等级。

表 6-3 正面碰撞乘员约束系统评价等级

等级	评 定 原 则
差	碰撞时一个车门打开;一个座椅全部或部分脱离,一侧或两侧向前滑动,或椅背损坏(同样适用于无乘员的座椅);乘员向安全气囊的左侧或右侧滑出,并造成 70 g 或 70 g 以上的硬性撞击(同样适用于安全气囊故障);安全带故障(安全带、带扣、固定装置和卷收器);一个乘员的头部部分越出车外 25% 以上(如果是经侧窗部分越出,而侧窗又符合碰撞约束条件,则该项不适用);转向盘严重移动并增加伤害的危险

续表

等 级	评 定 原 则
尚可	乘员向安全气囊的左侧或右侧滑出,但未造成硬性撞击(<70 g);乘员座椅完全倾斜或扭曲(未损坏或滑动);安全气囊完全爆发但减速度太大(70 g 或 70 g 以上),以及头部伤害指数(HIC)>750;驾驶人头部或胸部撞击转向盘,造成硬性撞击(70 g 以上);乘员向前运动并与仪表板发生硬性撞击(70 g 或以上);乘员向前运动并足以造成膝部撞击
可接受	安全气囊没打开时,无头部或胸部撞击,但减速度较大(70 g 或以上);安全气囊打开时,头部有较大减速度(70 g 或以上),但 HIC 为 750 或以下;驾驶人头部或胸部撞击转向盘,但减速度较低或中等(<70 g);在回弹时,乘员离开椅背或头部约束,乘员头部撞击窗框、B 立柱或车顶
好	无头部、胸部撞击(除了安全气囊外),减速度适度(<70 g),回弹控制良好,乘员只有较小的横向或垂直运动

注:表中 g 为重力加速度值。

图 6-25　乘员约束系统

6.2.2　汽车总成零部件试验

1. 发动机试验

汽车总成零部件试验主要包括性能、强度、耐久性等内容。发动机是汽车中最重要的总成,其性能试验主要有功率、怠速、空转特性、负荷特性、调速特性、启动、机械效率、多缸工作均匀性、排放和噪声等试验。

发动机试验一般在发动机台架试验室内进行。图 6-26 为美国 Chrysler 公司的发动机台架试验室。

2. 汽车零部件试验

对发动机的重要零部件(如曲轴、连杆、活塞等运动件和缸盖、缸体等固定件)应进行强度试验,整机和重要部件常需进行耐久性试验,重要部件的耐久性试验可在专门的试验台上进行,整机的耐久性试验则在发动机台架上进行。

图 6-27 为常用的 MTS 零部件电液伺服试验台。

图 6-26　美国 Chrysler 公司的发动机台架试验室

图 6-27　MTS 零部件电液伺服试验台

为了缩短试验时间,通常强化试验条件,如在额定工况、全负荷最大转矩工况、超负荷、超转速工况下进行。耐久性试验前后要全面测量被测零件的尺寸和性能,以便评价磨损情况和动力性、经济性、排放等指标的稳定程度。

许多汽车承载系统的寿命都与"道路—汽车"系统产生的随机振动特性有关。因此,按载荷谱提供激振力(或位移)的电子液压振动试验台成了许多零部件试验中不可缺少的设备。图 6-28 为 MTS 十通道道路模拟器在进行试验。

(a) MTS 垂直十通道道路模拟器

(b) MTS 轴向十通道道路模拟器

图 6-28　MTS 十通道道路模拟器在进行试验

6.2.3　汽车试验场

1. 汽车试验场的作用

汽车试验场,亦称试车场,是重现汽车使用过程中遇到的各种道路条件和使用条件,进行汽车整车道路试验的场所。为满足汽车试验要求,汽车试验场将实际存在的各种道路经过集中、浓缩、不失真地强化成典型道路。

汽车试验场的主要试验设施是集中修筑的各种试验道路,如高速环形跑道(见

图 6-29)、高速直线跑道、可靠性强化试验路段、耐久性试验跑道、爬坡试验路段以及特殊试验路段,如噪声试验路段、比利时路(Belgian Road,见图 6-30)、卵石路(见图 6-31)、搓板路、随机波形路、扭曲路、颠簸路、涉水路以及灰尘洞、淋雨室、涉水池等。

图 6-29 高速环形跑道

图 6-30 比利时路(Belgian Road)

图 6-31 卵石路

由于汽车试验在汽车开发过程中处于极为重要的地位,许多汽车生产企业都投入巨额资金修建大型的汽车综合试验场,如通用汽车公司的 Milford 汽车试验场、日本汽车研究所 JARI 汽车试验场、英国汽车工业研究协会的 MIRA 汽车试验场等(见表 6-4)。

表 6-4 典型的汽车试验场

汽车试验场名称	高速环道		
	形 状	长度/km	设计最高车速/(km/h)
Milford(GM)	圆形	7.2	177
Romeo(Ford)	长圆形	8.0	225
Chelesea(Chrysler)	长圆形	7.6	225
Volkswagen	电话听筒形	20.5	190
Ohio(TRC)	长圆形	12	225
MIRA	三角形	4.4	145
JARI	长圆形	5.5	190

续表

汽车试验场名称	高速环道		
	形 状	长度/km	设计最高车速/(km/h)
海南汽车试验场	电话听筒形	6.0	120
东风襄樊汽车试验场	长圆形	5.3	160
总装备部定远汽车试验场	长圆形	4	120
交通部公路交通试验场	长圆形	5.5	190
一汽农安汽车试验场	长圆形	4	210

2. 我国的汽车试验场

海南汽车试验场始建于1958年，是我国第一个现代化湿热气候汽车道路试验基地。试验场设在海南省五指山区琼海市加积镇，海拔670 m，年平均气温23.9℃，年平均湿度85%，是对车辆进行湿热气候实验的理想场所。

襄樊汽车试验场始建于1985年，隶属东风汽车工程研究院。试验场占地面积2902亩，内有高速环道、直线性能路、2#综合试验路、比利时环道等近30 km试验路面和涉水池、标准坡道、灰尘洞等试验设施。试验场设有汽车整车、总成、零部件等试验室十余个，国家进出口汽车商检试验室两个，可满足国内外机动车辆的新产品开发试验、产品质量鉴定的需要，是一个集室内零部件台架试验、整车试验以及道路试验、服务保障于一体的综合性汽车产品研发基地。

襄樊汽车试验场同时还具有汽车质量监督检验、进出口汽车商品检验、机动车排气污染监督检验、新产品定型以及汽车专用仪器和汽车检测线检验校准等能力，是目前全国功能最全、管理最好、服务一流的现代化汽车试验基地。

图6-32为襄樊汽车试验场全景图，图6-33为试验场布置示意图。

图6-32 襄樊汽车试验场

此外，我国还有位于安徽省定远县境内的解放军总装备部定远汽车试验场、具有寒带气候特点的一汽集团吉林农安汽车试验场（国内唯一具有侧向风试验设备的汽车试验场）、交通部北京汽车试验场、上海大众汽车试验场等汽车试验场。

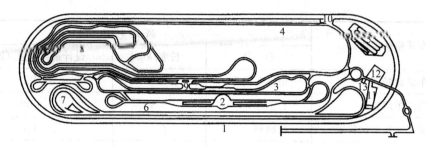

图 6-33 襄樊汽车试验场布置示意图

1—高速环道；2—综合试验路；3—比利时环道；4—普通路环道；5—标准坡道；6—综合性能路；7—转向试验圆广场；8—2#综合试验路；9—停车场；10—停车场；11—中控室；12—油库；13—控制岗

3. 试验场的道路设施

1）高速环形跑道

高速环形跑道长度为 4~8 km，多数采用两端圆形路和中间直线路的形状，也有椭圆形或其他形状；设有 3~5 条车道。这种跑道的设计最高车速通常在 200 km/h 以上，可供汽车长时间持续高速行驶，以考验汽车的高速性能和零部件的可靠性。

2）高速直线跑道

高速直线跑道是水平直线路，长度为 2.5~4 km，可供汽车作动力性、制动性和燃料经济性试验。为了节省建设费用，许多试验场将高速直线跑道设置在高速环形跑道的直线部分，两者结合使用。

3）可靠性、耐久性试验道路

为模拟汽车在各种好路和坏路上行驶的情况，在汽车试验场内，除了建造沥青路外，也建造沙土路和各种不同的砾石路，以便进行强化试验，使汽车能在较短的行驶里程内就能暴露问题。

我国海南汽车试验场的部分试验路面见表 6-5。

表 6-5 海南汽车试验场的部分试验路面

高速跑道	性能跑道

第 6 章 百炼千锤浴火生——汽车设计、试验与制造

续表

ABS 试验路	盐水路
沙滩路	搓板路
扭曲路	条石路
石板路	标准坡道

续表

 石块路	波形路
 鱼鳞坑路	 沙土路
 卵石路（甲）	 卵石路（乙）
 操纵稳定性试验广场	 碎石路

续表

通过性试验路	凸块路

4) 扭曲试验路

汽车在扭曲试验路(见图 6-34)上行驶时,车身和车架、前后轴、悬架以及汽车传动系统都产生反复扭转,以此考验这些部件的性能。

图 6-34　定远汽车试验场扭曲试验路

5) 坡路

汽车试验场通常建有各种坡度的坡路,用以检验汽车的爬坡能力,还可考验驻车制动器(手刹)在坡道上的停车能力、汽车在坡路上起步时离合器的工作状况等。

图 6-35 为长城哈弗 SUV 在做 40% 坡道的爬坡试验,图 6-36 为我国东风猛士高机动性军用越野车爬上 60% 陡坡的情形。

图 6-35　长城哈弗 SUV 在做 40% 坡道的爬坡试验

图 6-36　东风猛士高机动性军用越野车爬上 60% 的陡坡

6) 操纵性、稳定性试验设施

最常见的操纵性、稳定性试验设施是圆形广场（见图 6-37），直径 100 m，可供汽车转向或绕"8"字形行驶试验。有的圆形广场还备有洒水装置，使地面生成均匀的水膜以测试汽车的侧滑情况。

图 6-37　操纵性、稳定性试验用圆形广场

易滑路用来考验和检验汽车在冰雪或附着条件很低的路况下的行驶性能和制动性能，常采用磨光、洒水、冰雪等方法降低路面的附着系数，也可以使用天然的沙漠和冰雪路面进行易滑路性能试验（见图 6-38 和图 6-39）。

图 6-38　易滑路性能试验（沙漠路）

图 6-39　易滑路性能试验（冰雪路）

侧向风(横向风)路段是考验汽车空气动力稳定性的设施。丰田汽车公司在试车道路旁排列有 15 个直径为 2.7 m 的大型风扇,可产生垂直于道路的侧向风,以考验汽车在侧向风作用下的操纵性能。

7) 涉水池

涉水池(见图 6-40)有浅水池(水深约 0.2 m)和深水池(水深 1~2 m)两种,用以检查汽车涉水时水对汽车各部件的影响,如电器设备、制动器、发动机进/排气管浸水后的工作情况等。

图 6-40 涉水池

6.2.4 汽车风洞

1. 汽车风洞的组成

汽车风洞是用来研究汽车空气动力学的一种大型试验设施。其实风洞不是个洞,而是一条大型隧道或管道,里面有一个巨型风扇,能产生强劲的气流。气流经过格栅,减少涡流后才进入试验室。

按照尺寸的大小,风洞可分为供缩小比例模型试验的小型风洞和供整车试验的大型风洞两种。按照气流流动的形式,风洞又可分为直流式和回流式两种。

图 6-41 为整车试验风洞的一般布置。试验汽车被固定在天平平台 12 上,通过空气动力天平 10 测定试验风速下的 6 个气动力分量(阻力、升力、侧向力、俯仰力矩、侧倾力矩和横摆力矩)。用道路试验的办法是不可能同时测得空气作用力的 6 个分力的。

附面层吸缝 11 用于消除气流造成的地面附面层对试验结果的影响。图 6-41 中转鼓试验台 9 可在模拟环境条件下做汽车性能试验。

2. 汽车风洞的用途

风洞的最大作用是用来测量汽车的风阻,风阻的大小用风阻系数 CD 表示,风阻系数越小,说明汽车受空气阻力影响越小。

当然,除了用来测量风阻外,风洞还可以用来研究气流绕过车身时所产生的各种效应,如升力、下压力等,还可以模拟不同的气候环境,如炎热、寒冷、下雨或下雪等情况。这样,工程师们便可以知道汽车在不同环境下的工作情况,特别是发动机散热器(冷却水箱)散热、制动器散热等问题。

新车在造型设计阶段,必须将汽车制成风洞试验模型进行风洞试验,以便改进汽车的外形

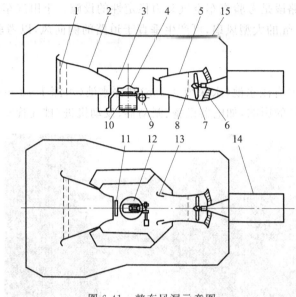

图 6-41 整车风洞示意图

1—阻尼网；2—收缩段；3—试验段；4—试验汽车；5—扩散段；6—螺旋扩散片；7—风扇叶片；8—安全网；9—转鼓试验台；10—空气动力天平；11—附面层吸缝；12—天平平台；13—导流器；14—动力与传动装置；15—建筑物

设计，提高空气动力学性能。

因而，风洞试验就成为研究汽车空气动力学性能的最有效的手段。

风洞试验还可测定汽车表面的压力分布情况（见图 6-42）以及借助于烟雾、丝带、油膜等显示汽车周围的气流流动情况（见图 6-43 和图 6-44）。

图 6-42 汽车表面压力分布测量试验

图 6-43 气流通过汽车顶部的情形（左前侧观察）

图 6-44 气流通过汽车顶部的情形（右侧观察）

风洞是在飞机制造业最先应用的,从20世纪60年代起,世界各大汽车公司和相关研究机构开始建立自己的风洞试验室。如德国大众汽车公司的多用途风洞试验室,可进行模拟多种环境条件下的汽车风洞试验,空气温度可在-30℃~45℃调节,湿度为5%~95%,最大风速为180 km/h。

过去风洞试验中车轮是不转的,实际上转动的车轮对空气阻力系数也有一定影响。因此,近年来不少风洞纷纷安装转鼓以便能更好地模拟汽车行驶状态。带有转鼓测功器的全天候整车风洞功能较多,除可对汽车的空气动力学性能进行测试、评价外,还可对严寒、高温、潮湿等条件下的汽车性能进行测定。

3. 典型汽车风洞

图6-45为沃尔沃公司的汽车风洞试验室,其测试区域长15.8 m、宽6.6 m、高4.1 m,测试平台直径为6.6 m。

图6-45 沃尔沃公司的汽车风洞试验室

该风洞不仅能模拟车身四周的高速气流,还能模拟车底气流,甚至能够模拟轮胎在平整路面上高速旋转时的风阻(见图6-46),是目前全球汽车制造商自有风洞试验室中最先进的。

风洞的核心部件是巨型风扇(见图6-47),风扇电动机的功率高达惊人的5 MW(6800 hp),风扇直径为8.15 m。风扇拥有9个叶片,叶片由强度极高的碳纤维制成,风速高达250 km/h,控制精度为±0.18 km/h,车底的滚动钢带能模拟的最高车速达到260 km/h。

图6-46 模拟轮胎在平整路面上高速旋转时的风阻　　图6-47 沃尔沃汽车风洞的巨型风扇

目前，我国最大的风洞是中国航空动力研究所的风洞试验室，其主要承担中国航天（火箭、导弹）和航空机械（飞机）的风洞试验任务，也可用作汽车、建筑物、运动设备的风洞试验。

经过多年建设，国内第一个汽车风洞——上海地面交通工具风洞中心已经在同济大学嘉定校区落成启用（见图6-48），为我国汽车设计研发提供了强有力的试验手段。

在其空气动力声学试验室内，通过喷出的白色烟雾，可以清楚看出车辆在高速行驶中风向的变化（见图6-49）。

图6-48 上海地面交通工具风洞中心的风机

图6-49 车辆在高速行驶中风向的变化

6.3 汽车制造工程

6.3.1 典型的汽车制造工艺流程

汽车工业是在许多相关联的工业和技术的基础上发展起来的综合性工业。一般来说，汽车的发动机、变速器、车桥、车身等主要总成由汽车厂自己制造，而轮胎、玻璃、电机、电器、仪表、车身内饰件和其他小型零部件多靠协作厂生产或从市场上采购。外协、外购件的制造和选购往往涉及许多特殊的制造工艺和技术。

仅就汽车制造厂本身来说，它所用的原材料过去主要是钢铁，现在铝合金正越来越多地被采用，非金属材料特别是塑料和陶瓷的使用也在不断增加。

汽车制造厂所采用的工艺，从毛坯制造到整车装配，可分为铸造、锻造、冲压、热处理、机械加工、焊接、电镀、涂装（涂漆）和总装（装配）工艺等许多种。

汽车生产工艺过程的编制通常以总装为核心。为了提高效率，汽车制造尽量采用流水作业方式。整个汽车厂的流水线生产方式，要求同时进行各种零部件的制造、加工，然后装配成大部件或总成，最后汇总到总装配线装配成整车出厂。

各条流水线之间必须互相协调，其中的一个环节出了问题都可能影响整个汽车厂的生产。

典型的汽车制造工艺流程如图6-50所示。

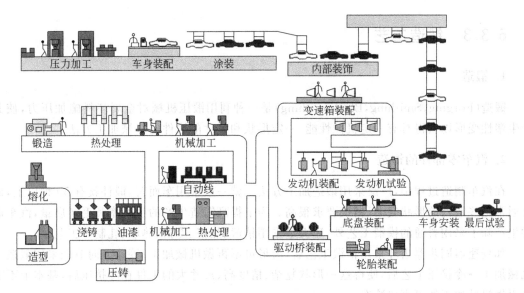

图 6-50　汽车生产工艺流程简图

6.3.2　铸造工艺

铸造(Casting,Founding)是一种将金属熔炼成符合一定要求的液体并浇进铸型里,经冷却凝固、清整处理后得到有预定形状、尺寸和性能的铸件的工艺过程。铸造毛坯因近乎成形,而达到免机械加工或少量加工的目的,降低了成本并在一定程度上节省了时间。铸造是现代制造工业的基础工艺之一。

铸造而成的零件称为铸件。铸件通常用作汽车总成的基础件,在汽车制造中占有重要地位。

在汽车制造过程中,采用铸铁制成毛坯的零件很多,占全车质量的10%左右,如汽车发动机的汽缸体、汽缸盖、曲轴,汽车底盘的变速器壳体、后桥壳、制动鼓,各种支架等。

图 6-51 为长安汽车公司发动机铸造生产线。

图 6-51　长安汽车公司发动机铸造生产线

6.3.3 锻造工艺

1. 锻造

锻造(Forging,Smithing,Blacksmithing)是一种利用锻压机械对金属坯料施加压力,使其产生塑性变形以获得具有一定机械性能、一定形状和尺寸的锻件的机械加工方法。

2. 汽车零部件的锻造

在汽车制造过程中,广泛采用锻造加工方法。就一般乘用车而言,锻件就有50种以上,而且通常这些锻件的形状复杂,精度要求很高。为了提高锻造生产的生产率和毛坯质量,汽车锻件生产除了采用普通的模锻工艺外,还大量采用精锻、热挤、冷挤、热墩、轧制等工艺。

如变速器同步器齿环采用精锻工艺后,齿形可不再做机械加工;等速万向节壳采用锻造→机械加工→冷挤压工艺后,使得这一形状复杂、精度高、尺寸大的工件在冷挤压后,基本上不需要再做机械加工便可直接装车。

一些直径小、法兰大的零件可采用热挤,花键、齿轮等齿形件可采用冷、热成形轧制工艺,轴类零件可用楔横轧工艺……

总之,锻件生产已出现各种特种工艺、专用设备纷呈的局面,有效地提高了锻件质量和生产率。

图 6-52 为曲轴锻造车间的生产情况。

图 6-52 曲轴锻造车间

6.3.4 冲压工艺

1. 冲压

冲压(Punching 或 Stamping)加工是借助于常规或专用冲压设备的动力,使板料在模具里直接受到变形力并进行变形,从而获得一定形状、尺寸和性能的产品(零件)的生产技术。

冲压加工是一种金属冷变形加工方法,所以被称为冷冲压或板料冲压,简称冲压。它是金属塑性加工(或压力加工)的主要方法之一,也属于材料成形工艺技术。

2. 汽车上的冲压件

汽车上的许多结构件广泛采用冲压件。据统计,汽车上有 60%~70% 的零件是用冲压工艺生产出来的。

冲压产品包括:车身的内、外覆盖件和骨架件;车架的纵梁、横梁和保险杠等;车轮的轮辐、轮辋和挡圈等;散热器的散热片、冷却水管和储水室等;发动机的汽缸垫、油底壳和滤清器等;底盘上的制动器零件、减振器零件等;座椅的骨架、滑轨和调角器等;车厢的侧板和底板等;车锁及其他附件上的零件等。

汽车上的冲压件,总的说来具有尺寸大、形状复杂、配合精度及互换性要求高和外观质量要求高等特点。对于不同的零件,还有不同的工艺特点,所用的设备、模具、材料都不同。

例如,汽车覆盖件多为三维非数学曲面,它不仅外观质量要求高,以满足汽车造型的要求,而且要求配合精度高、形状和尺寸的一致性好,以保证其焊接和装配质量。

因此,生产汽车覆盖件所用的设备、模具和原材料,都和一般冲压件生产所用的设备、模具和原材料有所不同。

3. 冲压工艺装备

冲压工艺装备主要包括开卷落料及开卷剪切自动线;全自动(或半自动)冲压生产线;大型三坐标多工位冲压机和上下料自动化,实现压力机的自动化连线生产;另外还有钣料清洗、涂油机、拆垛机、堆垛机、中间传送装置及冲压机器人等先进装备。

汽车工业用的冲压设备(见图 6-53)具有吨位大、台面尺寸大、性能要求高、生产效率高等特点。压力机吨位从 160~40 000 kN 不等,覆盖件拉伸多采用双动压力机。为了适应流水生产的要求,减少换模时间,广泛采用具有活动台面的压力机。为了满足大量生产的要求,还采用多工位压力机。机械化、自动化的冲压生产线被广泛采用。

图 6-53 车身冲压设备

汽车冲压件对钢板(带)的性能要求强度高、工艺性能好。例如,覆盖件和壳体件用的材料,对抗拉伸性能要求特别高;纵梁和横梁用的材料,对抗弯曲性能和强度要求很高。针对这些汽车专用材料,还制定了专门的技术标准。

由于汽车冲压件的尺寸大、形状复杂、生产批量大,因此,汽车工业的模具也具有尺寸大、形状和结构复杂的特点。例如,汽车覆盖件冲模,模具的形状复杂,需有主模型(或数据软件)

作依据,在仿形铣床(或数控铣床)上加工、检测需用三坐标测量机,模具的研配需用专门的研配压床等。这些都和一般模具制造不同。

汽车特别是乘用车车身绝大部分是冲压件,有很高的质量要求。这些冲压件曲面形状复杂,并要求较高的尺寸精度和较小的表面粗糙度。

通常,货车冲压件的形面公差和轮廓公差为±1 mm,而乘用车则要求±0.5 mm。因此,乘用车冲压件的模具制造水平同货车相比要相应提高。

图 6-54 为车身冲压覆盖件生产车间的情形。

图 6-54　车身冲压覆盖件生产车间

汽车冲压件生产是大批量生产,而且品种繁多,如顶盖、挡泥板、车身侧护板、地板、发动机罩、车门内外板、行李箱盖板、中门柱、前门柱、保险杠等。德国奔驰汽车公司辛德尔芬根厂冲压车间日产冲压件 1000 吨,年产 30 万吨,6000 余种。因此,为提高生产率,必须采用机械化、半自动化或全自动化流水生产。

6.3.5　机械加工工艺

1. 金属切削加工

金属切削(Metal Cutting)加工是指用刀具将金属毛坯逐层切削而使工件得到所需要的形状尺寸和表面粗糙度的加工方法。

金属切削加工包括钳工和机械加工两种方法。钳工是工人用手工工具进行切削的加工方法,操作灵活方便,在装配和修理中广泛应用。机械加工是借助于机床来完成切削的,包括车、刨、铣、钻、磨等方法。

2. 金属切削机床

1) 机床的分类

按机床(Machine Tool)的加工性质和所用刀具来划分,可将机床分为 12 大类:车床、钻床、镗床、磨床、齿轮加工机床、螺纹加工机床、铣床、刨插床、拉床、特种加工机床、锯床和其他机床。每一类机床,又可按其结构、性能和工艺特点的不同细分为若干组。

2) 机床在汽车工业中的应用

金属切削机床在汽车工业中主要用于发动机、变速器、底盘、零部件及模具制造。

对于发动机缸体、缸盖及变速器壳体等箱体类零件制造,现在除关键工序外基本由高速加工中心替代原专用机床,其他设备还有一些专用机床,如珩磨机、精镗机床、精铣机床等。

发动机曲轴生产线需要的主要生产设备有数控车床、内铣床、高速外铣床、车—车拉机床、高效柔性两端孔钻床、高效柔性油孔钻床(或高速加工中心)、主轴径磨床、连杆径磨床、随动磨床、端面外圆磨床、抛光机床、圆角滚压机床、动平衡机等。

发动机凸轮轴生产线需要的主要生产设备有数控车床、高效柔性两端孔钻床、凸轮轴无心磨床、凸轮磨床、端面外圆磨床、抛光机床、重熔硬化设备等。

发动机连杆生产线需要的主要生产设备有双端面磨床、胀断设备、立式拉床、钻镗专机或加工中心、精镗机床、珩磨机等。

加工齿轮(见图 6-55)需要的设备有数控滚齿机、数控插齿机、数控珩齿机、数控磨齿机、立式拉床、内孔端面磨床、综合检查机等。

图 6-55　汽车用高精度齿轮

在汽车底盘及零部件的制造中,需要的设备与发动机、变速器需要的设备种类类似,只是数量更大,规格更多。

以大批量生产为特征的汽车零件的机加工,走过了从普通机床到专用机床和组合机床,再到数控机床(见图 6-56)、加工自动线、加工中心的发展道路。

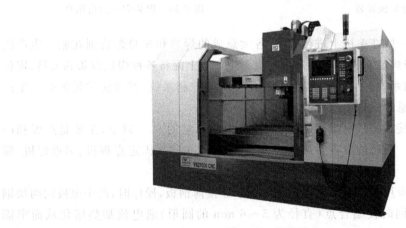

图 6-56　数控机床

现在，汽车零件机加工的自动化水平相当高，绝大部分都采用计算机控制的全自动生产线，少量采用单机生产的设备也都是数控机床，只有个别辅助工序由人工操作。

6.3.6 焊接工艺

1. 焊接

焊接（Welding）是通过加热或加压或两者并用，并且用（或不用）填充材料，使工件达到结合的一种工艺方法。

焊接和其他连接方法最根本的区别在于：被焊的两部分金属产生了原子之间的互相溶解与扩散，并形成了共同晶体，在宏观上建立了永久性的连接。

按焊接过程的特点不同，焊接可分熔焊、压焊、钎焊三大类。

2. 汽车车身焊装

汽车车身焊接通常称为焊装，是将车身冲压零件组装和焊接成符合产品设计要求的白车身（即未经油漆的车身）的工艺过程。

在乘用车车身焊装（见图 6-57）过程中，一般是先将整个车身分成几个大的总成进行焊装，如地板总成、发动机舱总成、左侧围总成、右侧围总成、后围总成、顶盖总成、左车门总成、右车门总成、发动机罩总成、行李箱盖总成、左/右翼子板总成等；然后再将这几个大的总成焊装成白车身（见图 6-58）。

图 6-57　车身底板焊装

图 6-58　焊装完毕的白车身

车身上的小分总成一般在单机上进行焊装，各大总成的焊装和车身焊装则在流水生产线上完成。因此，通常车身焊装需建立十几条生产线。生产线上配备各种焊接设备和工具、定位和夹紧工装、机械化运输系统、生产过程控制和质量检测与控制系统、安全防护设施等。生产线之间的运输通常采用悬挂式输送机和搬运机械手等完成。

车身焊装所用的焊接方法以电阻焊居多，一般占焊接总量的 90% 以上，主要是点焊和凸焊，其生产率高，成本低。所用的设备有悬挂式点焊机（见图 6-59）、固定点焊机、多点焊机、螺柱焊机、焊接机器人等。

在汽车车身制造中应用最广的是点焊。点焊适于焊接薄钢板，操作时，两个电极向两块钢板施加压力使之贴合并同时使贴合点（直径为 5～6 mm 的圆形）通电流加热熔化从而牢固接合。

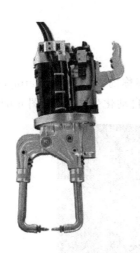

图 6-59 悬挂式点焊机

两块车身零件焊接时,其边缘每隔 50～100 mm 设置一个焊点,使两零件形成不连续的多点连接。焊好一个乘用车车身,通常需要上千个焊点。

焊点的强度很高,每个焊点可承受 5000 N 的拉力,甚至将钢板撕裂,仍不能将焊点部位分离。

由于气焊的热影响区较大,容易使焊脚产生变形和金相组织变化,性能下降。因此,气焊在汽车制造中应用极少。但由于其使用灵活,故在汽车修理厂应用较多。

焊接机器人(见图 6-60)的应用越来越广泛,并出现了机器人焊装线和无人操作机器人焊装车间。采用焊接机器人可使焊接质量稳定,但投资较大。发展中的点焊逆变电源变压器将使焊接变压器的体积大大缩小,会进一步推进自动化焊接技术的发展。

图 6-60 焊接机器人

为了在同一条焊装线上组织生产几种不同品种而工艺相似的车身,已出现了混流生产柔性焊装线,它通常采用机器人点焊和更换夹具来实现。

在车身焊装过程中,各大总成和白车身在焊装完成后均要进行严格的质量检验。例如,在生产线上设置自动检测机检查装配、焊接质量和尺寸要求,在白车身完成后用三坐标测量机进行抽检等。

6.3.7 涂装工艺

汽车涂装工艺一般可分为涂装前金属的表面处理(亦称前处理,Pretreatment)和涂装施工工艺两大部分。目前,国内汽车厂大都已经建立了涂装自动化生产线(见图 6-61)。

图 6-61 汽车涂装自动化生产线

1. 表面处理

表面处理(Surface Treatment)是防锈涂装的重要工序之一。表面处理主要包括清除工件表面的油污、尘土、锈蚀以及进行修补作业时旧涂料层的清除等,以改善工件的表面状态。包括根据各种具体情况对工件表面进行机械加工和化学处理,如磷化、氧化和钝化处理等。

表面处理工艺流程为:预脱脂→脱脂→热水洗→冷水洗→酸洗→冷水洗→中和→冷水洗→表面调整→磷化→冷水洗→热水洗→纯水洗→干燥。

上述工艺过程也可根据薄板冲压件的油、锈情况做适当调整,或不用酸洗工序,或不用预脱脂工序。而脱脂和磷化是化学处理工艺中的关键工序,这两道工序直接影响工件化学处理的质量和防锈涂层的质量。有关工艺参数和相关辅助设备也是影响表面处理质量不可忽视的因素。

2. 涂装

汽车涂装工艺(Automobile Coating)根据汽车类型的不同而各有特点和侧重点。

载货汽车的主要涂装件是前部驾驶室,涂装要求最高;其他部件如车厢、车架等涂装要求比驾驶室低。

客车的涂装与载货汽车的涂装有较大区别。客车车身包括大梁、骨架、车厢内部、车身外表面,其中以车身外表面要求较高。车身外表面不但要求具有良好的保护性和装饰性,而且喷涂面积大、平面多,有两种以上的颜色,有时还有汽车色带。因此,施工周期比载货汽车长,施工要求比载货汽车高,施工过程比载货汽车复杂。

乘用车和小型旅行车,不论在表面装饰性或底层保护性上都比大型客车和载货汽车的要求高。其表面涂层属于一级装饰精度,具有美丽的外观、光亮如镜或光滑平顺的表面,无细微的杂质、擦伤、裂纹、起皱、起泡及肉眼可见的缺陷,并应有足够的机械强度。

底面涂层属于优良保护层,应有优良的防锈性和防腐蚀性,很强的附着力;局部或全部刮涂附着力好、机械强度高的泥子，使用数年也不会出现锈蚀或脱落等现象。

乘用车、客车车身和货车驾驶室的涂漆不仅装饰性要求高，而且还要求有高的抗蚀性。装饰性要求包括涂层光亮、平滑、丰满、美感强；抗蚀性要求包括外观锈蚀、穿孔腐蚀、损坏结构腐蚀出现的使用时间。例如，加拿大规定这三种腐蚀出现的使用时间应分别保证 5 年、10 年和 20 年。

为保证喷漆质量，车间厂房及其环境要求非常干净，并注意将产尘区与喷漆工作区分开。

涂漆有多道工序，先经电泳涂底漆，后喷中间涂料，最后作面漆施工。面漆施工是决定车身美观的最后一关，面漆类型有氨基醇酸类、聚酯类、丙烯酸类等。通常用高速旋转静电喷枪喷涂，其厚度单色面漆为 30～35 μm，金属闪光漆为 15 μm，要求得到较高的光泽和鲜艳度。

为了确保高质量、快节奏，涂漆生产较多地采用往复式喷涂机、喷漆机器人（见图 6-62）等装备，构成自动化程度较高的生产线。考虑到乘用车面漆的返修率较高，一般在车间设计中安排一条较大的返修生产线，供正常返修使用。

图 6-62　喷漆机器人

返修喷涂时，多采用人工喷涂（见图 6-63）方法进行，但工人要穿戴好相应的防护用具。

图 6-63　人工喷涂

完成喷涂、烘烤之后的车身则通过输送机构送至下一道工序（见图 6-64）——总装配生产线。

图 6-64　完成喷涂之后的车身通过输送机构送至下一道工序

6.3.8　总装工艺

汽车总装(Final Assembly)是汽车全部制造工艺过程的最终环节,是把经检验合格的数以千、万计的各类零件,按规定的精度标准和技术要求组合成总成、整车,并经严格的检测程序,确认其是否合格的整个工艺过程。

总装工艺包括发动机装配线、底盘装配线、车门分装线(见图 6-65)、仪表台板分装线(见图 6-66)、内饰分装线(见图 6-67)、后桥分装线、最终装配线、最终检测线等。

图 6-65　车门分装线(机械辅助安装车门)

发动机装配线主要完成发动机的装配。将外购或已经加工好的发动机零部件按照一定的流程,装配成发动机总成,其生产情景如图 6-68～图 6-70 所示。发动机总成装配完成后,还要视需要进行测试(见图 6-71)。

底盘装配线布置在高工位,车辆在空中,工人在下面操作,主要装一些制动油管、油箱、发动机、制动器、车轮等零部件;最终装配线装配的则是座椅、转向盘、车门等零部件,制动液、防冻液、助力转向油液、洗涤液、空调制冷剂(冷媒)、燃油(汽油或柴油)的加注也在该装配线完成。一般情况最后一个工位是对车辆进行防盗配钥匙,之后就可以下线进行车辆的检测。

图 6-66　仪表台板分装线

图 6-67　内饰分装线

图 6-68　待组装的发动机半成品

图 6-69　组装发动机

图 6-70　组装完毕的发动机

图 6-71　发动机冷磨测试

总装配生产线（见图 6-72）是由一系列输送设备构成的"立体装配"生产线，并设置许多装配台架和电动、风动工具。根据投资强度和生产批量，总装配生产线上安装一定数量的自动化设备，如不少汽车厂安装仪表板、前后挡风玻璃（见图 6-73）、座椅、车轮、发动机、车桥等时实现自动化装配（见图 6-74），但与焊装相比，总装配仍有不少环节需靠人工进行。

汽车装配的特点是零件种类多、数量大、作业内容复杂。装配零部件除发动机、传动系、车身、悬架、车轮、转向系、制动系、空调装置之外，还有大量内外饰件、电器、线束、软管、硬管、玻璃、各类油液加注等。

汽车总装工作量占全部制造工作量的 20%～25%，其操作内容包括过盈配合、焊接、铆接、粘接、镶嵌、配管、配线、螺纹连接、各类油液定量加注等。

除产品设计先进、零件制造精良外，良好的装配工艺也是保证汽车产品质量水平、降低生产成本和提高劳动生产率的重要因素。

图 6-72　总装配生产线

图 6-73　挡风玻璃自动涂胶

图 6-74　自动底盘合装机器人

　　装配的生产组织、生产线、设备、工具、检测手段的配备以及提高装配自动化程度等问题，也是汽车制造的重要课题。

　　在总装配的出口处，要对汽车进行严格的检查、调整和整车检测（见图 6-75 和图 6-76），其中包括发动机综合测试、废气排放测试、灯光测试、车轮定位测试、密封性测试和电器检验等，还要对一定比例的整车在试车跑道上进行抽检。

图 6-75　漆面检测

图 6-76　淋雨测试

质量管理部门每天从总装线上生产出来的车辆中抽出 1~2 辆进行全面检验,以此考核各部件质量和总装质量,并反馈给生产管理部门和技术部门,以便及时采取改进措施,不断提高产品质量。

复习思考题

1. 现代汽车设计技术主要有哪些?
2. 简述汽车设计的一般流程。
3. 汽车整车性能试验主要包括哪些试验项目?
4. 简述汽车风洞的组成和作用。
5. 简述汽车制造工艺流程。

第 7 章　风驰电掣赛激情——汽车运动

> **教学提示**：了解汽车运动的起源与分类，欣赏世界极品赛车和精彩汽车赛事，对激发学生的学习热情、弘扬和传播汽车文化具有重要意义。
>
> **教学要求**：本章主要介绍汽车运动的起源与分类、世界极品赛车和精彩汽车赛事。要求学生了解各种汽车运动的竞赛规则，能以专业视角欣赏精彩汽车赛事。

7.1　汽车运动的起源与分类

7.1.1　汽车运动的起源

1894 年，在法国举行了首次汽车比赛，共有 102 辆汽车参加比赛。比赛目的是为了检验车辆的性能，宣传汽车的安全性和可靠性。参赛的有内燃机汽车、蒸汽汽车、电动汽车和乙醇汽车。比赛结果，只有 9 辆汽车到达终点，蒸汽汽车获得第一名，时速为 24 km/h。

自从第一次汽车比赛开始以后，美国和欧洲一些国家每过几年就要举行一次汽车比赛。

1904 年 6 月 10 日，法国、英国、德国、比利时等欧洲国家发起成立国际汽车联合会，总部设在法国巴黎，以推动汽车工业发展为宗旨，并负责全球汽车俱乐部和各种汽车协会的活动。下设世界汽车旅游理事会、世界汽车运动理事会，负责统筹安排世界各国的汽车运动，为所有不同种类的赛车运动制定规则，协调安排世界范围内的各项汽车比赛。

图 7-1 为 1908 年纽约至巴黎拉力赛的一组珍贵的老照片，从中可见当时的比赛盛况。

(a) 发车盛况

(b) 战胜严寒

图 7-1　1908 年纽约至巴黎拉力赛

(c) 征服泥泞

(d) 跨越铁路

(e) 来到中国

(f) 庆祝胜利

图 7-1(续)

中国汽车运动联合会于 1975 年成立，1983 年加入世界汽车运动联合会。

1985 年，中国汽车运动联合会举办了香港—北京（港京）汽车拉力赛，这是中国汽车运动的一个先驱性项目，之后共计举办了 7 届。

图 7-2 为港京汽车拉力赛路线图，图 7-3 为港京汽车拉力赛冠军车队在庆祝胜利。

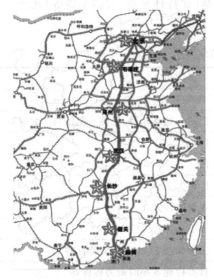

图 7-2 港京汽车拉力赛路线图

图 7-3 港京汽车拉力赛冠军车队在庆祝胜利

自 1994 年起,"港京拉力赛"被国际汽联列为亚太拉力锦标赛的一站。为了申办世界拉力锦标赛,1997 年"港京拉力赛"改版为"中国拉力赛",并在 1999 年被批准列为当年世界拉力锦标赛中的一站。

7.1.2 赛车组织机构

国际汽车联合会(Federation Internationale de L'Automobile,FIA,简称国际汽联)于 1904 年 6 月 20 日成立,由法国、英国、德国和比利时等几个欧洲国家发起,现在总部在瑞士。

FIA 是一个非营利性组织,代表五大洲的 117 个国家的 150 个国家级汽车驾驶组织。FIA 有两大部分(旅行和汽车部;运动部)。

旅行和汽车部:负责协调道路交通安全、环境保护、消费者权益保护,组织相关活动及旅行事务等。

运动部:负责管理世界所有形式的汽车运动,包括每年吸引 50 多亿人次电视观众的 F1 大赛,还有 F3000 大赛、旅行车(GT)赛、世界汽车拉力锦标赛、卡丁车赛等。FIA 根据各国的申请,每年在世界上约 80 个国家安排近 800 场各类汽车比赛。

FIA 的官方语言为法语和英语。FIA 是国际奥林匹克委员会成员组织。

FIA 制定有关汽车大赛路线、车辆、驾驶人以及比赛规则的相应规定,对比赛和纪录进行认可,并对举行的比赛作必要的调整或协调。FIA 联系着各个国家的中央汽车俱乐部。各地方汽车俱乐部就汽车比赛有关事务与 FIA 进行接触,参照国际比赛的规则,制定适合当地的比赛规则,组织实施汽车比赛。

7.1.3 汽车运动的分类

目前国际上正规汽车比赛主要分长距离比赛(又可细分为拉力赛、越野赛等)、环形场地赛(又可细分为方程式汽车赛、耐久赛等)以及无道路比赛(如特种车赛、大脚车赛等)几种。

详细的汽车运动的分类见表 7-1。

表 7-1 汽车运动的分类

长距离比赛	拉力赛	一级拉力赛
		二级拉力赛
	越野赛	巴黎—达喀尔赛,巴黎—莫斯科—北京赛
环形场地赛	方程式汽车赛	F1
		F3
		F3000
		亚洲方程式
		卡丁车方程式
	耐久赛	法国勒芒 24 小时耐力锦标赛
		日本铃鹿 8 小时耐力锦标赛
无道路比赛		特种车赛,大脚车赛

其中，当属一级方程式汽车赛的影响力最大，也最被国内所熟悉。

另外，在国外比较有热度的比赛还有直线加速赛（Drag Racing），这种比赛是源自美国的富家子弟。早期是因为这些花花公子玩腻了纸醉金迷的奢侈生活，需要寻找新的刺激来满足自己的欲望，目光便转向了当时还属奢侈品的汽车。直线加速比赛按不同车型及发动机工作容积分为 12～14 个级别，在两条并列长 1500 m、各宽 15 m 的直线柏油跑道上进行，实际比赛距离为 400 m，所以国际上也惯称"零四"加速赛。

7.1.4 参加竞赛的汽车

凡是参加竞赛的车辆，其结构和功能应尽可能适合比赛的需要。现代赛车大致分为以下 5 种。

（1）A 组车：指年产量在 5000 辆以上，得到 FIA 认可的运动车型。这种车型在比赛中使用相当普遍。

（2）B 组车：指年产量 200 辆以上，得到 FIA 认可的运动车型。它的运动性能更高，主要使用于拉力赛中。参加国际汽车拉力赛的几乎都是 B 组车。

（3）C 组车：主要用于耐久速度赛。对其要逐辆审查。由于比赛道路恶劣，又需夜间行驶，故对照明和车轮要求很高。

（4）D 组车：为专用赛车。车轮在车身外面，单座，又可细分为 F1、F2、F3 等类。

（5）E 组车：其他车辆，如用于印第汽车（Indy Car）赛的车辆等。

FIA 车辆审查委员会：年审查 4 次，每年审查 300～500 项申请。自 1950 年第一场世界锦标赛以来，一级方程式赛车已有巨大的变化（其他赛车也一样有变化）。最近的发展动向大致是：用涡轮增压发动机，改进中冷器；对悬架进行强化，采用钛和轻合金材质；全时四轮驱动；出现了用塑料制的横摆式悬架和传动轴，以及用钛制的横向稳定杆，以减轻车重；将机油冷却器和阻流板合在一起。

图 7-4 为第 49 代法拉利 F1 一级方程式赛车 F2003-GA，图 7-5 为 F2003-GA 赛车搭载的 052 型发动机。

(a) 俯视

(b) 侧视

图 7-4　法拉利 F1 一级方程式赛车 F2003-GA

图 7-5　F2003-GA 赛车搭载的 052 型发动机

汽车比赛不仅是车手之间在驾驶技术、体质和毅力上的角斗，同时也是各汽车制造厂在汽车技术上的较量。因此，各汽车制造商均不断把新的技术及时用在赛车上。

7.2 精彩汽车赛事

7.2.1 一级方程式 F1 汽车赛

自从汽车问世以来，人们就对汽车进行车速和耐久性竞赛。由于其竞争激烈，刺激性强和充满趣味性，吸引了众多的汽车爱好者。特别是赛车运动中等级最高的一级方程式汽车大奖赛（见图 7-6）更是令世人瞩目。

(a) 弯道拼抢　　　　　　　　　　　　(b) 一马当先

图 7-6　F1 汽车大赛

1. 何为 F1 汽车赛

F1 是 Formula 1 的简称，是 Formula 1 Grand Prix 的缩写，Formula 1 Grand Prix 译成中文就是"一级方程式大奖赛"。这项比赛的全称是"一级方程式赛车世界锦标赛"，英文为 FIA Formula 1 World Championship，习惯上简称为 F1 汽车赛。

F1 汽车赛是汽车场地赛项目中最高级别的比赛，也是世界上最为引人注目的汽车运动项目之一。60 年来吸引了数百万观众到场观战，年电视收视率高达 600 亿人次。全世界的车手几乎都以拼杀 F1 赛场为终极目标。

20 世纪 30 年代，为了规范汽车比赛并使比赛的胜负不再由发动机的功率，而是由车手的技术来决定，人们开始规定发动机的类型和汽缸容量。于是有了方程式（Formula，意为规则或限制）的概念。所谓方程式赛车是按照国际汽车运动联合会（FISA）规定标准制造的赛车。

这些标准对"方程式"赛车的车长、车宽、轮距、车重、发动机的功率、排量、是否用增压器以及轮胎的尺寸等技术参数都做了严格的规定。

要生产方程式赛车（见图 7-7）的厂家，首先要通过 FIA 的认可，在确信有足够的技术生产实力后才能够生产方程式赛车。方程式赛车是生产厂家创造力、想象力、技术水平和经济实力的结晶，其价值不亚于一架小型飞机。

图 7-7　F1 赛车的结构示意图

方程式赛车共有 3 个级别,见 7-2 表。

表 7-2　方程式赛车的三个级别

级　　别	排量和功率
一级方程式,简称 F1	规定发动机汽缸排量 3 L,功率 600～780 hp,最高时速可达 320 km/h
三公升方程式,简称 F3000	规定发动机汽缸排量 3 L,功率 475 hp。著名赛事有国际汽联 F3000 与欧洲 F3000 锦标赛
三级方程式,简称 F3	规定发动机汽缸排量 2 L,功率 170 hp。著名赛事有福特、欧宝、雷诺方程式系列赛,大众方程式锦标赛也属于这一系列

一级方程式汽车大赛是方程式车赛中的最高级别。根据 FISA 的有关规定,每年,全世界有资格驾驶 F1 赛车的车手不超过 100 名。所有驾驶 F1 赛车的选手,都必须持有 FISA 签发的"超级驾驶执照",每年只有少数的优秀车手有资格参加决赛。

2. F1 汽车赛规则

1) 计分方法

因为 F1 比赛的时间不是跨年度的,所以 F1 使用的是单一年度联赛制度,通过积累全年积分来决定车手和车队的成绩,以便产生冠军。

F1 的年度总冠军分为两种,车手总冠军及车队总冠军。在 F1 专家的眼中,车队总冠军的价值要远远大于车手总冠军。F1 比赛的计分方式采用积分制(见表 7-3),车手与车队的积分都是累积的,车队积分以两位车手积分累加。假如比赛在未达全部赛程 75% 时被迫中止,则积分必须乘上 1/2,通过各赛站积累计分,即可决出本年度车手及车队的世界冠军。

表 7-3　F1 车手积分方法

名　次	2003 年前	2003 年起	2010 年起	名　次	2003 年前	2003 年起	2010 年起
第一名	10	10	25	第六名	1	3	8
第二名	6	8	18	第七名	0	2	6
第三名	4	6	15	第八名	0	1	4
第四名	3	5	12	第九名	0	0	2
第五名	2	4	10	第十名	0	0	1

若最终积分相同,则比较分站冠军数、亚军数、季军数……直到一方比另一方多为止。如果依旧相同,还要比较正赛最快圈速的多少、杆位的多少,终极的方式将通过抽签决定。

2)赛季与赛程

第一场 F1 赛举办于 1950 年,比赛地点是一个由英国战后废弃飞机场改造而成的银石(Silver-stone)赛道。2016 年是 F1 的第 66 个赛季。F1 的规模从当初每年只有 7 场比赛,发展到目前每年最多可举办 21 场比赛,比赛地点更涵盖了 5 大洲 20 多个国家,每年赛季从 3 月开始到 11 月结束,全年 21 场比赛中超过一半的比赛是在欧洲举办的。

为了配合全世界的电视现场直播,F1 的赛程规划以约 300 km(蒙特卡罗为特例)或 2 h 为限,看何者先完成,比赛即告结束。最长的赛程是日本站(310.352 km),最短的赛程是摩纳哥站(262.626 km)。

F1 每单场的比赛赛程分为三天,即星期五 11 时至 12 时的自由练习(不计成绩)及 14 时至 15 时的第一段测时赛(成绩作为星期六正式排位赛出发顺序的依据);星期六 9 时至 9 时 45 分及 10 时 15 分至 11 时的自由练习(不计成绩),星期六 14 时至 15 时的测时排位赛(Qualifying);星期日 14 时的决赛(The Grand Prix)。

星期日的正式比赛是最刺激的部分。星期日 14 时,比赛正式开始。比赛赛程约 300 km,差不多需要耗时 1.5 h,如有意外情况必须延误,也不得超过 2 h。比赛结束后随即进行颁奖。决赛过程中,选手必须视轮胎的磨耗及油耗的状态进入维修站(Pit)换胎及加油,称为 Pit Stop。从 2010 赛季开始,F1 取消了比赛中途加油,所有赛车不得中途加油。

比赛结束后,前十名车手可分别获得 25、18、15、12、10、8、6、4、2、1 的积分。一个赛季(一年)比赛下来,积分最多的车手即获得 F1 年度冠军车手的头衔,2015 年度冠军车手是刘易斯·汉密尔顿(Lewis·Hamilton,见图 7-8)。

图 7-8　2015 年度 F1 冠军车手刘易斯·汉密尔顿

F1 的车队积分则是该车队两部赛车在整个赛季当中所获得的积分总和。积分最多的车队可拿下年度车队冠军,2015 年的年度冠军车队是梅赛德斯 AMG 车队。

2016 年 F1 比赛赛程见表 7-4。

表7-4　2016年F1比赛赛程

场次	时间	国家	赛道	圈数
1	2016-03-20	澳大利亚	阿尔伯特公园	57
2	2016-04-03	巴林	萨基尔	57
3	2016-04-17	中国	上海国际赛车场	56
4	2016-05-01	俄罗斯	索契	53
5	2016-05-15	西班牙	加泰罗尼亚	66
6	2016-05-29	摩纳哥	蒙特卡罗	78
7	2016-06-12	加拿大	蒙特利尔	70
8	2016-06-19	阿塞拜疆	巴库	51
9	2016-07-03	奥地利	红牛赛道	71
10	2016-07-10	英国	银石	52
11	2016-07-24	匈牙利	亨格罗林	70
12	2016-07-31	德国	霍根海姆	67
13	2016-08-28	比利时	斯帕—法荣科尚	44
14	2016-09-04	意大利	蒙扎	53
15	2016-09-18	新加坡	滨海湾	61
16	2016-10-02	马来西亚	雪邦	56
17	2016-10-09	日本	铃鹿	53
18	2016-10-23	美国	奥斯汀	56
19	2016-10-30	墨西哥	墨西哥城	68
20	2016-11-13	巴西	英特拉格斯	71
21	2016-11-27	阿联酋	阿布扎比亚斯码头赛道	55

3. F1参赛车手与车队

目前,F1汽车大赛共有11支参赛车队,每队最多有2名车手参赛。2016年F1参赛车手编号及所代表的车队见表7-5。

表7-5　2016年F1参赛车手编号及所代表的车队

序号	车手	国籍	所属车队	车号
1	汉密尔顿	英国	奔驰	44
2	罗斯伯格	德国	奔驰	6
3	瓦特尔	德国	法拉利	5
4	莱科宁	芬兰	法拉利	7
5	博塔斯	芬兰	威廉姆斯	77

续表

序号	车手	国籍	所属车队	车号
6	马萨	巴西	威廉姆斯	19
7	科维亚特	俄罗斯	红牛	26
8	里卡多	澳大利亚	红牛	3
9	佩雷兹	墨西哥	印度力量	11
10	霍肯伯格	德国	印度力量	27
11	马格努森	丹麦	雷诺	20
12	帕尔默	英国	雷诺	30
13	维斯塔潘	荷兰	小红牛	33
14	塞恩斯	西班牙	小红牛	55
15	纳斯尔	巴西	索伯	12
16	埃里克森	瑞典	索伯	9
17	阿隆索	西班牙	迈凯轮	14
18	巴顿	英国	迈凯轮	22
19	格罗斯让	法国	哈斯	8
20	古铁雷兹	墨西哥	哈斯	21
21	维尔莱茵	德国	马诺	94
22	哈亚托	印尼	马诺	88

法拉利(Ferrari)车队、迈凯伦(Mclaren,又称麦克拉伦)车队和威廉姆斯(Williams)车队在多年的F1赛场上战绩辉煌,被称为F1车队的"三大豪门"。

法拉利车队是F1赛车界的"大哥大"。从1999年开始,法拉利车队连续多年蝉联年度车队总冠军和车手总冠军,日益显露出垄断态势,其中"车王"德国人迈克尔·舒马赫(Michael Schumacher,见图7-9)功不可没。

法拉利车队总部设在意大利,所用发动机是由生产世界最著名跑车的法拉利公司提供的,其轮胎供应商则是日本的普利司通公司。

威廉姆斯车队1973年才加入F1狂飙行列,不过这并不影响它成长为F1巨头。威廉姆斯车队历史上最传奇的人物要数巴西车手赛纳(Senna,见图7-10),这位天才车手1994年在圣马力诺伊莫拉赛道代表威廉姆斯车队参赛时遇难。

图7-9 "车王"迈克尔·舒马赫

威廉姆斯车队曾经由法国雷诺公司提供发动机,现在的发动机供应商则是德国宝马公司,轮胎则由法国米其林公司提供。参加上海站比赛的车手是哥伦比亚人蒙托亚和德国人拉尔夫·舒马赫(Ralf Schumacher)——迈克尔·舒马赫(Michael Schumacher)的弟弟。

迈凯伦车队的创始人是布鲁斯·迈凯伦,他在1970年试车时不幸遇难。1974年,这支车队获得第一个年度总冠军。20 世纪末,芬兰飞人哈基宁(见图 7-11)两度为迈凯伦赢得车手总冠军。

图 7-10　天才车手赛纳

图 7-11　芬兰飞人哈基宁

F1 汽车大赛,不仅是赛车手勇气、驾驶技术和智慧的竞争,在其背后还进行着各大汽车公司之间科学技术的竞争。福特汽车公司就形象地把汽车大赛比作"高科技奥运会"。在汽车大赛中推出的新型赛车,从设计到制造都凝聚着众多研制者的心血,并代表着一家公司乃至一个国家的科技水平。汽车大赛还是各国科技人才素质的较量。德国约有 2000 多名专业人才直接从事赛车的设计、制造和研究工作;美国约有 1 万人;而日本则最多,近 2 万人。

Formula One 里面的这个"One"不仅仅代表比赛所用的车辆是世界顶级的技术结晶,也不仅仅代表参赛的车手和技术都是世界赛车界的精英,而在另一个角度讲这个"One"则是代表 F1 是世界顶级"金钱大赛"。

一辆 F1 赛车的发动机造价在 12～30 万美元,一条固特异轮胎约 600 美元,资格赛用的汽油每升 240 美元……高额的投入,同样提升着广告的价位,世界音响巨头健伍在著名车手的车身上印刷 4 个 10 cm×12 cm 的商标就要掏 400 万美元。

4. F1 指挥旗及旗语

指挥旗为长方形,由赛道各处的裁判执掌。各种旗语的具体含义如下。

1) 黄旗

黄旗的出示表明赛道路段前面有事故状况。可能是撞车或是有发生机械故障的赛车,车手驾车必须特别小心注意,并且赛车准备缓慢减速下来。

平举的黄旗表示前面发生事故的赛车停在赛道外的路边,或是赛道没有阻碍的残骸等。但挥动的黄旗表示赛道上发生了事故,或是赛道上有事故车残骸等。

如果事故发生造成塞车的状况,将有两支黄旗在挥动。

黄旗的出示还表示车手不准超车,假如车手没有注意到黄旗的出示,赛车以比赛的车速行驶到事故现场,那将是非常危险的。因此,对不守黄旗出示规定的车手将会被重重地处罚,严重的甚至可能被取消比赛资格。

2) 红黄相间条纹旗

在 F1 比赛过程中,红黄相间条纹旗的出示表示前面赛道路段湿滑,路上可能有油污,赛车手驾车必须小心通过。

3）白旗

在比赛的过程中，白旗的出示说明前方的赛道路段有慢车，可能是救护车、拖车，或者是国际汽联的安全车（Safety Car）。车手必须小心注意，并且准备减速。

4）红旗

红旗的出示表示比赛或是赛段的提前退出。出示的红旗将会出现在全赛场。当赛车手看到红旗，必须在完圈后进入 Pit，等待组委会的命令重新比赛或停止比赛。

5）蓝旗

蓝旗在 F1 比赛过程中的出现，表示赛车的后方有较快的赛车跟近，并且准备超越。摇动的蓝旗表示前方的赛车必须让路给后方较快赛车，以便后车超车。如前方赛车的车手不理会蓝旗三次让路的警告，其赛车将会受到被判罚进站停 10 s 的处理。

6）黑旗

黑旗的出现表示被警告的车手在赛道上比赛时，有犯规行为出现，车手必须在完圈之后，马上回到 Pit。黑旗将伴随着犯规行为的车号在起终点处出现。被警告的车手将可能会被取消其比赛资格或是被加时处罚。

7）黑底红圈旗

黑底红圈旗的出现表示组委会认为被警告车手的赛车有机械故障，比赛时可能会有隐患的发生，赛车必须在完圈以后，马上返回 Pit。黑底红圈旗将会伴随这辆赛车的车号，在起终点处出现。除非赛车故障修复，否则被警告的车手将不能再返回到赛场比赛。

8）黑白格子旗

黑白格子旗的挥动表示比赛或赛段退出，车手必须马上返回 Pit，并且进入围场。进入围场的赛车将会被 FIA 检验是否符合其制定的规定。黑白格子旗的挥动是对终点冲刺的冠军赛车而挥舞的，固定不动的黑白格子旗是对其他通过终点的赛车的。

9）绿旗

绿旗的出现表示原先赛道发生事故的情况已经消除，车手可以恢复比赛的速度，或者可以超越对手。

7.2.2 汽车拉力赛

拉力赛（Rally）亦称多日赛，是汽车道路比赛项目之一，在有路基的土路、沙石路或柏油路上进行，是一种在一个国家内或者跨越数国举行的既检验车辆性能和质量，又考验驾驶技术的长途比赛。

1. 拉力赛里的 F1——WRC

拉力赛主要比技术和耐力。将整条比赛路线划分为若干站，要求按规定时间表通过各站；时间长者减分，以减分少者为胜。国际著名的拉力赛有蒙特卡罗拉力赛、东非沙法利拉力赛及巴黎—达喀尔拉力赛等。

世界拉力锦标赛（World Rally Championship，WRC，又译作世界越野锦标赛）是一项由国际汽车运动联合会组织的，全世界范围内级别最高的拉力系列赛事，第一场赛事在 1973 年举行。

WRC 世界越野拉力锦标赛（见图 7-12）是仅次于 F1 比赛的世界顶级赛车运动，参加

WRC的赛车以制作精良的顶级世界越野拉力赛车(World Rally Car)为主,参加WRC比赛中等级最高的组别。除此之外还有很多私人车队同时参赛,通常每一站的参赛车辆为70~100辆,全球约有超过10亿人次通过电视转播或其他媒体观赏这项世界顶级的汽车越野拉力赛事。

图7-12　WRC世界越野拉力锦标赛的精彩瞬间

同时,WRC还以它"不要门票的比赛"或称"家门口的比赛"而闻名,因为WRC的赛道多是利用乡村、野外的砂石、沙漠或者柏油路面设计组成,比赛时赛车会在村庄中穿行,而观众就站在赛道两侧的安全区域观战,可以零距离地体验赛车飞驰的惊险刺激。

世界拉力锦标赛WRC是所有赛车项目中最苛刻的一种,因为所有参赛车辆都是以批量产车为基础研发制造而成。目前FIA规定的WRC每年有14站比赛,比赛时间是从每年的1月到11月。

2. 巴黎—达喀尔汽车拉力赛

以非洲沙漠为舞台的巴黎—达喀尔汽车拉力赛作为最严酷和最富有冒险精神的赛车运动,被称为魔鬼般的赛事,为全世界所知晓。

每年1月1日以法国为赛程起点的这项拉力赛,为世界上180个国家和地区的电视、广播、报纸以及杂志广泛报道,受到全球五亿人以上的热切关注。巴黎—达喀尔的正式法语名称为Le Dakar,每年的比赛都会以赞助商或地区名称冠名。巴黎—达喀尔汽车拉力赛官方网站是http://www.dakar.com。

巴黎—达喀尔汽车拉力赛被誉为世界上最艰险的比赛。所有参赛车辆由法国出发,用2~3个星期穿越非洲大陆,最后到达塞内加尔首都达喀尔(见图7-13),全程约10 000 km。至今赛程的全程跑完率只有38%,更有"跑完全赛程者均为胜利者"一说,可见赛事的艰辛程度。

以严酷的大自然为对手,发挥人类自身的全部智力、体力和意志进行挑战的"世界上最艰巨的充满冒险精神的汽车赛程",这就是巴黎—达喀尔汽车拉力赛!

巴黎—达喀尔汽车拉力赛的另一个特征,就是与WRC(世界汽车拉力锦标赛)不同,无论专业选手还是业余赛车爱好者都可自由参赛,共同竞技。

正如创始人泽利·萨宾(Thierry Sabine)所说,巴黎—达喀尔汽车拉力赛是一个对于专业选手充满吸引力的专为业余爱好者举办的拉力赛。并且任何车辆都可参加巴黎—达喀尔拉力赛,无论是乘用车、赛车、卡丁车还是货车,任何种类的汽车都可参赛。

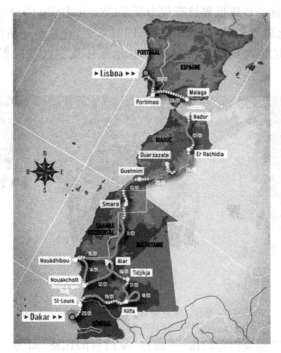

图 7-13 巴黎—达喀尔汽车拉力赛路线图

不管是从车行购入的现车还是自己装配的世界上独一无二的车,都来者不拒。各式参赛车辆混杂、共同拼杀的参赛情景,只有在巴黎—达喀尔汽车拉力赛才能看到。

图 7-14 为巴黎—达喀尔汽车拉力赛中参赛车辆在雪水和泥泞中驰骋的镜头。

图 7-14 巴黎—达喀尔汽车拉力赛

3. 其他拉力赛

国际著名的蒙特卡罗拉力赛的比赛时间是每年的 1 月份,赛程 4～5 天,地点在摩纳哥附近长约 4000 km 的山区。整个赛程冰天雪地,条件十分恶劣,对参赛车辆和车手都是一种严峻的考验。

图 7-15 为在冰雪赛道上进行的蒙特卡罗汽车拉力赛。

每年 4 月在肯尼亚举行的东非沙发利(SAFARI)拉力赛也很著名。在约 5000 km 长的路面条件十分差的情况下进行,在 4～5 天的赛程内能坚持驶完全程就不太容易。

此外,还有摩洛哥拉力赛、奥地利阿尔卑斯拉力赛、希腊的阿克罗波利斯拉力赛、法国的阿

图 7-15 蒙特卡罗汽车拉力赛

尔卑斯杯拉力赛,美国的奥林巴斯拉力赛、芬兰的千湖拉力赛等。因此,拉力赛与其说是一项比赛,不如说它是一项长距离的耐久性试验。

另外,同属越野拉力赛的还有欧洲拉力锦标赛(11 站)、亚洲拉力锦标赛(6 站)、非洲拉力锦标赛(5 站)、中东拉力锦标赛(6 站)等众多大型赛事。

7.2.3 耐力赛

顾名思义,汽车耐力赛比的就是耐力。最具代表性的汽车耐力赛就是勒芒 24 h 耐力赛(Le Mans 24 hour race)。

始于 1923 年的勒芒 24 h 耐力赛每年 6 月在位于巴黎西南 200 km 的小镇勒芒(香港地区称为利曼)举行。

勒芒 24 h 耐力赛赛道是利用当地的高速公路和街区公路封闭成的一个环行路线,为单圈长 13.5 km 的沥青和水泥路面。比赛一般从第一天的下午 16:00 开始,一直持续到次日的下午 16:00,历时 24 h。

每部赛车由 3 名赛车手分别驾驶(1980 年中期以前为 2 名赛车手),采用换人不换车的方法,所有的加油、换胎和维修时间都包括在 24 h 以内。最后,行驶里程最多的赛车获胜,一般一昼夜下来,成绩最好的赛车行驶的里程将近 5000 km。

图 7-16 为勒芒 24 h 耐力赛的宣传海报。

图 7-16 勒芒 24 h 耐力赛宣传海报

由于勒芒耐力赛是全球各种耐力赛时间最长的比赛,而且赛车手驾车在同一环行赛道上要不停地转上 350 多圈,比赛显得单调、乏味。不论车手、维修人员还是观众,在下半夜的时候都会变得疲惫不堪。

因此，这场比赛被称为最辛苦、最乏味的赛事。大多数观众是带着宿营车或帐篷前来观战的，赛场旁的 30 个大型停车场每次比赛都停满了 10 万部汽车。

赛场周围还有设施齐备的餐饮、娱乐和休闲场所，以及销售仿制的各大车队服装、帽子的铺位，让车迷们在这里如同过节一样。观众可以在餐厅里一边吃着可口的食物，一边观看窗外速度达到 300 km/h 的赛车飞驰而过(见图 7-17)，这也是堪称赛车界里独一无二的景致。

图 7-17　勒芒 24 h 耐力赛赛车飞驰而过的镜头(时速高达 300 km/h)

同样性质的比赛还有日本铃鹿(Suzuka) 8 h 耐力赛。图 7-18 为铃鹿 8 h 耐力赛赛道，图 7-19 为车手冒雨参加铃鹿 8 h 耐力赛的镜头。

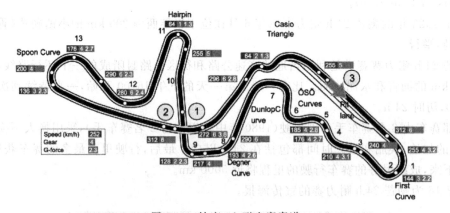

图 7-18　铃鹿 8 h 耐力赛赛道

图 7-19　车手冒雨参加铃鹿 8 h 耐力赛

7.2.4 汽车模型赛

近几年来,汽车模型比赛在世界上作为一种体育比赛项目正在兴起。我国香港、台湾地区近年来举行过多次亚太地区汽车模型比赛,并取得优异成绩。我国内地近年也组织了多次全国性汽车模型比赛。由于趣味性强并充满着对抗性和竞争性,故得到了迅速发展。

我国的汽车模型比赛分为竞速汽车模型比赛和特种汽车模型比赛两种。竞速比赛按其动力不同又可分为电动机和内燃机两种。若按行驶路面不同又可分为公路比赛和越野比赛两种。

内燃机赛车的发动机工作容积不得超过 3.5 mL,油箱容积不得超过 125 mL。车身的几何尺寸为真车的 1/8(见图 7-20)。轴距 305 mm,轮距 240 mm,总长 605 mm,总宽 270 mm。车辆由无线电遥控,车辆必须装有可靠的制动机构。

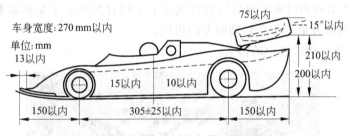

图 7-20　1∶8 内燃机赛车模型外形尺寸

比赛方法有计时赛和耐力赛两种,每次可任选其中一种。计时赛,由每名运动员行驶完规定圈数所需时间的长短计算名次。耐力赛,由每名运动员在规定时间内行驶圈数的多少计算名次。

我国近年来多采用耐力赛。内燃机赛车每场比赛为 8 min,在规定时间内可以加油、修理,掉落零件的赛车必须立即停止行驶,待修理好后,方可继续比赛。

公路比赛场地,宽 4 m、长 200 m 左右,为带各种弯道的沥青闭合式跑道,跑道两侧设有 15 cm 高的分道护板,防止越道(见图 7-21)。

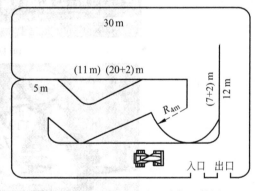

图 7-21　汽车模型公路比赛场地简图

越野比赛场地为宽 4 m、长 200 m 左右,带各种弯道并设有草地、水洼、沙地、上下坡等障碍的土质闭合式跑道。

7.2.5 卡丁车比赛

卡丁车的英文名称 Karting,是指有车厢或无车厢的微型汽车,车轮独立持久地接触地面,后两轮驱动、制动,前两轮转向。卡丁车的结构十分简单,由钢管式车架、4 个小车轮、转向系统、脚蹬(油门、刹车)、风冷式发动机(二冲程或四冲程)、汽油箱、传动链护罩、车手座椅、前后及左右防撞保险杠及护套等组成。

卡丁车是诸多赛车种类中的微型赛车，外形小巧，结构简单。卡丁车赛始于1940年，是赛车运动中最低的起步运动，是进入F1方程式赛车的摇篮，在欧洲也称迷你方程式。在最早的时候，卡丁车是一些父母设计出来供子女在后花园或大型停车场玩耍的玩具，最初是用剪草机改装而成的，设备及发动机均非常简单。

由于卡丁车在性能及场地安全方面不断地改良及转型，再加上可供标准比赛用的场地纷纷落成，基于其入门技术及费用要求不是很高，所以迅速发展为一项老幼皆宜的运动项目，世界各地大大小小国际性赛事便应运而生。其中最具代表性的赛事是"全欧洲卡丁车锦标赛"和"日本世界杯锦标赛"。在安全方面，由于卡丁车的重心非常低，易于操控。故卡丁车可算是于赛车运动中最安全的一种车型。

国际汽车联合会（FIA）在1962年成立了世界卡丁车联合会。中国汽车运动联合会（FASC）于1995年加入国际汽车联合会世界卡丁车联合会，完成了我国卡丁车运动与国际的接轨工作。为了推广、普及卡丁车运动，加强青少年的素质教育和培养我国赛车运动的后备人才，1998年全国少工委和国家体育总局联合成立了全国青少年卡丁车运动委员会，作为在我国广大青少年中组织开展卡丁车运动的专门机构。

图7-22为卡丁车锦标赛中的镜头。

(a) 你争我抢

(b) 杀出重围

图7-22　卡丁车锦标赛

7.2.6　中国汽车运动

1. 中国人自己的F1——中国汽车场地锦标赛

2003年12月19日，由中国汽车运动联合会、央视体育中心与上海国际赛车场在珠海签署三方协议,确定三方将从 2004 年起联手打造和经营中国汽车场地锦标赛。

全国汽车场地锦标赛简称 CCC(China Circuit Championship),也称全锦赛。其 LOGO 是一匹飞奔向前的骏马,在骏马的脖子下面胸部的地方,是 3C 标志(见图 7-23)。

图 7-23　全国汽车场地锦标赛(CCC)的标志

因为全锦赛的主题口号是"驰骋中国(Racing in China)",所以形象物的寓意和主题口号做到了完美结合。

比较巧合的是,CCC 的核心理念经过浓缩、升华,竟然也是三个以英文字母"C"开头的词,即 Challenge(挑战)、Confidence(信心)、Cooperation(合作)。同时,全锦赛还有众多与三有关的巧合——全锦赛有三大目标、由三强携手、有三个经营模式、打造三种魅力……

全锦赛是按照赶超 F1 的目标打造的,所以相对于中国现有的赛车运动,显得更加正规和庞大。全锦赛从 6 月到 10 月共有 6 站比赛,分别在上海、珠海和北京三个拥有国际赛车场的城市举行,每个城市连续举办两站。

CCC 能否达到 F1 的运作规模和影响力先不说,但其蓬勃地开展对于国内汽车赛事的气氛和国内赛车手的成长是绝对有利的。CCC 已经成为加快中国赛车事业发展的一个重要盛会。

2. 中国车手的盛会——全国汽车拉力锦标赛

在国内越来越多引进国际赛事的情况下,中国汽联为推动国内汽车运动发展,统一制定了比赛规则、规程。1996 年,作为一个试点,郑州汽车拉力赛在河南成功举行,这是一次国内选手、汽车及相关产业厂商以及组织者们的大聚会。1997 年,第一届全国汽车拉力锦标赛在全国范围内展开,无论在赛事组织、参赛车手、俱乐部数量和运动水平上均有很大提高,这是中国汽车运动走向规范化、系列化的一个良好开端。

1998 年,第二届全国汽车拉力锦标赛再次成功举办,使这一系列性赛事逐步走向正轨。1999—2001 年,全国汽车拉力锦标赛在全国范围内稳步开展,把拉力运动推向了北京、上海、河北、河南、山东、贵州、云南、广东、湖北、吉林等省市和地区,在国内产生了广泛的影响,并得到赛事赞助商的广泛青睐。

图 7-24 为全国汽车拉力锦标赛"南江大峡谷杯"贵州开阳比赛的赛况。

在汽车文化及汽车运动迅速发展的近几年,全国汽车拉力锦标赛得到了社会各界的广泛支持,已经成为国内赛车爱好者的一次盛会。

图 7-24　全国汽车拉力锦标赛贵州开阳比赛赛况

复习思考题

1. 简述汽车运动的发展历程。
2. 有广泛影响的全球性汽车比赛有哪些？
3. F1 大赛中各种旗语表示何意？

第 8 章 香车美女耀华章——汽车博览会

教学提示：香车美女交映生辉、科技时尚相得益彰的汽车博览会是汽车制造商展示汽车科技、引领汽车潮流、推动汽车销售、传播汽车文化的重要舞台。

教学要求：本章主要介绍汽车博览会。要求学生了解国际大型汽车博览会的分布，熟悉汽车博览会对业界的影响，学会以专业角度欣赏和品味汽车博览会。

8.1 国际汽车博览会

现代汽车博览会(亦称汽车展览会，简称车展)是汽车制造商宣传品牌、发布新车的最佳场所，是真正的汽车峰会。

香车美女交映生辉(见图8-1～图8-3)、科技时尚相得益彰的汽车博览会是所有爱车人的饕餮盛宴，精彩自然不容错过。同时，汽车博览会也是汽车制造商展示汽车科技、引领汽车潮流、推动汽车销售、传播汽车文化的重要舞台。通过车展可以看到汽车行业发展前景和未来的走向，因而国际汽车博览会备受关注。

图 8-1 香车美女交映生辉(北美风采)

图 8-2　香车美女交映生辉(东方神韵)　　　图 8-3　香车美女交映生辉(欧陆风情)

按国际惯例,目前被公认的大型国际车展共有 5 个,其中欧洲 3 个:法兰克福车展、巴黎车展和日内瓦车展;北美洲和亚洲各一个:北美车展和东京车展。在国内,每两年一届的北京车展较有影响。

8.1.1　北美车展

北美车展的前身是美国底特律国际汽车博览会,至今已经有近百年历史,是美国创办历史最长的车展之一。

1957 年,欧洲车厂终于远渡重洋而来,首次出现了沃尔沃、奔驰、保时捷的身影,获得了美国民众的高度重视。从此,底特律车展的"王旗"正式树起。

1989 年年底特律车展正式更名为北美国际汽车展。每年 1 月 5 日左右,北美车展率先在美国汽车城底特律拉开大幕。全球所有汽车大公司都会利用这一平台推出自己的概念车。北美车展"时装"味很浓,几乎成了概念车的天下。

各种千奇百怪的设计,能想到的、无法想到的,在北美车展上都能见其身影,因此给人以科幻、离奇甚至怪异的感觉。

图 8-4 和图 8-5 为福特公司在 2016 北美车展上推出的新一代蒙迪欧乘用车。

图 8-4　福特蒙迪欧乘用车外形

图 8-5　福特蒙迪欧乘用车内饰

8.1.2　巴黎车展

巴黎车展起源于 1898 年的国际汽车沙龙,直至 1976 年每年一届,此后每两年一届。在每年的 9 月底至 10 月初举行。

巴黎是个浪漫之都,车展也不例外。隔年于 9 月底举行的巴黎车展法国味十足,每次车展都会拿出一个展馆展出老爷车。去巴黎车展你会发现,所有散发的车展资料都以价格表居多,展会上还会举行二手车拍卖,难怪有人说巴黎车展是五大车展中商业性最强的。

此外,巴黎车展还特别照顾一些不知名的超小型车,这在其他车展上是见不到的。

图 8-6 为巴黎车展上雷诺旗下的第三代全新梅甘娜(Megane)乘用车。

图 8-6　巴黎车展上雷诺旗下的第三代全新梅甘娜(Megane)乘用车

8.1.3　日内瓦车展

日内瓦车展创始于 1924 年。从 1931 年起,一年一度在瑞士日内瓦举办。每年的阳春三月,瑞士的日内瓦车展总会掀起一年中全球车展的首个高潮。

日内瓦车展上的展车不仅是各汽车厂家最新、最前沿的作品,而且参展的车型也极为奢华。各大汽车公司总是选择日内瓦车展作为自己最新旗舰车型的首发地,因而博得了"国际汽车潮流风向标"的美誉。

图 8-7 和图 8-8 为日内瓦车展上来自荷兰的拥有 150 多年悠久历史的豪华汽车品牌世爵 SPYKER C8 Aileron 量产版本跑车。

图 8-7　日内瓦车展上的荷兰世爵 SPYKER C8 Aileron 跑车（展翅欲飞）

图 8-8　日内瓦车展上的荷兰世爵 SPYKER C8 Aileron 跑车（蓄势待发）

8.1.4　法兰克福车展

法兰克福车展前身为柏林车展，创办于 1897 年。1951 年车展移到法兰克福举办，每年一届，轿车和商用车轮流展出。法兰克福车展是世界规模最大的车展，有"汽车奥运会"之称。

展会期间，所有能运用的高科技手段都会派上用场，大型互动媒体演示、模拟驾驶等亲身体验活动，让参与者连呼过瘾。

此外，法兰克福车展的地域色彩很强，也许因为是名车的发源地，来看车展的老百姓不但汽车知识了解很全面，而且消费心理非常成熟。对他们来说，看车展就是逛街，理性实用的成分居多。

图 8-9 为德国大众汽车公司在法兰克福车展上推出的发动机中置型双座敞篷跑车 concept R。

图 8-9　大众双座敞篷跑车 concept R

8.1.5　东京车展

东京车展创办于 1954 年，是五大车展中历史最短的。东京车展是亚洲最大的国际车展，被誉为"亚洲汽车风向标"。

东京车展选择在深秋的 10 月举行，单数年为乘用车展，双数年为商务车展。东京车展的突出特点是车型种类繁多,不但有展示最新科技的乘用车、动力强劲的赛车(见图 8-10),还有改装车(见图 8-11)、摩托车等,这恰恰体现了日本人的细腻。

图 8-10　东京车展上的本田雅阁柴油发动机赛车

图 8-11　东京车展上的改装车

由于市场竞争的激烈,精明的日本汽车制造商早已把市场细分成了无数个小块,甚至以性别、年龄层次和特殊需求在同一平台上设计不同的车型。

8.1.6　北京车展

两年一度的北京国际车展选择在 6 月上旬举行,也许是在时间上与其他车展"错位",也许是想利用夏日的热情来烘托中国汽车市场的红红火火。一位外商毫不隐讳地说:"即使北京车展搭个棚子让人参展,跨国汽车巨头也会趋之若鹜。因为他们看中的不是车展本身,而是中国巨大的汽车潜在消费市场。"

尽管北京国际车展的参展商数目众多,成交额大,人气极旺,但是和真正的国际车展相比,北京国际车展还有很大的差距。

国际五大车展,除日内瓦本土没有汽车工业之外,其他四大车展都是以强大的本土汽车工业为支撑的。北美车展是美国通用、福特、克莱斯勒三大公司独领风骚;东京车展则是丰田、本田、日产为首的日本企业唱主角;法兰克福车展是德国汽车公司的天下;巴黎则是雷诺和PSA的节日。本土企业的展台不仅面积巨大,而且展出车型繁多,当然也是人气最旺。

对照北京车展,国内的几大合资公司虽然也组团参展,但除一汽集团的红旗旗舰抢眼外,其他基本都是跨国公司车型的拼盘,看过跨国公司展台,再看几大合资公司展台,就会感到索然无味,大有重复之感。

本土企业开发的车型只有吉利、奇瑞、长安等为数不多的几款。振兴民族汽车工业的重任只能由民营汽车企业来承担,这不能不说是一种悲哀。

8.2 汽车博览会上的精华——概念车

古语有云:内行看门道,外行看热闹。汽车博览会上风情万种的美女车模、价格不菲的豪华名车固然吸引观众的眼球,但在专业人士看来,概念车才是汽车博览会上的精华。

8.2.1 什么是概念车

设计新颖、造型别致的概念车(Concept Car,见图8-12)是汽车设计领域中概念设计的产物,也是汽车博览会上的精华和焦点所在。由于企业之间激烈的竞争以及产品频繁地更新换代的需要,企业必须对下一代产品甚至更长远的产品进行提前研究与开发,概念设计和概念车便应运而生。

图8-12 概念车

概念设计是对下一代车型或未来车型进行概括描述,确定汽车的基本参数、基本结构和基本性能的初步设计。概念设计针对现有车型的生产、使用、销售等情况,对比竞争企业的同类产品,拟定更适用、更先进的车型方案。概念设计同样需要研究产品的开发目的、技术水平、企业条件、目标成本、竞争能力等。概念设计可能只停留在图画上或文件描述上,称为"虚拟"的概念车;也可能制造出实体的样车供试验研究。概念车可能只是一种参考方案或技术储备,也可能成为正式产品开发计划的组成部分,成为下一代车型的初步设计。

概念设计虽然是针对现实设计的改革,但一些超前程度较大的概念设计往往可以不受当前社会条件的局限,使设计师有较大的创作自由,以便释放其设计灵感,充分发挥其个性和能力。这种设计就有可能大胆地突破传统的格局和条条框框,开发出令人耳目一新的车型。

8.2.2 概念车的设计目的

1. 提高企业和产品的形象、声誉

概念车是展示新理念和新风格的作品,大部分由汽车公司自己出资制作,从投资上来说属于纯花费性项目。开发概念车一方面作为刺激创新和提高设计水平的手段,更重要的是展示自己的开发实力,建立声誉从而吸引客户。多年以来,许多汽车制造商都谙熟这样一个事实:那就是通过概念车的展示,能大量地表述、充分地传达他们的事业以及公司的发展前景。

好的概念车能够告诉公众,企业所关注的趋势、风格以及企业的内部状态等。通过概念车,能把这些想要表达的东西,清晰、集中、鲜明地表达出来。企业通过对概念车的设计,向公众证明他们的实力,让公众对企业以及其产品产生一种不可动摇的信念,树立企业的信誉,使其旗下的产品拥有持久不变的品牌效应。而且,当公司决定改变品牌方向的时候,也会通过制作一系列的概念车来告诉公众和媒体关于品牌的精髓。开发概念车是努力树立企业形象和品牌效应的有效手段。

2. 增强产品的竞争力

传统的汽车已经被公众习以为常,难以对人们产生视觉冲击力,公众更加希望有一种全新的、超越大家想象的产品出现在他们的面前。如果汽车制造商仍无动于衷地继续生产已有的车型,那么它将会失去很大一部分客户,甚至可能要面临停产。

前著名的汽车生产商克莱斯勒公司差点濒临倒闭,其原因之一是在车型创新方面的失败,不重视概念车的开发。概念车能吸引公众目光,引起公众对产品的关注,换句话说,制造商只有不断地推出新的概念车,公众才会将注意力始终聚焦在它的身上,这样才会不断地增强其产品的竞争力,在商战中立于不败之地。

3. 推进高科技在生活和生产的应用

概念车是梦想中的汽车,是一种人们热切盼望能看到预示未来的汽车。因此,在概念车设计和制造的时候,必然要采用一些全新的、高精尖的技术。人们在关注概念车的同时,必然也渴望看到这些技术的存在,这就有利于高技术迅速融入和应用到人们的生活和生产中。

4. 创造舒适美好的环境

任何设计都是要以人为本,本着让人们生活得更美好的宗旨进行的。概念车既然是对未来的设计,也要重视如何创造未来美好的环境。在概念车开发过程中,设计师们都尽可能使汽车对环境的污染达到最小。此外,在概念车设计过程中,有较多的精力和经费都被应用在室内的设计上,比如室内加入自动操控系统、导航系统、影音设备、空调设备等,都是为了让人在使用概念车的时候,得到一种舒适的感受。

5. 促进节能环保和综合利用

概念车既然是未来的汽车,就必定会在节能环保、可持续发展等人类十分关注的课题方面着力研究探讨。因此,概念车的研制对促进节能环保和综合利用等技术具有重要作用。

6. 促进各学科的协作和技术的革新

概念车的设计是一项复杂的工作,需要综合许多学科的实力,显示新的科技成果和新的设计思想。在进行概念车设计的时候,就需要把各方面的专家集合起来,一起来探讨未来社会和科技的发展方向,这就大大促进了各个学科技术的交流与协作。

在进行创作的时候,可能会出现这样的一些情况:一些构想在某种学科中可行,在另一种学科中却是不合理的;或者在一种学科中属优秀方案,在另一种学科中却实现不了。这就必然会刺激大家寻求最佳的解决办法,从而导致某种技术的革新或边缘技术的产生。

8.2.3 经典概念车赏析

1. 奥迪概念车 Cross Coupé quattro

图 8-13 为奥迪汽车公司的 Cross Coupé quattro 概念车。奥迪 Cross Coupé quattro 在混合车型领域开创了一个全新细分市场,它将高级跑车的设计与动感、四座运动多功能车 SUV 的宽敞和多功能性完美融合在一起。

奥迪以其独有的方式,利用创新的技术展示了其卓越的驾驶乐趣以及出色的操控性能。

2. 雷诺四座运动型概念跑车 Fluence

图 8-14 为雷诺汽车公司面向高端市场的四座运动型概念跑车 Fluence。Fluence 流畅的车身线条、体贴的车内设计,突出了其简约、感性的特质。

图 8-13　奥迪概念车 Cross Coupé quattro　　图 8-14　雷诺四座运动型概念跑车 Fluence

雷诺品牌设计部高级副总裁 Patrict le Quement 先生对其的评价是"Fluence 延续了法国杰出乘用车设计的悠久传统"。

3. 福特 iosis X 概念车

图 8-15 和图 8-16 为福特 iosis X 概念车,它是福特 iosis 在动感设计理念上的全新延伸车型。

作为一款与众不同的新混合型运动概念车,福特 iosis X 显露出福特汽车未来产品设计的方向。

图 8-15　福特 iosis X

图 8-16　福特 iosis X 内饰设计

在"动感设计"梯形与三平面视图以及两者相互关系的基本设计要素上,福特 iosis X 借鉴 iosis 所有主题和图形元素,在圆顺而有肌肉感的线条上,加以变形,使其风格更加粗犷,前脸和肌肉般隆起的曲面奔放而自然,运动员式的肩线孔武有力,整个侧面的细节显得凹凸有致,充分体现出设计师在这一全新车型领域的大胆尝试,"动感设计"理念也因此得到进一步延伸与升华。

4. 法国雪铁龙超级概念车 C-Metisse

图 8-17 为法国雪铁龙超级概念车 C-Metisse。该款概念车是业内鼎鼎大名的雪铁龙品牌总设计师普路依先生(Mr. Ploue)的大作,概念车 C-Metisse 融入了雪铁龙最新设计理念,并获得路易·威登(LV)2006 年度"最佳经典概念奖"。

图 8-17　法国雪铁龙超级概念车 C-Metisse

法国雪铁龙超级概念车 C-Metisse 鸥翼式前后车门同时打开时,如雄鹰展翅,又像邀人入座,充满了绝妙想象力。

C-Metisse 采用了碳纤维的轻量化车身(见图 8-18),六速手自一体变速器以及独特的前后分离四驱系统。

前轮由最高输出功率达 208 hp 的 3.0 L V6 HDi 柴油发动机驱动,后轮驱动则配置了两台电动机,再加上双高扭矩电子牵引,雪铁龙 C-Metisse 将性能和环保有效地合二为一,既有从静止加速到 100 km/h 仅需 6.2 s 的强劲表现,又有 6.5 L/100 km 的超低油耗。

图 8-18　C-Metisse 的轻量化碳纤维车身

5. 丰田 Motor Triathlon Race Car 概念车

图 8-19 和图 8-20 为丰田欧洲设计室 ED2 推出的 Motor Triathlon Race Car 概念车,从丰富的赛车运动经验、纯正的四轮驱动血统以及精湛先进的技术三个方面展示丰田汽车公司的品牌实力。

图 8-19　丰田 Motor Triathlon Race Car 概念车(正视图)

图 8-20　丰田 Motor Triathlon Race Car 概念车(侧视图)

Motor Triathlon Race Car 概念车的耀眼之处在于它采用了由日本电装(Denso)公司和佳能(Canon)公司合作开发的 Mixed Reality 技术。戴上特制的头盔，驾驶人就可以获取诸如行车速度、车内外温度等丰富的可视信息。

在这一点上，Mixed Reality 技术类似于抬头显示(Head-Up Display，HUD)技术，但比 HUD 技术更先进，信息量也更丰富，Mixed Reality 技术甚至能帮助驾驶人预先感知未来可能出现的路况变化。

目前，索尼公司已在著名赛车游戏 GT4 中推出了该款概念赛车，游戏玩家们可以通过 Playstation 2 亲身体验驾驶 Motor Triathlon Race Car 的乐趣。

6. Buick Riviera 概念车

图 8-21 为上海通用汽车和泛亚汽车技术中心推出的一款具有非凡意义的别克品牌全球概念车，命名为 Buick Riviera(别克未来)。

图 8-21　Buick Riviera 概念车

Buick Riviera(别克未来)融汇了别克品牌的全球未来设计理念和品牌 DNA，并巧妙融入了中国审美元素。作为别克品牌的全球概念车，由泛亚汽车技术中心主导构思和研发而成，生动描绘出别克品牌未来更加现代、科技、动感的发展趋势。

7. 奇瑞 Shooting Sport

图 8-22 为中国奇瑞汽车公司推出的 Shooting Sport 概念车。

图 8-22　奇瑞汽车公司的 Shooting Sport 概念车

奇瑞汽车公司将国际先进的造车理念融入 Shooting Sport 概念车中，Shooting Sport 结合了跑车的运动、时尚与旅行车的空间实用性，既能满足消费者对运动、激情的需求，也能满足他们对高雅、华贵的追求，给人一种年轻、时尚、高质感的新型跑车形象，也诠释了一种激情、高雅的全新的汽车消费理念。

从手绘图（见图 8-23）中可以看出，该车既有跑车（Coupe）的时尚、运动特点，又汲取旅行轿车（Wagon）的空间实用性，概念来自于现代欧洲生活方式，是一个全新的细分市场。其设计元素融合了运动、时尚、高雅、华贵等特点。

在外形设计上，简约、硬朗的线条（见图 8-24）诠释了一种雕塑般的设计风格，凸显 Shooting Sport 的个性，紧绷的车身线条就像发达的肌肉，整个车身设计极具运动气息。而简洁、明快的轮廓设计增加了车体的稳定性，传达着一种安全感和对道路的全方位控制力。

图 8-23　奇瑞汽车公司 Shooting Sport 概念车手绘图　　图 8-24　Shooting Sport 概念车简约、硬朗的线条

Shooting Sport 的侧面采用箭式设计和包裹的 quarter light 设计，quartet light 与边窗及后窗相连，并与后灯系统融为一体，创造出车顶流线型的设计效果。

发动机罩的褶皱设计与侧面的线条遥相呼应，隐约的怀旧设计，唤起了人们对曾经的 Torino Coupe Fulwin 车型的回忆。

设计师巧妙地利用了结构和轮廓，使汽车的内部设计（见图 8-25）与外部轮廓协调一致、融为一体。

图 8-25　Shooting Sport 的内部设计

客座空间的设计秉承了简约的风格，与之形成鲜明对比的是，抛光表面和环境照明系统营造出一种高贵气质。环境照明系统在强调细节设计的同时，拓展了车内的空间。

采用真皮与抛光面相结合的设计材料，以及绿色与黄色相结合的色彩组合，为 Shooting

Sport 营造出一种清新、灵动、华贵的感觉。

Shooting Sport 仪表盘的外形是一个白色镶边的对称外壳,凸显出其富有运动气息的光滑的绿色元件,而米黄色的仪表盘背景色则彰显了 Shooting Sport 高贵的一面。

仪表盘四周的间隙设计强调了一种流线效果,而 Shooting Sport 设置在转向盘上的各种控制器,不仅方便了驾驶人的操作,而且没有了各种按钮的仪表台显得更加简洁、明快。

类似旅行车的尾部设计使得 Shooting Sport 拥有了宽敞的内部空间(见图 8-26),多变、多功能行李箱被设计成汽车不可分割的一部分,乘客在享受越野狂飙的同时还可以感受高尔夫运动的优雅。

图 8-26 Shooting Sport 宽敞的内部空间

Shooting Sport 创新的将后座分成两个大小不同的可折叠座椅,使得第三个乘客拥有更宽敞、舒适的空间。

动感的外形、宽敞的空间、舒适的内饰、Shooting Sport 的设计精神,完美地迎合了既对时尚设计报有浓厚的兴趣,又对汽车的功能性和合理性具有较高要求的消费者,从而满足了他们对动感、自由、刺激、华贵的生活方式的追求。Shooting Sport 以其多功能的休闲车设计,诠释了一种全新的跑车消费理念。

8. 长安概念车 CV8

图 8-27 和图 8-28 为长安汽车集团推出的 CV8 概念车。

图 8-27 长安概念车 CV8(左后)

CV8 以舒适的驾乘感受和全方位乘员保护为设计理念。整体造型秉承典雅、大气的风格,内部空间宽敞,内饰豪华、工艺精湛,色彩搭配极富层次感,从外到内每个细节都洋溢着时

图 8-28　长安概念车 CV8(左前)

尚、科技和奢华的韵味。

从概念车杰勋,到"长江鲟""龙腾",从 SUV 概念车御风,再到"星晴"、CV8,长安汽车集团以惊人的研发速度,紧跟国际汽车业的发展趋势,以中国汽车行业先锋的实力,引领国内汽车技术发展方向,不断为中国用户开发出具有划时代意义的好车。

复习思考题

1. 汽车博览会的作用主要体现在哪几个方面?
2. 目前,有影响的大型国际汽车博览会有哪些?
3. 概念车的设计目的何在?
4. 为什么说概念车是汽车博览会上的精华?

第 9 章　余韵流香万古长——汽车博物馆

教学提示：参观、品味汽车博物馆，对激发学生的学习热情，弘扬和传播汽车文化具有重要意义。

教学要求：本章主要介绍全球主要汽车博物馆及其经典展品。要求学生了解全球主要汽车博物馆的分布情况，熟悉其经典展品。

汽车博物馆是征集、保藏、陈列汽车及相关产品实物，并为公众提供汽车知识、汽车教育和汽车欣赏，弘扬和传播汽车文化的社会机构。

从第一辆汽车诞生直到今天，滚滚车轮已经走过一百多年的风雨历程，世界各地的综合汽车博物馆和主题汽车博物馆也已经多达几十家。与定期举办的各种汽车博览会不同，展示各个品牌和各个时期经典汽车的汽车博物馆可谓是"永不落幕的汽车博览会"。

徜徉在汽车博物馆中，细细品味汽车发展历程中的点点滴滴，如茶如酒、余韵留香、回味悠长。

9.1　欧洲汽车博物馆

9.1.1　奔驰汽车博物馆

奔驰汽车博物馆(见图 9-1)坐落于德国斯图加特郊区，为不规则的三棱圆柱形，共分 9 层，面积达到 16 500 m²，陈列展示 175 款汽车，其中包括 95 辆乘用车、40 辆商用车以及 40 辆赛车和各类创纪录车。

图 9-1　奔驰汽车博物馆

图 9-2 为奔驰汽车博物馆内景,图 9-3 和图 9-4 为奔驰汽车博物馆内的经典汽车展品。

图 9-2　奔驰汽车博物馆内景

图 9-3　不同时期的奔驰汽车

图 9-4　奔驰老爷车

9.1.2　宝马汽车博物馆

在德国南部慕尼黑市奥林匹克公园附近,耸立着一座 22 层的现代银灰色高楼,雄伟壮观,这便是德国宝马公司总部大厦。

宝马总部大厦主体由四个圆柱形塔楼组成，象征发动机的4个汽缸。旁边有一座碗状建筑物，即为宝马汽车博物馆（见图9-5），碗状建筑的屋顶是一个圆形平面，屋面上描着蓝白相间的BMW宝马圆形徽记。

图9-5　宝马汽车公司总部大厦（四圆柱塔楼）和宝马汽车博物馆（碗状建筑）

宝马汽车博物馆展厅共3层，整个陈列展览充分利用环绕式的空间，按照不同年代和时期，展示出历年来所产的各类宝马汽车、宝马摩托车和一些特殊用途的车辆样品，并运用现代声、光、电、多媒体等高科技手段及图片音像资料，提升产品展示的艺术空间，全面演绎了宝马汽车公司的成长与发展史，让人怦然心动。

图9-6为宝马汽车公司最为著名的星形航空发动机，图9-7为梦幻般的宝马摩托车。

图9-6　宝马汽车公司最为著名的星形航空发动机　　　　图9-7　梦幻般的宝马摩托车

9.1.3　奥迪汽车博物馆

奥迪汽车博物馆（见图9-8）建于2001年，占地7.7万平方米，耗资7.7亿马克，集销售、展示和游览功能为一体，意在使来访者在购车或游历奥迪汽车王国的同时，能感受到奥迪品牌的价值，是奥迪公司品牌形象宣传的重要设施之一。

图 9-8　奥迪汽车博物馆

在独具特色的建筑氛围里,奥迪汽车博物馆带给参观者一次穿越时空的难忘之旅。从摩托车、汽车的品牌发展史到今日的汽车工业巨人,每一幅历史画面都在此一一呈现。

图 9-9 为奥迪汽车公司 1949 年推出的第一批产品——代号为 F89L 的面包车。图 9-10 为奥迪汽车公司 1939 年生产的 Horch Spezial Roadster 855 豪华汽车,它也是奥迪汽车博物馆中最光彩夺目的珍品之一。

图 9-9　F89L 面包车

图 9-10　Horch Spezial Roadster 855 豪华汽车

9.1.4 保时捷汽车博物馆

保时捷总部位于德国斯图加特施维伯丁伽大街（Schwieberdinger Str.）上，外观是一座粉红色大楼。保时捷汽车博物馆（Porsche Museum，见图 9-11）在大楼后面。馆内的展品车辆和照片向人们述说着欧洲汽车制造界的历史，令人回味无穷。

图 9-11　保时捷汽车博物馆

图 9-12 为保时捷汽车博物馆内景，图 9-13 为保时捷公司创始人、汽车设计天才费迪南德·保时捷的铜像，图 9-14 为保时捷博物馆内的国宝级保时捷老爷车。

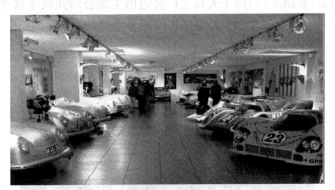

图 9-12　保时捷汽车博物馆内景

图 9-13　汽车设计天才费迪南德·保时捷铜像

图 9-14　保时捷博物馆内的国宝级保时捷老爷车

9.1.5　大众汽车博物馆

大众汽车集团从 1934 年成立以来,总部一直在德国的沃尔夫斯堡市(Wolfsburg,俗称狼堡)。狼堡属于下萨克森州,该市是在 1938 年随着大众汽车厂的兴建而成立的,市民中的 40% 都在大众汽车公司工作,因此可以说狼堡是因大众汽车的存在而存在的。

大众汽车博物馆(见图 9-15)位于大众工厂旁边的主题公园式汽车城里,于 2000 年建成,集中收藏了数量庞大的世界各大汽车公司生产的著名品牌经典汽车。

图 9-15　大众汽车博物馆

图 9-16~图 9-19 为馆内展出的代表性车型。

9.1.6　菲亚特汽车博物馆

菲亚特汽车博物馆(见图 9-20)位于离菲亚特汽车公司总部不远的一个小巷子里,由当年菲亚特公司成立时的办公楼改造而成,建筑非常老旧,而有意思的是博物馆的名字就叫"又老又丑"。

图 9-16 履带式大众汽车

图 9-17 水陆两用型的大众 See-Golf 汽车

图 9-18 大众 1949 年型面包车

图 9-19 大众甲壳虫系列

博物馆内部是 2 层结构,一楼摆放的都是菲亚特从 1899 年创立后不同年代有代表性的铁路机车(见图 9-21)、车辆、车模、相关产品等,二楼是菲亚特在第一次世界大战和第二次世界大战期间为政府制造的军用飞机(见图 9-22)、舰船(见图 9-23)、潜艇以及历年的企业宣传画的手稿原件和一些珍贵的历史照片,当然最重头的还是还原菲亚特总裁阿涅利当年的办公室展区。

图 9-20 菲亚特汽车博物馆内景

图 9-21 菲亚特生产的铁路机车

图 9-22 菲亚特生产的战斗机

图 9-23 菲亚特生产的舰船(模型)

图 9-24 为博物馆内的精品之———菲亚特老爷车。

图 9-24 菲亚特老爷车

9.1.7 标致汽车博物馆

1988 年,标致汽车博物馆(见图 9-25)落成,它至今共接待了 100 多万参观者。人们可以沿着时间的长廊,欣赏闻名于世的咖啡磨具、胡椒磨具以及所有以质量享誉盛名的工具产品。

图 9-25 标致汽车博物馆

参观者还能够看到自行车、摩托车，当然还有1900年至1980年期间的民用车型以及著名的赛车：例如，在Hdi发动机使用前，1935年产的401Eclipse；在106与电动Partner之前的403柴油车；205与206 WRC之前1941年的VLV等。

图9-26为标致汽车博物馆内景。标致博物馆以8个年代舱为主，每个舱中都展示出各个年代的车型。例如，在1891年至1904年中，我们可以领略1894年的viso Vis车，世界上仅此一辆；1905年至1918年著名的贝贝车；1919年至1935年的奥斯汀7型……直至今天的607、标致赛车等。

图9-26　标致汽车博物馆内景

标致汽车博物馆的创意是将不同的车型置于相应的年代：当游客到达每一个舱体入口，都会有自动启动系统，让游客欣赏这个年代的经典标致车型，等把8个馆全部参观完毕，游客就基本上了解了汽车的发展变迁史，以及各个年代的流行元素。

这个漂亮的时空舱是过去与现在的时间纽带，同时也证明了标致品牌一个多世纪的持久、现代与活力；它同样向人们展示出，标致今日的品牌理念正是源自于它所富有的强大生命力与坚实根基。

图9-27为标致的6缸星形航空发动机（与BMW一样，也是航空技术的典范），图9-28为标致早期生产的船用低速发动机。

图9-27　标致的6缸星形航空发动机

图 9-28　标致早期生产的船用低速发动机

9.2　美国汽车博物馆

9.2.1　通用汽车博物馆

美国汽车"三巨头"之一的通用汽车公司是美国汽车工业乃至世界工业文明的象征,其深厚的汽车文化渗透到美国社会、经济、文化的各个层面。通用汽车公司于 2004 年在密歇根州的小城 Sterling Heights 建立了全球最大的汽车博物馆。

通用汽车博物馆(GM Heritage Museum)的展品涵盖在过去百年间公司旗下各个品牌的经典车型,是百年来与汽车相关的科技、人文、艺术的集中展现。

图 9-29 为通用汽车博物馆展厅内景,图 9-30 和图 9-31 为通用汽车博物馆内弥足珍贵的经典展品。

图 9-29　通用汽车博物馆展厅内景

9.2.2　福特汽车博物馆

福特汽车博物馆位于美国汽车城底特律,占地 9 英亩。以福特汽车公司的创始人亨利·

福特名字命名的福特汽车博物馆,其展品必然会反映出福特汽车公司的发展及美国运输业历史的嬗变。

图 9-30　1918 Cadillac Type57

图 9-31　别克老爷车

福特汽车博物馆内有在 1908 年 Vanderbilt Cup 赛上为美国赢得声誉的第一辆美国车——Locomobile'sold 16,有 1909 年的 Ford Model T,以及各个时期生产的老爷车(见图 9-32),甚至还有世界上最大的蒸汽机火车头(见图 9-33)、战斗机等。

图 9-32　早期的福特老爷车(轮胎还是未加炭黑的白色胎)

图 9-33　福特生产的世界上最大的蒸汽机火车头

同时还展示有各个时期福特生产的不同用途、不同型号和品牌的各种汽车。展品还有美国其他制造业的成果：家用电器、印刷、农业、矿山机械等。漫步在一件件展品前，能够清晰地看到美国工业发展的脉络。

图 9-34 为福特汽车公司 1907 年生产的福特老爷车，图 9-35 为福特生产的战斗机。

图 9-34　福特老爷车(1907 年生产)

图 9-35　福特生产的战斗机(也是福特汽车博物馆的展品)

9.2.3　克莱斯勒汽车博物馆

在 80 多年的风云变幻中，克莱斯勒汽车公司不断推进技术创新，引领美国汽车文化的发展方向，书写了大工业时代的传奇。

克莱斯勒汽车发明或领先配备的汽车产品主要有一体成形单片曲线挡风玻璃、全隔离车身橡胶底板、具有超速挡的自动变速器、安全轮圈框、钥匙起动发动机自动点火系统、电动车窗、四轮自动充气系统、动力转向系统、车用晶体管收音机、可变涡轮增压汽油发动机等，公司旗下的道奇(Dodge)车厂则是全球第一家摆脱木材骨架在汽车上使用全钢车身的车厂。

克莱斯勒汽车博物馆(见图 9-36)坐落在美国底特律北郊的莱斯勒总部(离 Oakland 大学不远)园区内，通过丰富翔实的实物和图片介绍了克莱斯勒公司的发展历程、辉煌成就和汽车工业的进步。

图 9-36　克莱斯勒汽车博物馆

克莱斯勒汽车博物馆内除了展示不同时期的经典汽车(见图9-37)之外,作为老牌的军火制造商,展品中不但有大名鼎鼎的威利斯军用吉普车(见图9-38),还有克莱斯勒第二次世界大战时期制造的坦克发动机。

图9-37　克莱斯勒1902年的老爷车

图9-38　大名鼎鼎的威利斯军用吉普车

在第二次世界大战中,克莱斯勒共制造谢尔曼系列坦克25 000多辆。图9-39所示的坦克发动机(30缸/24.6 L,450 hp)是克莱斯勒为美军赫赫有名的谢尔曼坦克制造的。

图9-39　克莱斯勒第二次世界大战时期制造的谢尔曼系列坦克发动机

当年，为节约时间和降低成本，快速满足军队需求，克莱斯勒的工程师直接将 5 个 6 缸汽车发动机的缸体组合在一起，共用一根曲轴进行生产，这样可以使用已有的工装夹具，以加快生产进度。1940 年接到订单后仅用 9 个月零 5 天即出产 7500 台坦克发动机，供给克莱斯勒的坦克工厂。

9.3 亚洲汽车博物馆

9.3.1 丰田汽车博物馆

丰田汽车博物馆（见图 9-40）坐落于毗邻东京湾的台场。台场丰田汽车博物馆面积达 24 000 多平方米，分为多个主题会场。

图 9-40 丰田汽车博物馆

丰田汽车博物馆展示了 19 世纪末以来世界各国各种车型近 200 辆。图 9-41 为丰田汽车博物馆内景。

图 9-41 丰田汽车博物馆内景

丰田公司赖以起家的自动织布机(见图9-42)和丰田公司生产的第一辆高级乘用车AA型汽车(见图9-43)都是丰田汽车博物馆内的珍品。

图9-42 丰田自动织布机　　　图9-43 丰田公司生产的第一辆高级乘用车AA型汽车

9.3.2 长春汽车博物馆

长春汽车博物馆(见图9-44)坐落在吉林省长春汽车文化园内,占地面积一万平方米,分3层展示区。第一层为各类实物车型展示,第二层为各类资料展示,第三层为二手车拍卖中心。

图9-44 长春汽车博物馆

博物馆在现存文物的基础上,持续征集能够反映新中国汽车工业发展历史的实物、图片和各种档案资料;以一汽为主同时吸收国内各大汽车生产企业藏品入馆。博物馆展出文物车31辆,其中乘用车20辆;一汽集团各个时期开发的各种新产品,共50多辆。

长春汽车博物馆是长春汽车文化园的核心项目,以汽车文化为主线,集中展示一汽、中国乃至世界汽车发展的历程和汽车文化。

图 9-45 为游客在品味展柜中的红旗车模型。

图 9-45　长春汽车博物馆展柜中的红旗车模型

9.3.3　上海汽车博物馆

上海汽车博物馆(见图 9-46)位于嘉定区安亭镇的上海国际汽车城博览公园内,建筑面积 27 985 m²。它由德国 IFB 公司完成建筑设计,建筑形态上采用了大量流动的曲线。从外观上看,它酷似叠加的书本,隐喻着博览馆的知识储量与文化品位。

图 9-46　上海汽车博物馆

博物馆展示空间的功能规划分为历史馆、技术馆、品牌馆、古董车馆四部分,总展示面积约 10 000 m²。走入博物馆宽敞通透的大厅,犹如走入流动的历史。从时速 18 km 的德国人卡尔·本茨制造的第一辆三轮汽车,到现在加速到时速 100 km/h 只需 3 s 的超级跑车,一百多年来,汽车工业经历的沿革和变化浓缩在这个空间内。

图 9-47 为上海汽车博物馆展出的 1904 年的奥兹摩比尔老爷车。

图 9-47　1904 年的奥兹摩比尔老爷车

复习思考题

1. 欧洲有哪些著名的汽车博物馆？
2. 美国有哪些著名的汽车博物馆？
3. 亚洲有哪些著名的汽车博物馆？
4. 谈谈你参观汽车博物馆的感受。

参 考 文 献

[1] 凌永成.汽车文化(第2版)[M].北京:中国人民大学出版社,2011.
[2] 凌永成.现代汽车与汽车文化(第2版)[M].北京:清华大学出版社,2010.
[3] 凌永成.汽车工程概论[M].北京:机械工业出版社,2015.
[4] 凌永成.汽车电气设备(第3版)[M].北京:北京大学出版社,2016.
[5] 凌永成.汽车电子控制技术(第3版)[M].北京:北京大学出版社,2016.
[6] 凌永成.汽车空调技术[M].北京:机械工业出版社,2014.
[7] 凌永成.车载网络技术[M].北京:机械工业出版社,2013.
[8] 帅石金.汽车文化[M].北京:清华大学出版社,2007.
[9] 宋景芬.汽车文化[M].北京:电子工业出版社,2005.
[10] 曲金玉.汽车文化[M].北京:机械工业出版社,2006.
[11] 方集林.现代汽车文化[M].上海:上海人民出版社,1995.